AMRA

PATRICIA CORI

ATLANTIS STEIGT AUF

Der Kampf von Licht
und Dunkelheit

Botschaften der Sirianer

Aus dem Amerikanischen von
Thomas Görden

AMRA

Amerikanische Originalausgabe:
ATLANTIS RISING. THE STRUGGLE
OF DARKNESS AND LIGHT

Deutscher Erstdruck im AMRA Verlag
Auf der Reitbahn 8, D-63452 Hanau
Hotline: +49 (0) 61 81 – 18 93 92
Service: Info@AmraVerlag.de

Herausgeber & Lektor	Michael Nagula
Einbandgestaltung	Guter Punkt
Layout & Satz	Birgit Letsch
Covermotiv	Josephine Wall
Druck	CPI books GmbH

ISBN Printausgabe 978-3-95447-491-2
ISBN eBook 978-3-95447-492-9

Original language edition published by North Atlantic Books,
2526 Martin Luther King, Jr. Way, Berkeley, California, USA.

INHALT

Alick Bartholomew gewidmet.

Für seinen Mut, Grenzen zu überschreiten,
seine Vision von dem, was jenseits liegt,
und seine Hingabe,
der Welt das Licht des Wissens zu bringen.

EINLEITUNG

Meine erste »bewusste« Verbindung zu den Sprechern des Hohen Rates vom Sirius begann bereits vor fünfundzwanzig Jahren, nur wenige Wochen nachdem mich seltsame und synchronistische Ereignisse in Kontakt mit einem Kornkreisphänomen brachten, das sich in der englischen Landschaft abspielte.

In jenem Sommer war ich nach England gereist, um an einem Kurs für Farbtherapie am Hygeia Institute teilzunehmen, einem renommierten College für Farbheilung. Es handelte sich um ein intensives Trainingsprogramm für Farbtherapeuten, bei dem von neun Uhr morgens bis zum Abendessen unterrichtet wurde. Anschließend büffelten wir in der Regel noch bis spät in den Abend und lernten für die Prüfungen – ausreichend Schlaf war also sehr wichtig. Glücklicherweise sorgten die idyllische Umgebung des Colleges, die Gärten und die Landluft für die dringend benötigte Ruhe und Gelassenheit, so dass ich trotz der Nachteile der beengten Unterbringung in schlafsaalähnlichen Räumen wie ein Baby schlief und jede Minute der Ruhe und Erneuerung genoss.

Nach einer Woche wurde ich jedoch um vier Uhr morgens durch einen verblüffend lebhaften Traum aus dem Tiefschlaf gerissen. In dem Traum sah ich mich über Stonehenge fliegen, hoch über dem üppigen grünen Ackerland, das das Monument umgibt. Als ich die Megalith-Stätte aus dieser Luftperspektive betrachtete, war ich überrascht, auf dem benachbarten Feld eine komplexe Spirale aus abgestuften Kreisen zu sehen, deren Dimensionen sich vom Epizentrum aus vergrößerten und dann, am Scheitelpunkt, in den gleichen Proportionen bis zum letzten Kreis am Ende abfielen. Ich wusste, dass dieses Muster eine perfekte Darstellung des Goldenen Schnittes von Pythagoras war (die Heilige Geometrie der Erdbiologie), wie wir sie gerade in den Lektionen dieses Tages studiert hatten, und dass der Traum mir irgendwie sagte, dass die Heilige Geometrie ein extrem wichtiger Aspekt der Botschaft sein sollte.

Ich starrte auf das kolossale Bild hinunter und war erstaunt zu sehen, dass diese Formation fast zehnmal so groß war wie Stonehenge, und ich fragte mich, was das sein könnte. Eine vertraute Stimme antwortete, dass es sich um einen »Lock-On-Punkt für außerirdische Intelligenz« handele und dass ich unbedingt aufmerksam sein sollte … dass diese Glyphe eine enorme Bedeutung für mich haben und sich schon bald zeigen würde, welche tiefgreifenden Erfahrungen mich erwarteten.

Ich wachte auf und wusste, dass ich so etwas wie eine dringende kosmische Botschaft erhalten hatte, ohne eine Ahnung zu haben, was sie bedeutete.

Aufgeregt erzählte ich beim Frühstück den anderen Studenten von meinem Traum, und wir alle schienen auf irgendeiner Ebene mit den Informationen, die mir da enthüllt worden waren, in Resonanz zu gehen. Immerhin brachten die inneren Bilder aus dem Traum die Vorstellungskraft in Wallung – Gedanken an ETs, die im Traumzustand mit uns Verbindung aufnehmen. Für uns alle lag ein Summen in der Luft, als wir in mehreren Autos zu einem Ausflug nach Glastonbury aufbrachen. Es war, als ob jeder Einzelne von uns irgendwie spürte, dass die Traumbotschaft eine Vorahnung von etwas war, das wir dort entdecken würden, und dass der eigentliche Zweck unseres Besuchs darin bestand, die Informationen zu finden, die mir helfen würden, die Ikonographie der Spirale in eine Sprache zu entschlüsseln, die wir alle verstehen konnten.

Da Glastonbury den Liebhabern spiritueller Themen eine bunte Vielfalt bietet, war die Stadt für unsere Gruppe ein natürliches Einkaufsparadies. Kaum angekommen, setzten wir nicht etwa unsere ursprüngliche Absicht, die heiligen Stätten von Avalon zu erkunden, in die Tat um, sondern gingen zur Buchhandlung *Growing Needs* (»wachsende Bedürfnisse«) auf der anderen Straßenseite der Glastonbury Abbey.

Als ich den Laden betrat, fiel mein Blick sofort auf ein exaktes, postergroßes Bild der Spiralformation, die ich im Traum gesehen hatte, offenbar von einem Sportflugzeug aus fotografiert, das direkt über Stonehenge flog, so dass man das Monument in direkter Beziehung zu den Kreisgebilden auf dem Feld betrachten konnte. Verblüfft fragte ich die Kassiererin, was das riesige Spiralbild darstellen solle. Sie erklärte mir, das wäre »die neueste Kornkreisformation«. Sie hätte sich unmittelbar gegenüber von Stonehenge gebildet. Ich starrte ungläubig auf das verblüffende Bild – eine perfekte Blaupause meines Traums – und wusste mit absoluter Gewissheit, dass ich zu den Kornkreisen »gerufen« worden war, zu einem Phänomen, von dem ich vor dieser unglaublichen Verabredung mit dem Schicksal damals, im Sommer 1996, kaum etwas gehört hatte.

Jetzt war meine Aufmerksamkeit geweckt, und zwar ganz und gar! In diesem Moment zählte für mich nichts anderes. Ich entdeckte Luftaufnahmen der in das Sommergetreide geprägten Glyphen in jedem Buchladen und auf jeder Anschlagtafel in Glastonbury, und es stand außer Frage, dass meine Führer mir den Weg geebnet hatten, um das Phänomen aus nächster Nähe mitzuerleben. Eines stand für mich fest: Die Spirale aus Kreisen, die wie durch einen rätselhaften Wind in das Weizenfeld bei Stonehenge gepresst worden war, enthielt etwas extrem Wichtiges für mich, und ja, ich war definitiv »eingestimmt«.

In diesem Moment wurde mir klar, dass der eigentliche Grund, warum ich nach England gekommen war, darin bestand, etwas über die Kornkreise zu lernen und sie unmittelbar zu erleben, und dass der Farbtherapiekurs nur ein Mittel zu diesem Zweck war.

Du weißt einfach, wenn das Universum alles für dich bereithält – wenn der Masterplan sich vor deinen Augen entfaltet! In diesen Momenten verstehst du die Synchronizität wirklich und weißt, dass du dich im Fluss mit dem Ganzen befindest, du spürst das Hochgefühl, auf der Welle zu reiten, und vertraust darauf, dass du dort sein sollst, wo sie dich hinträgt.

Bestätigungen dafür zeigten sich mir überall um mich herum, und so war es keine Überraschung, als ich erfuhr, dass genau an diesem Abend der Abschlussabend der jährlichen Kornkreiskonferenz stattfand, wo der seinerzeit führende Experte für das Phänomen, Colin Andrews, einen Vortrag speziell über den Stonehenge-Kornkreis halten würde.

Nachdem ich dem Personal der Buchhandlung von meinem Traum erzählt hatte, versicherte man mir, dass die Geschichte meines astralen Flugs über den Kornkreis »Julia Set« mir einen Platz verschaffen würde, obwohl die Konferenz eigentlich seit Monaten ausverkauft war … und so kam es dann auch. Es schien einfach so, dass jeder in Glastonbury in diesem Sommer völlig auf die Energien dieses Kornkreises eingestimmt war. Es schien allen vorherbestimmt, gerade jetzt dort zu sein. Das Gefühl war berauschend und so erhaben, als würde man einer mächtigen Welle zuschauen, die sich tosend am Ufer bricht, und miterleben, wie sie wieder hinausrollt … als Teil der Ruhe des unaufhörlichen Meeres-Rhythmus.

Ich wusste einfach, dass ich dort sein musste. Auf die Gefahr hin, an diesem Abend keine Mitfahrgelegenheit für die Rückfahrt zu unserem Quartier zu haben, reservierte ich einen Platz für den Vortrag und sagte den anderen Seminarteilnehmern, dass ich unbedingt an der Konferenz teilnehmen wollte, auch wenn das bedeutete, per Anhalter zum College zurückzufahren. Glücklicherweise freute sich der Fahrer eines unserer Autos über die Gelegenheit, den Abend in Glastonbury verbringen zu können, und so wurde vereinbart, dass die anderen Autos schon zurückfuhren, während wir beide noch bis zum Ende des Vortrages dort bleiben würden. Wie üblich sorgte also das Universum für den Weg, die Menschen und den Ort, damit die richtigen Verbindungen entstehen konnten.

Auf diese Weise funktionieren die Dinge, wenn wir uns öffnen und uns dem Fluss anvertrauen.

Was ich auf der Konferenz lernte, war so umfangreich und aufregend, dass ich das Gefühl hatte, in Glastonbury bleiben und das College und die Farbtherapieausbildung aufgeben zu müssen. Colin Andrews, der Pionier der Kornkreisforschung, wollte am nächsten Morgen mit einer Gruppe von Konferenzteilnehmern Stonehenge besuchen, und ich wollte unbedingt dabei sein, ganz gefangen in meiner Aufregung und der Magie des Augenblicks.

Ich wusste, es war wichtig, dass ich in den Kornkreis hineinging, um dort etwas Bedeutsames zu erfahren und zu fühlen, doch hatte ich bereits viel Engagement in meine Farbtherapie-Ausbildung investiert, was mich schließlich zur Besinnung brachte. Etwas widerwillig machte ich mich auf den Rückweg zum Institut – doch mir schwirrte der Kopf vor lauter galaktischen Gedanken und dem Staunen darüber, welche neuen Energien sich in meiner Welt manifestierten.

Am nächsten Morgen waren die Kornkreise das zentrale Thema am Frühstückstisch, wie nach einer solch bemerkenswerten Entdeckung zu erwarten. Angeregt studierten wir die Kornkreisfotos aus der Buchhandlung. Alle waren sich einig, dass sie absolut identisch waren mit dem, was ich ihnen nur wenige Tage zuvor als »Traummaterial« erzählt und skizziert hatte. Ich berichtete, was ich bei dem Vortrag über das Phänomen erfahren hatte, und die anderen hörten gebannt zu, weil sie wussten, dass wir uns für etwas fantastisch Aufregendes öffneten und dass meine Erfahrung dazu bestimmt war, von allen geteilt zu werden.

Einer der Lehrer verglich aufgeregt die Kornkreisfotos mit meiner früheren Skizze der Traumvision und meinte, dass ich niemals Klarheit über die Bedeutung bekommen würde, wenn ich nicht den Kreis physisch betrat … doch angesichts unseres engen Zeitplans und der Entfernung zwischen dem College und Stonehenge schien es unwahrscheinlich, dass ich dazu Gelegenheit haben würde. Er war überzeugt, dass es wirklich wichtig war, und deshalb bot er mir an, mich dorthin zu fahren, um mir eine Erfahrung zu ermöglichen, von der wir beide wussten, dass sie einfach stattfinden musste. Ich musste nur noch eine Woche durchhalten, bis der Kurs abgeschlossen war – eine große Herausforderung, wenn man bedenkt, wie sehr ich meinem Besuch auf der Salisbury-Ebene entgegenfieberte.

Nachdem ich mich ungeduldig durch sieben lange Tage des Unterrichts, der Vorlesungen und Abschlussprüfungen gequält hatte, endete der Kurs schließlich mit einem Abschiedsessen und emotionalen Goodbyes. Der Professor und ich machten uns früh am nächsten Morgen auf den Weg, da wir beide das Gefühl hatten, dass etwas Außergewöhnliches geschehen würde. Wie die Stimme im Traum gesagt hatte, war die Glyphe für mich von »großer, tiefgreifender Bedeutung«. Wie tiefgreifend sie tatsächlich sein würde, ahnte ich da noch nicht.

Nach drei langen Stunden im dichten Verkehr der Wochenendurlauber und Landkarten schwingenden Touristen näherten wir uns schließlich dem neolithischen Steinkreis von Stonehenge, aber trotz seiner ehrfurchtgebietenden Präsenz verspürte ich nicht den Wunsch, das Monument zu erkunden. Mein Interesse galt in diesem Moment ausschließlich den umgebenden Feldern. Ich wollte so schnell wie möglich den Kornkreis ausfindig machen. Obwohl er von der Straße aus nicht sichtbar war, hatte Colin Andrews uns erklärt, wonach wir Ausschau halten sollten. Und so entdeckten wir schnell den Eingang zu dem Feld mit dem Kreis, identifizierten den dort parkenden Pickup des Farmers und die Feldweg-Einfahrt.

Wir waren am Ziel.

Das Erste, was mir an diesem Phänomen auffiel, war, dass offenbar nur sehr wenige Menschen davon wussten. Dabei war es meiner Meinung nach eines der wichtigsten Ereignisse im Land überhaupt! Ich zählte nicht mehr als zehn Besucher, die sich durch das Feld bewegten, still von Kreis zu Kreis gingen und sehr darauf achteten, nicht die umgebogenen Getreidehalme zu berühren und irgendetwas zu verändern. Da war, wenige Schritte neben einem der größten Denkmäler prähistorischer Sternenbeobachter mit seinen Touristen-Schwärmen, dieses atemberaubende, unerklärliche Gebilde auf mysteriöse Weise in den Weizen gepresst worden – aber kaum jemand schien davon zu wissen oder sich dafür zu interessieren. Das machte mich fassungslos.

Es war fast so, als hätte sich ein Paralleluniversum vor meinen Augen materialisiert, und ich sähe beide Universen gleichzeitig.

Diese Glyphe, eine der bedeutendsten, die jemals auf den Feldern auftauchte, war so komplex in ihrer Form und verschlungen in ihrer Schönheit, dass sie eine neue Ebene der Komplexität in einem immer mehr um sich greifenden Phänomen ankündigte, das mit einem einfachen Kreis mehr als zehn Jahre zuvor begonnen hatte. Zu sagen, dass es mir den Atem raubte, wäre eine reine Untertreibung.

In diesem mystischen Moment brauchte ich dringend Alleinsein … und Stille. Glücklicherweise verstand mein Begleiter das, und so hatte ich Gelegenheit, den heiligen Raum ohne Einmischung oder Ablenkung zu betreten, so dass ich frei war, die kraftvollen Schwingungen zu spüren und erleben, die mich geradezu ins Zentrum des riesigen Gebildes hineinzogen. Die Verbindung war so unglaublich kraftvoll – so unmittelbar –, dass ich bereits an den äußeren Grenzen des Feldes in ein verändertes Bewusstsein zu gleiten begann und mich von allen Erwartungen, allen Bedingungen und meinem eigenen Selbstgefühl loslöste.

Ich wurde zum Scheitelpunkt geführt – dem größten der 151 Kreise. Dort legte ich mich hin, badete in neuen Schwingungen und wusste, dass dies eine lebensverändernde Erfahrung sein würde. Sofort wirbelte ich heraus aus meinem Körper und der Zeit und gab mich der überwältigenden Kraft immer höher werdender Pfeiftöne hin, die mich zu einem Ort weit, weit jenseits des Erdbodens der Salisbury-Ebene trugen.

Ich habe keine bewusste Erinnerung an diesen Trancezustand. Es blieb nur der lebhafte Eindruck, dass ich auf diesen Klängen reiste, als wäre ich selbst Klang – absolut eins mit den Wellen und ohne das Bewusstsein, in irgendeiner Weise von den Schwingungen des Universums getrennt zu sein. Ich kann eindeutig sagen, dass es der bedeutendste Moment meines Lebens war – **und ich werde ihn nie vergessen**.

> ∵ <

Ich hatte das Gefühl, es wäre nur ein Augenblick vergangen, doch Arthur, mein Begleiter versicherte mir später, ich sei über eine Stunde »fort« gewesen. Mein bewusstes Gedächtnis enthält keinerlei Aufzeichnungen darüber, wie lange ich tatsächlich in dem Kornkreis lag oder nicht lag oder eigentlich hätte liegen müssen. Ich war während des Erlebnisses in eine Zone jenseits all meiner bisherigen Bezugspunkte, aber auch jeder außerkörperlichen Erfahrung oder anderer veränderten Bewusstseinszustände transportiert worden – an einen Ort außerhalb der Zeit.

Es gab keine bewusste Erinnerung an die Erfahrung und keine Details, die darauf hätten schließen lassen, wo ich mich befunden hatte … Ich weiß nur, dass ich die irdische Welt vollständig verließ und mit dem Gefühl zurückkehrte, irgendwie über alle Grenzen hinaus »ausgedehnt« worden zu sein – ein Gefühl, das sich jeder Definition entzieht.

Während der Rückfahrt von Salisbury nach London erlebte ich alles wie durch einen Nebel. Nichts schien wirklich real oder wichtig zu sein. Alles, was ich wollte, war, mich irgendwo hinzulegen und mein durcheinandergewirbeltes Bewusstsein zu sortieren.

Ich brauchte Stunden, bis ich in der Lage war, mich wieder in meinem Körper zu erden und den Rückflug nach Rom und in mein »normales« Leben zu buchen.

> ∵ <

Einige Wochen später begann für mich ein neues metaphysisches Abenteuer, und von da an wurde »Normalität« in meinem Leben für immer neu definiert. Ich wurde (wieder um vier Uhr morgens) durch ein seltsames Geräusch geweckt – wie ein statisches Rauschen in meinen Kopf –, als würde tief in meinem Gehirn ein Radiosender justiert. Instinktiv stand ich auf und schaute in alle Zimmer, auf der Suche nach einer irdischen Erklärung, doch da war nichts Ungewöhnliches im Haus ... nichts, das als Quelle für das Geräusch in Frage kam. Je intensiver das Rauschen wurde, desto mehr suchte ich nach einer physikalischen Erklärung, aber ich fand nichts Greifbares.

In einem tranceähnlichen Zustand ging ich in mein Studio, schaltete den Mac ein und beobachtete erstaunt, wie meine Finger begannen, eine Nachricht in die Tastatur zu tippen. Offenbar war da ein Kanal buchstäblich aufgesprengt worden!

Das war die erste in einer langen Reihe von frühmorgendlichen Sitzungen, in denen ich das Privileg hatte, die Botschaften von Wesen zu hören und zu transkribieren, die sich als »Sprecher des Hohen Rates vom Sirius« identifizierten ... Übertragungen, so wurde mir gesagt, die aus der sechsten Dimension zu mir gebeamt wurden.

Nachdem ich ein Jahr lang die klaren und prägnanten Botschaften des Rates transkribiert hatte, entstand daraus ein Buch. Ganz mühelos wurde das Manuskript in die Hände von Alick Bartholomew gelenkt, dem damaligen Geschäftsführer von Gateway Books. Er glaubte an das von mir gechannelte Material, und bald darauf konnte *The Cosmos of Soul* veröffentlicht werden, das später als *Kosmos der Seele* auch ins Deutsche übersetzt werden sollte. Ich fühlte mich beschwingt, weil ich das Material für die Sprecher des Hohen Rates in unsere Welt gebracht hatte, aber auch enttäuscht, weil ich das Gefühl hatte, mit der Fertigstellung des Buches sei meine unglaubliche spirituelle Reise zu Ende.

Zu meiner Überraschung wurde ich aber achtundvierzig Stunden später erneut um vier Uhr morgens geweckt. Sie übermittelten mir den Titel des Buches, ihres zweiten Werkes, *Atlantis Rising – The Struggle of Darkness and Light*, das hier in deutscher Erstausgabe vorliegt. Und damit begann wieder eine unglaubliche Reise, ein Prozess, bei dem ich meine eigenen Grundüberzeugungen transzendieren musste, um ohne jede Selbstzensur das kontroverse Material zu akzeptieren, das Sie auf den folgenden Seiten lesen werden. In dem Prozess, die Informationen an die Öffentlichkeit zu bringen, öffnete ich meinen Verstand für eine außergewöhnliche universelle Perspektive, die meine Wahrnehmung auf wunderbare Weise verändert hat.

In einer Zeit, in der jener verlorene Kontinent in den Vordergrund unseres Bewusstseins rückt, helfen uns die Lehren der Siriainer, das Wissen über Atlantis und die Furcht vor dem Untergang zu integrieren ... eine Furcht, die wir, wie sie uns sagen, bis heute in unserem kollektiven Gedächtnis tragen.

Ihre Botschaft zielt darauf ab, uns über die Energien aufzuklären, die in den letzten Stunden der atlantischen Zivilisation am Werk waren. Ihre Absicht ist es, jenen Kampf zu ergründen, mit dem die Menschheit und unser Planet sich schon so lange herumplagen. Zugleich wollen sie uns, indem sie uns die Wahrheit übermitteln, in die Lage versetzen, hier und jetzt, im einundzwanzigsten Jahrhundert, mit der Kraft unseres freien Willens selbst über unsere Zukunft zu entscheiden, als die Bewohner eines kosmischen Wesens, Gaia, das gerade im Begriff ist, in die vierte Dimension aufzusteigen.

Wir sind aufgefordert, die Informationen zu nutzen, um in diesem Moment der Entscheidung die Waage der Dunkelheit und des Lichts ins Gleichgewicht zu bringen, für die gesamte Menschheit, unsere Erde und den Kosmos – in einer Zeit, die mit jener der Letzten Generation von Atlantis vergleichbar ist.

Dies ist eine Geschichte. Eine Lektion. Und eine Warnung. Sie beginnt mit einer höchst rätselhaften Botschaft:

Du hast eine besondere Aufgabe.

Du, Hüterin der Kristalle, bist mit einer besonderen Mission in das 3D-Theater zurückgekehrt. Als Hohepriesterin Ras kennst du die Macht der dunklen Krieger und erinnerst dich, dass diese

Mitglieder der Letzten Generation daran mitwirkten, ätherische Codes und elektromagnetische Implantate in individuelle morphogenetische Strukturen einzuprägen, während sie die Schwingungsfrequenzen in den geothermischen Feldern Gaias veränderten, um das Massendenken in jener Zivilisation zu kontrollieren und die Energien Gaias abzusaugen.

Du erinnerst dich an die Manipulation der Elemente durch die dunkle Priesterschaft und die Verwüstungen, die sie durch ihren Missbrauch und ihre frevelhafte Nachlässigkeit auf dem Planeten Erde angerichtet haben. Das ereignet sich nun wieder – 13.000 Erdenjahre später. Du, Trydjya, bist eine von vielen, die zurückgekehrt sind, um das Gleichgewicht wiederherzustellen.

Es haben sich gegenwärtig Atlanter in großer Zahl mit der Mission inkarniert, die Schatztruhen des kollektiven Gedächtnisses der Menschheit zu öffnen, um ihre Erfahrungen mit den Zerstörungen seelisch zu verarbeiten, die sich damals zur Zeit der Letzten Generation von Atlantis ereigneten. Und ja, die menschliche Spezies spürt, wie in ihr die Angst wächst, denn die Erinnerung an die vernichtende Gewalt dieser einstigen globalen Katastrophe und an die Versklavung der Menschheit drängt in dieser Zeit bei euch allen wieder an die Oberfläche. Und ja, wieder prallen die dunklen und die lichten Kräfte aufeinander, denn zum jetzigen Zeitpunkt eurer Entwicklung, wo ihr dabei seid, in die vierte Dimension aufzusteigen, schwingt der Emotionalkörper der Erde wild zwischen den Polen, und ihr seid hergekommen, um das Pendel zu beruhigen … um bei Gaias Wiedergeburt zu helfen.

Ihr, die ihr aus dem LICHT kommt, seid zurückgekehrt, um die aufgewühlten Energien zu beruhigen. Es ist eure Stunde, und die meisten von euch spüren, dass ihr aktiv eingreifen müsst. Zum Glück sind die Delfinwesen und großen Wale nicht systematisch ausgerottet worden, wie es von den Dunkelmächten ursprünglich geplant war, so dass ihr noch immer auf ihre Hilfe zählen könnt. Das ist von großer Bedeutung, denn ihre Klangteppiche, mit denen sie Harmonie und Struktur in die ozeanischen Frequenzen hineinweben, unterstützen euch dabei, der wütenden Gewalt der irdischen Ozeane standzuhalten.

Aber wieder einmal, wie schon damals in Atlantis, bricht Gaias Wut mit voller Wucht über eure irdische Realität herein und mahnt euch, dass die menschlichen Eingriffe in ihre Energien jedes vertretbare Maß überschritten haben. Nun übernimmt erneut Gaia selbst mit aller Gewalt das Kommando. Die negative Schwingung des menschlichen Missbrauchs des Planeten ist wie eine tödliche bakterielle Infektion, und wie das menschliche Immunsystem tritt Gaias selbstheilender Emotionalkörper in Aktion, um die Krankheit abzuwehren.

Dies, die Wiederholung der Geschehnisse um die Letzte Generation von Atlantis, wird der finale Konflikt der Menschheit auf der materiellen Ebene sein. Wieder einmal findet ihr euch gefangen in den Extremen der Polarität gegenüber den Alchemisten – den Manipulatoren der Erdenergien. Dies geschieht ganz so, wie es beabsichtigt war. Bei den Kräften, die in Atlantis am Werk waren, handelt es sich um archetypische Manifestationen der Polarität der Erde, und ihr seid gekommen, um in dieser entscheidenden Zeit des Aufstiegs eine Lösung für die Harmonisierung dieser Extreme in eurem gesamten Sonnensystem zu finden.

Die Alchemisten mit dunklen Absichten sind zurückgekehrt, um das elektromagnetische Gitter zu reaktivieren, während sie neue Kontrollvorrichtungen in den Äther einprägen, und um euch das anzutun, benutzen sie eure eigene Technologie. Genau wie es seinerzeit der Letzten Generation von Atlantis angetan wurde, bombardiert man die Menschen jetzt wieder mit subliminalen Klängen, Codes und Bildern, elektromagnetischen Frequenzen und anderen Methoden der Bewusstseinskontrolle, die ihr alle nur zu gut kennt, wenn ihr doch nur den Schleier lüften und euch erinnern würdet!

Von jenen, die auf der dunklen Seite stehen, wurden kodierte Abdrücke als Teil des Rassegedächtnisses in der menschlichen DNA gespeichert, damit sie später reaktiviert und von den Kräften der

Dunkelheit benutzt werden können, um wieder einmal die Massen auf eurem Planeten zu kontrollieren. Es ist zwingend notwendig, dass ihr diese Informationen jetzt durch euer Herzzentrum hinaus zu jenen sendet, die diese kodierten Kontrollen verstehen und in Lichtfrequenzen der Liebe umwandeln können.

Du, Trydjya, musst deine Erinnerung an diese Tat stimulieren, wenn du helfen willst, diese Absicht zu neutralisieren. Deine Rückkehr in die Große Pyramide hat die Einweihung ausgelöst, die in der unterirdischen Kammer abgeschlossen wird. Dort wirst du in jenes vergangene Leben reisen … zur Letzten Generation von Atlantis.

Du wirst dahin geführt werden, mit deinem inneren Auge die Geschichte zu sehen, die noch nicht erzählt wurde.

Du, Hüterin der Kristalle, hast Zugang zu den Geistlicht-Generatoren von Atlantis. Du hast die kühlen, dunklen Tunnel und Amethyst-Heilhöhlen der inneren Welten Gaias kennengelernt, genauso wie du dich im Chromodom des Poseidon-Heiltempels und den großen Pyramiden von Atlantis gesonnt hast, wo alles im Glanz deiner Sonnengottheit Ra erleuchtet wurde.

Wach jetzt auf, Kind von Atlantis. Es ist Zeit für den Unterricht.

> ·:· <

Wenn ich zurückblicke, begannen die Schimmer verschütteter atlantischer Erinnerungen bereits im Alter von fünf Jahren vor meinem inneren Auge vorbeizuflirren, als ich (zum Erstaunen meiner Mutter) ganz plötzlich eine merkwürdige Phobie vor Brücken entwickelte. Ich erinnere mich noch lebhaft an die Angst, die ich durchlitt, als ich mit meiner Familie über die San Francisco Bay Bridge fuhr. Und die Überquerung der Golden Gate bedeutete jedes Mal totale Hysterie. Meine Mutter musste mit mir auf dem Rücksitz sitzen, eine Decke über meinem Kopf, und mich durch das Trauma hindurchreden, bis wir den sicheren Boden am anderen

Ufer erreichten. Und so ging es noch, bis ich zwölf oder dreizehn Jahre alt war! Abgesehen von diesen unerklärlichen Panikattacken auf Brücken war ich ein normales, glückliches und ausgeglichenes Kind, was die Sache um so rätselhafter machte.

In diesen Momenten packte mich eine schreckliche Angst, die Wellen könnten bis über die Brücke branden und mich wegreißen und auf den Grund des Meeres hinabziehen, so wie damals … irgendwann damals … an einem Ort, an den mein kindlicher Verstand sich auf der Ur-Ebene erinnerte. Irgendwo damals – in Atlantis.

Es gab auch einen hartnäckig wiederkehrenden Traum, in dem ich immer wieder am Ufer eines unbekannten Strandes von der Brandung weggerissen und aufs Meer hinausgezogen wurde, wo ich dann verzweifelt unter Wasser kämpfte und versuchte, mich aus der Tiefe zu retten, aber nicht erkennen konnte, wo oben und wo unten war, und langsam ertrank. Rückblickend stelle ich fest, dass dies für eine Sechsjährige wirklich sonderbare Träume waren, und sie hielten bis weit in meine Erwachsenenjahre hinein an.

Ich war ein medial begabtes Kind, und meine persönlichen Erfahrungen und unerklärlichen Einsichten stellten oft das Dogma der Zeit in Frage. Es war eine Zeit, in der solche Dinge viel weniger akzeptiert wurden als heute. Ich sprach offen über Atlantis, Platons sogenanntes »mythisches« Land, weil ich wusste, dass meine Faszination für den verlorenen Kontinent weit mehr als bloße Neugierde war. Es waren Erinnerungsblitze … Bilder von Kristallhöhlen und sonnenbeschienenen Türmen, die immer wieder in mein Bewusstsein zurückkehrten.

Atlantis. Es war ein Teil von mir, so tief in mir, dass ich es durch andere Leben und hinein in den Körper eines Kindes getragen hatte, das an Brücken weinte. Und ich war entschlossen, Zugang zu dieser Erinnerung zu finden, egal wie lange meine Suche nach Antworten dauern würde.

Jahre, bevor ich die ersten klaren Botschaften der Sprecher des Hohen Rates empfing, erhielt ich Gelegenheit, mit einem exzellenten Rückführungstherapeuten in Boston zu arbeiten, der mich auf eine dreistündige Reise durch fünf verschiedene Leben führte. Das Wichtigste dieser Leben spielte sich in Atlán ab, einer Stadt, so modern wie heutige Großstädte, mit einer eindrucksvollen Skyline aus hohen, schimmernden Türmen und Tempelpyramiden.

Ich wurde an den Ablenkungen des plappernden Verstandes vorbei zu einer riesigen kristallinen Pyramide geleitet, einem Gebäude, das keinerlei Beschilderungen oder Türen aufwies. Dennoch wusste ich, dass ich die Außenwand der Pyramide durchdringen konnte, indem ich einfach meine Hand an einer bestimmten Stelle auf die Außenwand legte, denn ich gehörte »zum Priesterstand«. Ich erklärte dem Rückführungstherapeuten, dass wir, die Privilegierten von Atlán, in der linken Handfläche die geheimen Codes trugen, die uns Zutritt in jeden Tempel und jede Energiestation von Atlantis ermöglichten.

Im nächsten Moment – als würde ich den Blick auf ein anderes Bild richten – befand ich mich im Inneren der Pyramide, und ich wusste genau, dass ich in ihrem absoluten Epizentrum stand und dass eine solche strategische Position wichtig war, um mich auf die kosmischen Energien dort einzustimmen. Als Lehrerin der Geheimen Weisheit unterrichtete ich eine Gruppe von zwölf Initianten, die alle innerhalb der winkligen Begrenzung der Pyramidenwände auf dem Boden saßen. Die Priester trugen einfache indigofarbene Roben, ähnlich denen der Benediktinermönche, aber der Stoff war ein brillantes, schillerndes Gewebe, das, weil es Licht speicherte, im Dunkeln leuchtete. Es gibt nichts Vergleichbares in unserer modernen Welt, was mir ein starker Hinweis darauf zu sein schien, warum ich zu diesem Moment in meiner unterbewussten Erinnerung zurückgekehrt war.

Ich wurde dazu angehalten, die Szene genauer zu untersuchen, und mir wurde bewusst, dass ich, jedenfalls im Moment, gar nicht die Initianten unterrichtete, sondern selbst eine Art Übertragung empfing. Es schien, dass die Quelle, die mir dieses Wissen übermittelte, sich unter den anderen Anwesenden in der Pyramide befand, aber ich hatte Schwierigkeiten, sie zu identifizieren. Während ich durch die Rückführung geleitet wurde, schaute ich mich unter den Initianten um. Da sah ich, dass eine Frau – eine leuchtende, eindrucksvolle Gestalt – aufgestanden war. Ihre Augen sandten goldene, laserähnliche Strahlen aus, die unmittelbar in meine Augen trafen. Auf diesem Weg fand eine Form der Gedankenübertragung statt, die als »Die Weisheit« in mein Bewusstsein drang. Dieses Licht, so erkannte ich, wandelte ich dann in Sprache für die Priester um, die gekommen waren, um das Wissen zu empfangen … denn als neue Initianten waren sie noch nicht darauf eingestimmt, die Frequenz direkt von der Quelle zu empfangen.

Mir wurde der Name der Frau mitgeteilt: Kataar, eine Führerin aus einer anderen Dimension. Ich erfuhr, dass sie mich seit meinem ersten Erscheinen in Atlantis durch alle meine physischen Inkarnationen begleitet hatte. Erst einige Jahre später, als ich begann, die Botschaften des Rates für *Kosmos der Seele* zu empfangen, erkannte ich das Unglaubliche: Ich hatte nicht nur schon damals in direktem Kontakt mit den Sirianern gestanden, sondern dieses brillante Wesen, Kataar vom Hohen Rat, hatte mir auch als persönliche Führerin bei allen meinen Missionen auf der Erde gedient.

Der Rückführungstherapeut forderte mich auf, die Szene noch gründlicher zu untersuchen. Ich beobachtete den tatsächlichen Energieaustausch, der in der Pyramide stattfand und sich als dreieckige Formation aus goldweißem Licht zwischen uns bewegte. Kataar, die Meisterin, schickte die »kosmische Weisheit« mittels der Strahlen konzentrierten Laserlichts. Ich, das Medium, entschlüsselte die eintreffenden Frequenzen und gab sie als gesprochene Sprache an die Priester weiter. Sie, die Empfänger, schickten eine telepathische Bestätigung an Kataar, wodurch sich ein Kreislauf schloss.

Während ich die Szene beobachtete, vervielfachte sich das Energiegebilde zu einem leuchtenden Netzwerk goldener Dreiecke, und auf einmal waren wir von einer atemberaubenden Lichtshow aus Symmetrie und Form umgeben. Es war ein goldener Strahlenglanz, der bis in die galaktische Unendlichkeit reichte, ein spektakuläres Schauspiel der Energieentfaltung: das Kosmische Lichtgewebe.

Mitten in diesem Geschehen wurde mir bewusst, dass einer der Initianten, er saß in einer Ecke links von der Gruppe, verdächtig verstohlen wirkte und tatsächlich sehr dunkel aussah – der Judas. Als er spürte, dass ich ihn anschaute, zog er sich die Kapuze über die Augen, um meinem Blick auszuweichen, und versuchte, unentdeckt zu bleiben. Als der Mantel der Dunkelheit ihn einhüllte, begannen Wellen von negativer Energie den Raum zu durchdringen. Ich fühlte, wie sie in mich eindrangen – eine unheilvolle, bedrohliche Kraft –, und wusste sofort, dass seine heimliche Anwesenheit Teil des dunklen Plans war.

Im selben Moment, als der mächtige Strahl schwarzer Energie mich traf, schickte Kataar die Nachricht: »Wir haben hier eine Störung … Ich breche die Übertragung ab.«

Die Lichtstrahlen zwischen ihren und meinen Augen verschwanden abrupt, und das Netzwerk der goldenen Dreiecke fiel in sich zusammen und erlosch.

Die Dunkelheit unter der Kapuze verfolgte mich noch lange nach der Rückführungssitzung. Sie war aus den nebelhaften Tiefen meines Unterbewusstseins freigesetzt worden und nun Teil eines noch ungelösten Rätsels. Ich spürte, dass sie die Vorankündigung einer Initiation war, die mich irgendwo ein Stück weiter auf dem Weg erwartete, und ich wusste, dass der in einen dunklen Mantel gehüllte Eindringling sich früher oder später manifestieren würde, an einem Punkt dieses Weges.

Oder war das längst geschehen, damals in ferner Vergangenheit … Waren es Schatten aus meinem Leben in Atlán?

»HÜTERIN DER KRISTALLE«

Dass ich in einem atlantischen Leben eine Kristallarbeiterin war, erklärt sicherlich, warum ich so sehr vom Reich der Mineralien fasziniert bin und mich jahrelang hingebungsvoll der Heilarbeit mit Kristallen widmete.

Meine erste Sammlung bestand aus Quarziten und anderen Exemplaren, die ich auf eigene Faust in den Hügeln hinter unserem Haus sammelte, wo ich auf den fruchtbaren Äckern allerlei Steine, Fossilien, indianische Pfeilspitzen und andere Geschenke ausgrub. Die Sammlung solcher Funde aus dem Erdreich füllte bald mein Kinderzimmer und schwappte auf den Flur über. Glücklicherweise war ich mit einer liebevollen und großzügigen Mutter gesegnet, die meine kindliche Leidenschaft und meinen Wissensdurst förderte, wie sie es auch heute noch tut – aus der Geistigen Welt heraus.

Ich erinnere mich noch an den Augenblick, als sie mit mir in einen Mineralienladen ging, um mir meinen allerersten Quarzkristall zu kaufen. Heute wissen wir beide, dass es der Ruf von Atlantis war, der uns dorthin führte – Mutter und Kind – und dass es ein viel magischerer Moment war, als sie damals ahnte: ein Moment, der ewig dauern würde.

Wenn ich zurückblicke, stelle ich fest, dass ich schon in der ersten Klasse von Kristallen besessen war, damals, als ich panische Angst vor Brücken hatte und mich Albträume vom Ertrinken im Ozean quälten. Ich verbrachte Stunden in meinem Zimmer und spielte mit den Steinen und Mineralien, die ich gesammelt hatte … Aber unaufhörlich war ich fasziniert von der Quarzspitze, die meine Mutter mir gekauft hatte. Sie war der Stolz meiner Sammlung, denn sie trug einen unglaublichen Regenbogen in sich, und ich verlor mich in den Prismen ihres Lichts … meine ersten bewussten Astralreisen. Das war im Jahr 1958 ein ziemlich sonderbares Verhalten, lange bevor die Beschäftigung mit Kristallen in Mode kam, und sicherlich kein typischer Zeitvertreib für eine Sechsjährige. Ich kann mich noch genau erinnern, dass ich stundenlang in diese brillante Quarzspitze starrte und über die Brücke ihres Regenbogens reiste, so wie ein Lichtstrahl durch einen Spalt in der Jalousie eines verdunkelten Zimmers fällt.

Was meine Mutter als »Tagträumerei« abtat, war in Wirklichkeit die für ein Kind ungewöhnliche Aktivität, Fähigkeiten und Erinnerungen aus anderen Leben abzurufen. Ohne dass es einer von uns damals ahnte, reaktivierte dieser Generator-Kristall meine innere Verbindung zu Atlantis. Aber es sollte noch vierzig Jahre dauern, bis ich die Erinnerung endlich entschleiern und meine Erfahrungen aus der Zeit der Letzten Generation von Atlantis in mein Bewusstsein zurückholen konnte. Erst da erinnerte ich mich endlich an den Zweck meiner heutigen Reinkarnation: die finale Konfrontation zwischen den hellen und dunklen Kräften – ein Vorspiel für die Transmutation Gaias: den Aufstieg unserer Welt in die nächste Dimension.

Für längere Zeit legte ich die Kristalle, die mir als Lehrer gedient hatten, beiseite. Ich war zu sehr damit beschäftigt, erwachsen zu werden und die Pubertät zu bewältigen, um mich mit anderen Leben als diesem auseinanderzusetzen. Wie es bei medial begabten Kindern üblich ist, ließen die Bewusstheit und die Visionen meiner frühen Kindheit nach und machten der emotionalen Achterbahnfahrt des Lebens als heranwachsende junge Frau Platz: das Bedürfnis, genährt zu werden, der Umgang mit Sex, Verlieben und Entlieben und wieder Verlieben, und Reisen um die halbe Welt, bevor die Atlantis-»Träume« begannen.

Wie die Seiten eines Romans webten meine Träume einen fantastischen Wandteppich aus farbenprächtigen Landschaften, Spiegelungen eines Unterbewusstseins voller kristalliner Höhlen und türkisfarbener Meere, Wälder voller Smaragde und baumgroßer Quarze, durchsichtiger Pyramiden und wunderbarer Luftschiffe, die mich durch die Szenen meines Geistes trugen. Ich habe unglaubliche Bilder von Kristalltürmen, Heilkammern und Solarmaschinen gesehen, und immer weiß ich, dass ich mich an ein Land erinnere, das ich einst liebte, um das ich weinte und das ich als meine wahre Heimat feierte und ehrte.

Ein wiederkehrender Traum beherrscht die Felder meines Schlafbewusstseins schon so lange, dass ich mich kaum noch erinnern kann, wann er mir zum ersten Mal gespenstisch in der Traumzeit wiedererschien. Er ist immer genau gleich, verändert sich nie.

Jetzt, nach so vielen Begegnungen mit dieser Erinnerung, ist jedes Detail unauslöschlich in mein Gedächtnis eingebrannt …

> ⁘ <

Ich befinde in einer Höhle und beobachte die Szenerie. Dort befindet sich ein Altar. Seine Basis ist eine große kupferähnliche Spirale, die fast vier Meter hoch auf irdenem Boden steht. Darauf ruht eine makellose Kristallkugel, und in dieser riesigen Quarzkugel ist ein Goldfaden eingebettet, s-förmig gewunden wie eine Schlange, die bereit zum Zustoßen ist.

Der Altar wird von einem etwa zehn- bis zwölfjährigen Jungen beaufsichtigt. Er trägt ein amethystfarbenes Gewand, und um Hals und Handgelenke Reifen in Form goldener Schlangen. Er hat eine intensive, aristokratische Aura, die für sein Alter ungewöhnlich ist, und er strahlt eine alterslose Zuversicht aus. Seine Präsenz ist ehrfurchteinflößend.

Neben ihm steht eine Frau – eine Priesterin – in einem Gewand aus leuchtend weißem »Perlmutt«, das jeden Lichtfunken im Inneren der Höhle zu reflektieren scheint.

Ich schaue nur zu; ich nehme nicht aktiv an dem Geschehen teil. Die Priesterin unterweist den Jungen, erteilt ihm Unterricht zum Thema Energie-Manifestation. Er hat die Aufsicht über die Generatoren, ist Hüter der Energie.

Dem, was sie ihm erklärt, entnehme ich, dass ich den Kristall zum Leuchten bringen kann, indem ich Gedanken durch die kupferne Spule schicke – jedes Mal, wenn ich einen Gedanken durch die Spule schicke, leuchtet die ganze Höhle auf. An diesem Punkt beginne ich, einige sehr wichtige Informationen über multidimensionales Bewusstsein, Paralleluniversen und die wahre Bedeutung der Alchemie zu channeln. Mir ist klar, dass dieses Wissen von den Wesen kommt, die mich durch den Traum führen. Ich erlebe, dass Denken Licht ist … dass Gedanken Licht erzeugen … dass Licht Denken in seiner kristallinen Ausdrucksform ist.

Ich fühle in diesem Traum eine solche Heiterkeit! Mir wird gezeigt, wie wunderbar einfach all das ist … als wäre diese Entdeckung der »Einfachheit« schon in sich ein großes Erwachen. Spielerisch schicke ich diese Gedanken die Spirale hinauf und beobachte, dass dadurch die Kristallkugel wie eine Straßenlaterne aufleuchtet! Augenblicklich wird die Höhle vollständig beleuchtet. Ich kann sehen, dass entlang der Wände Kristalle und Kupferdrahtspiralen montiert sind, miteinander verbunden durch Rohsmaragde. Die gesamte Struktur ist ein kompliziertes Design aus reinen Quarz- und Amethystkristallen, kupferfarbenen Drahtspiralen, Smaragden und Goldfäden, die mit anderen Kristallen verbunden sind.

Ich rufe von meinem Aussichtspunkt aus: »Ich bin hier im zentralen Generatorraum!«, und dann wache ich schweißgebadet auf … verfolgt von dem Gefühl, dass dies nicht einfach eine wiederkehrende Traumfantasie ist, sondern eine echte Erinnerung an Atlantis, die aus den Tiefen meiner Seele aufsteigt.

Patricia Cori
Trydjya, Schriftführerin des Hohen Rates vom Sirius

VORWORT DER SIRIANER

Seid gesegnet, liebe Leserinnen und Leser!

Ein zeitgemäßes Verständnis der persönlichen Evolution – eures sich rasant beschleunigenden Weges, voll bewusste menschliche Wesen des einundzwanzigsten Jahrhunderts zu werden – erfordert tiefgreifende Introspektion, Hingabe und eine Integration der logischen und der intuitiven Hälfte eures Bewusstseins. Es erfordert eine Reinigung von alten Programmierungen, die Freisetzung blockierter Energien und eine neue Herangehensweise an ein Leben als Hüterinnen und Hüter des himmlischen Seins, in dem ihr existiert und das euch ernährt. Damit verbunden ist das vollständige Erwachen des Herzens und das Verstummen des Ego getriebenen Selbst. Das sind die grundlegenden Prozesse, von denen abhängt, wie ihr die planetare Transformation angehen und wie sich euer persönliches Erleben des Aufstiegs aus dem Reich der Materie gestalten wird.

Je näher das schicksalhafte Enddatum des Maya-Kalenders, der 21. Dezember 2012, rückte, desto mehr beunruhigte euch das Szenario einer bevorstehenden globalen Katastrophe. Das Armageddon-Szenario, das infolge der sinnlosen Verbreitung von Atomwaffen, eurer giftigen Abfälle und eurer Wut zu einer immer wahrscheinlicheren Realität wurde, ist heute deutlicher denn je.

Überall auf der Welt kommt es zu Manifestationen des Aufruhrs. Viele befürchten, dass es schon zu spät sein könnte ... dass ihr auf das Unvermeidliche zusteuert, ohne euren Untergang noch aufhalten zu können. Andere verstehen, wie ihr mit jedem Gedanken, jedem Wort und jeder Geste eure Realität neu erschafft ... dass es auch eine sanfte Fahrt sein kann, wenn ihr euch auf »richtiges Handeln« konzentriert – euer Geist gut zentriert ist, klar und voller Staunen über euer eigenes Potenzial als die Neuen Wasserfrauen und Wassermänner des Planeten Erde.

Es ist gleichzeitig beängstigend und faszinierend, denn ihr wisst auf intuitiver Ebene, dass ihr das alles schon einmal erlebt habt. Und offensichtlich hat die Menschheit es überlebt. Als reinkarnierende Wesen habt ihr Tod und Wiedergeburt immer wieder kennengelernt, selbst wenn sich die meisten von euch nicht bewusst an ihre Übergänge in die physische Welt hinein und aus ihr heraus erinnern. Aber dieses Mal ist es anders. Diejenigen, die sich dafür entschieden haben, in dieses Erdenzeitalter hineingeboren zu werden, erleben den Tod oder die Transmutation des gesamten Planeten, und ihr seid mittendrin, sucht auf schwankendem Boden Halt, wobei euer Glück und eure Sicherheit so massiv wie noch nie durch das Gespenst der totalen Vernichtung bedroht sind.

Wie die Menschen in der Spätzeit von Atlantis scheint ihr am Rand des Abgrundes zu stehen und fürchten zu müssen, ihr könntet in jedem Moment in die Tiefe stürzen. Euer Konzept des Lebens und eurer Bestimmung verändert sich.

Eure Zerbrechlichkeit und Vergänglichkeit werden euch immer bewusster. Euer größeres Zuhause, die Erde unter euren Füßen, ist in »eindeutiger und akuter« Gefahr.

Es ist eine schwierige, eine herausfordernde Zeit, und deshalb tut ihr gut daran, euch daran zu erinnern, dass ihr es, egal wie eure persönlichen Umstände sonst aussehen mögen, **selbst gewählt** habt, jetzt hier zu sein.

Obwohl es euch auf der bewussten Ebene unverständlich erscheinen mag, wisst ihr tief in euch über die planetarische Evolution

Bescheid ... der Transmutation der Formen und biologischen Systeme. Die Menschheit hat das schon einmal erlebt, als die große vorsintflutliche Zivilisation von Atlantis einen solchen Zustand der Disharmonie erreichte, dass dadurch in den Energienetzen des Planeten ein Kurzschluss ausgelöst wurde, der das Leben an vielen Orten auf der Erde beinahe ausgelöscht hätte.

Die damalige Machtstruktur (die allmächtigen Kräfte der dunklen Priesterschaft von Atlán) glaubten in ihrer blinden Arroganz, dass sie sogar die Kräfte Gaias kontrollieren und sie wie ein Lasttier einspannen könnten. Damit überschritten sie endgültig jedes Maß, und buchstäblich alles wurde von der Großen Flut verschlungen, mit der Gaia ihren Körper von der intensiven negativen Schwingung reinigte und wieder in ihre Mitte zurückkehrte, um neu zu beginnen, heil und revitalisiert.

Und jetzt seid ihr wieder dabei, die Göttin aus der Bahn zu werfen und alles aus dem Gleichgewicht zu bringen, indem ihr die Dualität verschärft, die der dreidimensionalen Realität zugrunde liegt. Von eurem beschränkten Blickwinkel aus scheint es, als würde die Natur der Existenz auf dem Krieg zwischen Gut und Böse beruhen, und selbst jetzt, während ihr auf einer Spiralbahn in die Zukunft fliegt, werdet ihr an jedem kritischen Punkt eurer Lebensreise mit diesem Dualismus konfrontiert. Vielleicht habt ihr euch resigniert mit der Vorstellung abgefunden, es gäbe keine Hoffnung mehr für die Menschheit – der Punkt, an dem ihr noch hättet umkehren können, sei längst überschritten. Aber das ist ein **gefährlicher, selbstzerstörerischer Glaube!** So nährt ihr nur die Dunkelheit und verleiht denjenigen Macht, die glauben, sie könnten über euch verfügen und euch immer mehr von dem nehmen, was euren Herzen kostbar ist. Ihr vermehrt die Dunkelheit und treibt euch selbst damit immer weiter in die Verzweiflung hinein. Sie raubt euch Licht, Kraft und Freude.

Ihr lebt in einer Welt, die sowohl extrem finstere Charaktere als auch wunderbar liebevolle, spirituelle Wesen beherbergt. Und, ehrlich gesagt, die meisten Menschen stehen irgendwo dazwischen. Jede und jeder von euch kennt die hellen Seiten ebenso wie die Schatten eures eigenen Wesens. Diese Dualität und eure Auseinandersetzung damit ist die eigentliche Natur des Daseins, wie ihr es als Menschen erlebt. Im Laufe der Geschichte hat es Momente unglaublicher Strahlkraft und solche voll undurchdringlicher Dunkelheit gegeben. Diese beiden Extreme, so stellt ihr fest, existieren oft zur gleichen Zeit und am gleichen Ort, als Pole der Einen Energie. Die Pole kollidieren, stehen in Konflikt miteinander, und doch könnt ihr erkennen, dass sie einfach Spiegelbilder des Ganzen sind.

Als Schülerinnen und Schüler der esoterischen Weisheit befindet ihr euch in dem Lernprozess, die polaren Aspekte zu integrieren. Es ist notwendig, dass ihr sie integriert: Gutes und Böses, Licht und Dunkelheit, Liebe und Hass. Solange ihr die Gegensätzlichkeit, die Konflikte zwischen diesen Kräften, betont und anheizt, wird es auf allen Ebenen Krieg geben.

Jetzt, mehr als je zuvor, toben um euch herum die Kämpfe und Flächenbrände. Die Menschheit scheint verloren zu sein in der Sinnlosigkeit von Gewalt und Verzweiflung. Es ist eine Zeit extremer Verhaltensweisen, weil diese Aspekte des Daseins sich wieder einmal in totaler Konfrontation gegenüberstehen. Menschliches Leid, die Missachtung von Leben und Schönheit, die Brutalität der Machtgierigen gegenüber ihren Mitmenschen scheinen zur vorherrschenden Erfahrung eurer derzeitigen Zivilisation geworden zu sein. Deshalb fragt ihr euch, ob die menschliche Spezies in ihrer sozialen Evolution überhaupt irgendwelche Fortschritte gemacht hat.

Ihr erlebt an diesem Zeitpunkt eurer Geschichte das Gleiche an Geheimpolitik, Energiemanipulation und Machtmissbrauch, was auch kennzeichnend für das Leben der letzten Generationen von Atlantis war – einer Zivilisation, die (in einigen Aspekten) ein viel höheres technologisches Niveau erreicht hatte als ihr heute. Es war eine Gesellschaft, die direkte Unterstützung von multidimensionalen Wesen genoss. Jene Wesen schulten die Priesterschaft, deren Mitglieder selbst ebenfalls aus anderen Dimensionen der Wirklichkeit stammten. Ihre erweiterten Fähigkeiten und ihre Kenntnisse der universellen Gesetze und der Elementarkräfte qualifizierten sie als Hüterinnen und Hüter des Wissens.

Diese Gaben außerirdischen Wissens sollten das Bewusstsein eurer Vorfahren anheben und ihnen aufzeigen, worin ihre Rolle im größeren Plan der Dinge bestand. Paradoxerweise nutzten die Priesterinnen der frühen Generationen die Weisheit auf lichtvolle Weise, während spätere Generationen der Priesterschaft erleben mussten, wie unter dem Einfluss der Anunnaki (»Jene, die vom Himmel herabkamen«) manche Mitglieder der Bruderschaft zur dunklen Seite überliefen und ihr erworbenes Wissen – ihre Gaben – zum Schaden der Menschen gebrauchten. Wie kann es sein, dass ihr nicht erkennt, wie die Zeit der Dunkelheit, der Missbrauch der Weisheit, sich jetzt erneut manifestieren?

Wir, die Sprecher des Hohen Rates vom Sirius, bestätigen, dass viele der hochentwickelten Technologien, die aus diesem Austausch resultieren, auch heute gegen die Menschheit und gegen Gaia eingesetzt werden. In ihrem alles verzehrenden Streben nach Macht haben sich die dunklen Priester von Atlán zusammen mit anderen von den Anunnaki abstammenden Menschen jetzt reinkarniert. Wir versichern euch, dass sie gieriger denn je sind in ihrem Hunger, euch eure Energie, eure Kraft und eure Ressourcen zu stehlen und für ihre eigenen Zwecke zu verbrauchen. Könnte es dazu kommen, dass ihr den *Untergang von Atlantis* noch einmal erleben müsst?

Es geht eine verheerende Gefahr von dieser Allianz der dunklen Macht aus, doch **ihr seid von Licht umgeben**. Ihr müsst nur eure Absicht, euer Gruppenbewusstsein, einsetzen, um die Verursacher der Unwissenheit zu durchschauen und zu entwaffnen. Wie sehr andere auch entschlossen sein mögen, euch Energie und Kraft abzusaugen, wir rufen euch ins Gedächtnis, dass sich Dunkelheit nur von Dunkelheit ernähren kann – von dem, was ihr selbst entspricht: also von Angst, Ignoranz und Wut. Indem ihr euch an die strukturelle Natur des dunklen Pols erinnert, könnt ihr die kommenden Erdveränderungen ohne Leid und Schmerz durchleben. Es ist, wie es immer war: Die Wahl liegt bei euch selbst.

Ihr könnt nach wie vor das Ergebnis dahingehend ändern, dass die Energiemanipulation und der Machtmissbrauch nicht wieder zu solchen Verwüstungen und Schäden führen, wie sie damals fast alles Leben auf dem Großen Planeten Erde vernichteten. Ihr könnt euch dafür entscheiden, in keiner Weise unter der kommenden Transformation zu leiden; vielmehr könnt ihr dem Prozess der Wiedergeburt eures Planeten mit freudiger Spannung entgegensehen. Damit ehrt ihr die Absicht eurer Seele, an dieser Erfahrung teilzunehmen.

Aber werdet ihr das tun, Kinder von Atlantis?

Oder werdet ihr euch einreden, es sei unmöglich, dass durch die Hand des Menschen die Geschichte eines ganzen Planeten so drastisch verändert wurde und dass *Atlantis steigt auf* – all das, was ihr im vorliegenden Buch erfahrt – nichts weiter als reine Erfindung ist ... ein Märchen für Erwachsene, für das es keine greifbaren Beweise gibt? Die Machtelite sorgte dafür, dass alle historischen Aufzeichnungen über Atlantis für euch unzugänglich sind, wodurch die 100.000 Jahre, während denen dieser Kontinent auf der Erde eine bedeutende Rolle spielte, zu einer bloßen Legende gemacht wurden. Damit gelang es der Elite bis in jüngste Zeit, die größte Ausplünderung von Leben und Ressourcen, die jemals auf eurer Welt stattgefunden hat, erfolgreich vor euch zu verbergen.

Wenn ihr es vorzieht, das, was wir euch hier mitteilen, als Fiktion zu betrachten – wenn das eurem logischen Verstand erlaubt weiterzulesen, wo ihr sonst solche Informationen als reine Fantasie abtun würdet –, dann sind wir gerne bereit, euch als bloße Geschichtenerzähler zu dienen. Oder ihr könnt unser Material als einen Schlüssel betrachten, der euch den Zugang zu euren eigenen atlantischen Erinnerungen ermöglicht. Wir versichern euch, dass wir von euch nicht verlangen werden, alle anderen Vorstellungen und Werke über die wahre Geschichte der Menschheit zu verwerfen.

Wir sind nicht so anmaßend oder egozentrisch, uns in eure persönliche Erfahrung einzumischen. Ihr sollt und könnt in eurem eigenen Tempo das Wissen darüber erwerben, welche Zivilisationen es vor eurer gab und welche Erfahrungen eurer gegenwärtigen vorausgingen.

Wir würden auch niemals euren freien Willen beeinträchtigen, indem wir in prophetischen Versen dogmatisch eine angeblich unumkehrbare Zukunft verkünden, denn ihr habt schon genug Erfahrung mit Sehern und ihren Vorhersagen, um zu wissen, **dass ihr selbst unaufhörlich die Entwicklung eurer Realität verändert.**

Etwas können wir aber mit großer Sicherheit annehmen: dass du, liebe Leserin oder lieber Leser, dich von unseren Worten angezogen fühlst, denn sonst würdest du dieses Buch nicht lesen ... und zwar deshalb, weil du selbst, wie unser Channelmedium, dort warst ... weil auch du zur Letzten Generation von Atlantis gehörtest.

Da seid ihr also wieder, am Rande der Realität, und beginnt, euch zu erinnern. Während ihr die Spinnweben wegfegt und in die Flure eures Verstandes schaut, sammelt ihr mühsam Erinnerungsstücke, verblasste Kacheln eines uralten Mosaiks. Ihr stellt Bilder von dem wieder her, was ihr als eure »Vergangenheit« betrachtet. Es gibt Lücken, Stellen, an denen die Bilder verblassen, und hier möchten wir euch helfen, die fehlenden Teile zu ergänzen.

Es ist unsere Absicht, euch die verlorenen Informationen – die gehüteten atlantischen Geheimnisse – neu zur Verfügung zu stellen. Sie werden euch dazu anspornen, euch die Macht und eure Freiheit zurückzuholen und nach jenen Wahrheiten zu suchen, die so lange unter den Sanddünen der Zeit verborgen lagen.

Wahrheit oder Fantasie? Ihr, die Atlanter des neuen Erdenjahrtausends, seid gerade dabei, die Zukunft umzuschreiben, beruhend auf den zerfledderten Manuskripten eurer vergrabenen Erinnerungen. Ihr werdet die Antwort auf diese Frage in euch selbst finden.

Wagt es, tief in den Brunnen zu blicken, und ihr werdet die sanften Wellen der Wahrheit in eurer Seele sehen ... wie eine zarte Brise auf ruhigem Wasser.

Der Hohe Rat vom Sirius

1

ATLANTIS STEIGT AUF

> Ihr erinnert euch in dieser Zeit an Atlantis, weil ihr jetzt eure Vision erweitern müsst, um mögliche Realitäten einzubeziehen, die ihr ignoriert oder vergessen habt.
>
> ~ Kosmos der Seele

Atlantis war deshalb schon Thema so vieler Spekulationen, Forschungen und Fantasien, weil der verlorene Kontinent in eurem Gruppengeist begraben liegt, eurem universellen Gedächtnis. Und jetzt, in einer Zeit, in der die moderne Erdgesellschaft Parallelen zum atlantischen Modell zeigt, steigen eure Erinnerungen an Atlantis in eurem Bewusstsein wieder auf. Ihr entdeckt euer ererbtes Selbst neu. Während die Menschheit nun, in den späten Jahren Gaias, die Folgen des technologischen Fortschritts in von euch niemals erahntem Ausmaß verschlimmert, beginnt ihr damit, in den Legenden von Atlantis die archetypischen Energien und geothermischen Kräfte zu erkennen, die euch wachrütteln und dazu zwingen, euch der Zukunft als Bewohner des einundzwanzigsten Jahrhunderts zu stellen, dem, was euch wie ein schnelles Sterben eures Planeten **erscheint**.

In eurem Gruppenbewusstsein dringen Informationen an die Oberfläche, die den Missbrauch von Macht und Technologie in der

Letzten Generation von Atlantis betreffen. Das versetzt euch in die Lage, viel klarer zu erkennen, welche Übereinstimmungen zwischen der Zerstörung von Atlantis und eurer gegenwärtigen Situation bestehen. Dennoch spiegelt der größte Teil eurer Forschungen und künstlerischen Werke eine Verherrlichung dieser alten Zivilisation als Hochkultur wider, denn die Erinnerung an den Untergang und seine Ursachen ist zu schmerzhaft und beängstigend. Darum habt ihr sie tief im Unterbewusstsein vergraben – als stummes Zeugnis einer absichtlich vergessenen Vergangenheit.

Und doch benötigt ihr diese Erinnerungen dringend. Die Menschheit muss das Licht in die dunklen Ecken ihres kollektiven Gedächtnisses scheinen lassen, damit ihr das atlantische Paradigma zu diesem Zeitpunkt der Evolutionsreise eures Planeten wiedererkennen könnt. Die alte Lektion wird euch jetzt von großem Nutzen sein. Es ist unsere Absicht, euch dabei zu helfen, die Erfahrung, die in euch schlummert, zuerst abzurufen und dann zu verarbeiten. Indem wir die Erinnerung an diesen enormen Kampf – die Konfrontation zwischen den Kräften der Dunkelheit und des Lichts in den späten Stunden von Atlantis – in euch wachrufen, möchten wir euch dazu anregen, eine Veränderung des Denkens und Verhaltens eurer Spezies herbeizuführen. Diese positive Veränderung wird euch nach Bewusstheit strebende menschliche Wesen in die Lage versetzen, die Auswirkungen der herannahenden düsteren Tage erheblich abzumildern und für alle viel erträglicher zu machen.

Die Notsituation betrifft den ganzen Planeten. Ein Beben und Donnern erhebt sich tief aus dem Inneren der Erde, denn sie befindet sich bereits auf ihrer unvermeidlichen Reise durch den Sturm der planetarischen Transformation. Wie es seinerzeit beim Untergang des Kontinents Atlantis und der darauf folgenden Sintflut der Fall war, vollzieht sich auch jetzt wieder der schwierige Prozess einer Reinigung – Gaias nicht zu beherrschende Reaktion auf den Machtmissbrauch des Menschen. Die gesamte Menschheit ist dabei Teil der Ursache und der Wirkung, des Symptoms und der Heilung. Alles ist im kosmischen Tanz des Karmas miteinander verbunden.

Trotz eurer Mythen, in denen ihr Atlantis zu einer euch überlegenen Kultur verklärt, war das Leben in der Spätphase jener Zivilisation alles andere als idyllisch. Der Fokus von einem zutiefst spirituellen Bewusstsein hatte sich auf das Streben nach Materialismus und Macht verlagert und die Polarität der Energien extreme Ausmaße angenommen. Außerirdische Kräfte mischten sich ein und stimulierten absichtlich in bestimmten Individuen Verhaltensweisen, welche die Spaltung der Gesellschaft weiter verschlimmerten. Darauf werden wir später noch ausführlicher eingehen. Aber vielleicht erinnern ihr euch sogar ganz von selbst, denn schließlich waren viele von euch ja dabei. Und voller Überzeugung habt ihr damals für eine der beiden Polaritäten gearbeitet – für die Dunkelheit oder für das Licht.

In jener späten Stunde des Niedergangs dieser alten Zivilisation hatte die Hierarchie das Volk versklavt. Unterjocht lebte es sein Opferbewusstsein aus, ganz so wie die Massen sich auch heute verhalten. Wie unser Channelmedium seid ihr vielleicht zurückgekehrt, um die Waage wieder ins Gleichgewicht zu bringen und denen beizustehen, die diesmal beabsichtigen, sich aus ihrer Knechtschaft zu befreien und gegen die dunklen Meister aufzustehen.

Doch zuerst müsst ihr euch dem Schatten in euch selbst stellen. Absolute Konzentration, fokussierte Absicht, ist notwendig, wenn ihr diese Energien in das erhabene Feuer der wahren Macht umwandeln und das Pendel zurück in die Mitte ziehen wollt. Gaia ruft euch zum Handeln auf, und alle, die den Ruf des Planeten hören, bringen sich jetzt in Stellung.

Ein Großteil eurer Faszination für Atlantis wird durch diese Dichotomie stimuliert, die widerstreitenden Energien der polaren Opposition, denn mit dem versunkenen Kontinent liegen einige der größten und dunkelsten Stunden der Menschheit begraben. Jetzt geschieht es wieder – eine perfekte Neuinszenierung – und wieder einmal konfrontiert ihr euch mit eurer eigenen Natur: mit dem Kampf um die Macht, einem fehlgeleiteten Materialismus, eurer Zukunftsangst, eurem Leiden angesichts des Zerfalls der Gesellschaften eurer modernen Welt.

Zyklisch, wie die Natur allen Daseins nun einmal ist, hat die Zivilisation wieder einen Entwicklungsstand erreicht, der in einer Implosion enden muss, weil die exzessive Technologie euch zu Robotern macht, zu Opfern für einen von euch selbst erschaffenen, scheinbar allmächtigen mechanischen Gott. Eure Technologie beraubt euch eurer natürlichen Intelligenz, eures Verlangens und eurer Willenskraft. Sie untergräbt eure energetische Interaktion und euren persönlichen Austausch. Vor allem aber verzerrt die hysterische Technologie-Fixierung, die gegenwärtig die ganze menschliche Kultur erfasst hat, eure Sicht der Evolution, so dass ihr nicht mehr versteht, worin eigentlich eure Aufgabe als individuelle Bewusstseinseinheiten der gaianischen Schwingung besteht.

Ihr habt den Kreis geschlossen, indem ihr Szenen aus der Zeit der Letzten Generation von Atlantis nun erneut zur Aufführung bringt. Damals, als die Menschen, vom Heiligen zum Profanen getrieben, ihren natürlichen Platz in der Großen Familie des Lichts verloren, wurden sie zu den Entfremdeten der Erde. Das *Wam*, der goldene Akkord der Erde, der einst die Musik der Männer, Frauen und Kinder von Atlantis versüßte, ging verloren, wurde ersetzt durch den schrillen Marsch des »Fortschritts«, der spätere Generationen zwang, im imperialen Rhythmus des Meisters zu marschieren.

Die Letzte Generation von Atlantis wurde geradezu zum Prototyp für die heutigen verwestlichten Menschheitskulturen, denn sie war damals mit der zerstörerischen Kraft ihrer eigenen Technologie konfrontiert, die zur beherrschenden Waffe der Machtelite wurde. Die Priesterschaft, Hüter der sirianischen Aufzeichnungen des universellen Geistes, der Frequenz und der Kosmometrie, erlag schließlich der extremen Polarität der Erdfelder. Diejenigen Menschen, die sich für die dunkle Seite entschieden hatten, wurden von aggressiven außerplanetarischen Wesen dazu angestachelt, die Macht an sich zu reißen, und diese aggressiven Energien sind auch heute im Theater des Lebens auf eurem Planeten allgegenwärtig.

Im Versuch, die Gier einiger weniger zu befriedigen, machte man den Ruhm einer der fortschrittlichsten Zivilisationen der

Erdgeschichte zur Beute der Wellen ... Das Meer verschlang all das mit unglaublicher Geschwindigkeit. Damit wurden auch die meisten Tiere und Pflanzen, die euren Ebenen und Bergen Schönheit und Farbe verliehen, entweder von der tobenden See fortgewirbelt, oder sie erfroren im Hochland, begraben unter den Schneemassen, die vom Himmel fielen. Gefroren in der Nicht-Zeit, sind Wesen aus alten Welten in eurem Gedächtnis eingesperrt. Aber jetzt, in der Hitze der nahenden Verwüstungen, werden sie schon bald zu neuem Leben erwachen. Mit ihnen wird die vollständige Erinnerung an die Tage des Untergangs von Atlantis mit Macht in das Bewusstsein derer zurückkehren, die sich einst so verzweifelt bemühten, das alles zu vergessen.

Und doch – ihr seid hier. Ihr habt euren Schrecken überwunden und euch weiterentwickelt, weil ihr fest entschlossen seid, euch dieser Großen Einweihung zu stellen, die hier geschieht, denn ihr befindet euch auf einer Seelensuche und seid eine Verpflichtung gegenüber dem Licht eingegangen.

Kinder von Atlantis, wir loben euch. Ihr seid die tapferen Wegbereiter des wahren Aufstiegs der Menschheit, und wir wissen, dass ihr viel Kraft und große Visionen benötigt, um den langen Weg zu meistern, der vor euch liegt.

> ⁘ <

Nun, da ihr spürt, wie die Mauern immer näher rücken und die Erde unter den Machenschaften der dunklen Kräfte schrumpft und nachgibt, sieht eure Zivilisation irrtümlicherweise in der modernen Technologie einen Ausweg aus dem Dilemma, in dem ihr euch befindet. Politisch und wirtschaftlich benötigt ihr dringend bessere Führung, mehr Gesundheit und Zuversicht in getroffene Entscheidungen. Die meisten glauben, dies ließe sich durch Technologie lösen, und so gibt weltweit die überwiegende Zahl der Menschen immer mehr von ihrer Macht an die Technik ab. Der allmächtige Computer, rudimentärer Enkel der Kristall-

Gedankenlicht-Generatoren aus Atlantis, hat die Bevölkerung vorübergehend von all der Disharmonie abgelenkt, die um euch herum ständig zunimmt. Er weckt in euch die Hoffnung auf eine Zukunft, die es in dieser Form schlicht nicht geben kann – zumindest nicht so, wie ihr euch das vorstellt.

Die Machtelite der Erde fördert eure Abhängigkeit von Monitoren, Handys und TV-Bildschirmen, denn diese sind die operativen Kontrollmechanismen eurer Zeit. Wie die dunkle Priesterschaft von Atlán wenden die Mächtigen das Wissen gegen euch, um ihre Gier zu stillen, während immer mehr Menschen tatenlos dasitzen, sich mit ihrer Ohnmacht abgefunden haben und alberne Spiele holografischer »Kommunikation« spielen.

Und die Kinder ... was ist mit ihnen? Sie geben das Spielen und Entdecken, das Lachen und die Unschuld auf. Ihre zarten Gemüter klammern sich nervös an elektronische Ablenkungen. Es ist eine Travestie, zu beobachten, wie sich die Menschheit wieder einmal vor der wahren Kommunikation verschließt, weil ihr fast völlig vergessen habt, welchen wunderbaren Austausch von Gefühl, Intellekt und Geist sie euch einst ermöglichte.

Offensichtlich haben viel zu viele Menschen die Musik, die Vision und das Licht aufgegeben für das Flirren der Elektronik und die verblendete Sucht nach bunten digitalen Bildern.

> ⁘ <

Wenn wir euch jetzt die Geschichte des dunklen Atlantis erzählen, dann nicht, weil wir verherrlichen oder in den Mittelpunkt stellen wollen, was die niedere Schwingung eurer Vergangenheit oder Zukunft ist – so wie ihr euch diese Begriffe als Begrenzungen der Zeit vorstellt. Vielmehr wollen wir euch aus eurer Illusion aufrütteln und euch zeigen, auf welche Weise sich Gedanken manifestieren, mit denen ihr euch selbst eurer Macht beraubt, indem ihr zulasst, zu Opfern eurer eigenen Schöpfungen zu werden. Wir rufen euch dazu auf, euch die Macht zurückzuholen, indem ihr euch nicht nur bewusstmacht, wie sie euch genommen wurde, sondern auch, wie ihr sie ständig selbst weggebt. Nur dann könnt ihr die Herrschaftsinstrumente erkennen und euch von ihnen befreien, so dass ihr als freie Wesen an der Großen Transformation teilnehmen könnt, die im Begriff ist, das Leben auf eurem Planeten und in eurem gesamten Sonnensystem für immer zu revolutionieren.

Bei vielen von euch haben sich hier und da bereits kleine Erinnerungsblitze aus früheren Leben bemerkbar gemacht, aber nun werdet ihr die volle Erinnerung zurückerlangen. Andere arbeiten schon länger an ihrer Fähigkeit der detaillierten Erinnerung an frühere Inkarnationen. Hierbei nehmen Atlantis-Erinnerungen einen wichtigen Platz ein, denn diese alte Zivilisation ist seit Langem Inspirationsquelle für großartige Werke der Kunst, Architektur und Literatur. Wir wissen von zahllosen Wesen, die derzeit aus der erneuten Popularität des Atlantis-Themas Kapital schlagen, um ihren Hunger nach Anerkennung und Einfluss zu stillen. Seid also anspruchsvoll und sucht in euch selbst nach der intuitiven Antwort, die ihr als »Bauchgefühl« kennt. Das gilt auch für die von uns übermittelten Informationen. Wir ermutigen euch ausdrücklich, alle hypothetischen und angeblich wissenschaftlichen Informationen unablässig zu hinterfragen und die Antworten … die Bestätigung … tief in eurem Inneren zu finden, denn dort werdet ihr die Wahrheit hören, wenn ihr innerlich ruhig genug werdet, um die Stimme eurer Seele zu erkennen.

Von den umstrittenen Schriften Platons (428-348 vor Christus), in dessen *Dialogen* die Geschichte von Atlantis so aufgezeichnet ist, wie Solon, der Weise von Hellas, sie erzählte, bis hin zu den kristallinen Visionen des amerikanischen Sehers Edgar Cayce (1877-1945), schwebten, während des Großteils eurer nachantiken Geschichte, eure Vorstellungen von dem verlorenen Kontinent irgendwo zwischen Fantasie und Realität. Seit Jahrhunderten erforschen Neugierige, inwieweit es wissenschaftlich überhaupt möglich ist, dass ein ganzer Kontinent in den Fluten des Atlantischen Ozeans versank.

Diese Suche, der beständige Wunsch, eure vorsintflutliche Abstammung zu ergründen, hat vielen dabei geholfen, das in uns allen schlummernde »Wissen« wiederzufinden. Andere (diejenigen, die einen wissenschaftlichem Ansatz verfolgen) glauben, dass zunächst die unter dem Sand des großen Ozeans begrabenen Kunstwerke und Monumente gefunden werden müssen, ehe die Behauptung, Atlantis wäre eine unbestreitbare Realität, als bewiesen gelten kann. In der Tat hat man inzwischen einige Beweise ans Licht gebracht, aber bis genügend Puzzlesteine gefunden sind, um die größte Geschichte aller Zeiten wirklich rekonstruieren zu können, ist es noch ein weiter Weg. Es ist eine Reise der Selbstentdeckung. Ihr müsst euer Unterbewusstsein erforschen, wo die Erinnerung die klarsten Bilder bereithält und alle Wahrheiten auf ihre Enthüllung warten.

Wie wir in dem Buch *Kosmos der Seele* darlegten, hat der Kontinent tatsächlich in der dreidimensionalen Realität existiert. Wir hören, welche Diskussionen bei euch darüber stattfinden, auf welcher Ebene der Existenz dieses Land präsent war, und wir bestätigen euch, dass das Konzept von Atlantis als Paradigma eines multidimensionalen Bewusstseins – einer ätherischen Zivilisation – nur dann gültig ist, wenn ihr auch die physische Existenz der Insel auf eurem Planeten anerkennt. Dies ist für eure gegenwärtige Situation von höchster Bedeutung.

Während seiner 100.000 Jahre währenden Entwicklung stieg Atlantis in drei verschiedenen Zyklen zu großen Höhen der Zivilisation auf, um dann jedes Mal einen Niedergang zu erleben. Dabei wurde es sowohl mit eiszeitlicher Kälte konfrontiert wie auch mit der Wärme tropischer Brisen. In jeder Periode erreichten die Menschen von Atlantis hochentwickelte zivilisatorische Standards und erlitten dann, jeweils ihren Zyklus vervollständigend, einen unaufhaltsamen gesellschaftlichen Verfall. Keine war jedoch bedeutender als die letzte Zivilisation von Atlantis, die ab etwa 27.000 vor Christus existierte und um 10.800 vor Christus ihr tragisches Ende fand.

In den letzten Stadien – den Jahren vor der Sintflut – hat dieses Volk unvorstellbare technologische Fähigkeiten bewiesen, und ihr heutigen Menschen identifiziert euch mit genau der gleichen Entwicklung. Ihr **seid** diese Entwicklung. Ihr, die heutige Menschheit, bewegt euch mit euren »primitiven« Apparaten durch die grenzenlose Freiheit der Natur, um von einem eurer Käfige der Technik und kulturellen »Raffinesse« zum nächsten zu gelangen.

Dabei verliert ihr eure Fähigkeit zu hören, zu sehen und die Welt um euch herum zu spüren. Wie eure atlantischen Vorfahren seid ihr faul geworden und fühlt euch von allem gelangweilt, was nicht künstlich blinkt und euch in neue Illusionen – virtuelle Realitäten – hineinlockt, denn ihr seid zu betäubt, um für euch selbst einzustehen und euren eigenen Weg zu finden. Ein weiteres Mal habt ihr die *Wam*-Schwingung aufgegeben und euch in den mechanisch erzeugten Tönen eurer technischen Geräte verloren. Doch den schädlichen Lärm, mit dem eure Erfindungen die Natur verschmutzen, bemerkt ihr noch nicht einmal. Wie wollt ihr dann die Musik eurer Seelen wahrnehmen?

In diesen, den späten Tagen eurer derzeitigen Generation begeht die Menschheit den universellen Irrtum, Gott spielen und in die Schöpfung eingreifen zu wollen – durch die Manipulation der DNA und ungehemmte Anwendung der Biogenetik. Dies ist der **größte Fehler** jeder technologisch fortschrittlichen Zivilisation. Ja, wir sind alle Mitschöpfer, aber wir schießen über das Ziel hinaus, wenn wir glauben, wir wären als individuelle Bewusstseinseinheiten in der Lage, in das Unvergleichliche Werk des Urschöpfers eingreifen zu können. Das ist ein Frevel gegenüber dem Göttlichen. Wir wissen das, denn auch wir haben uns, wenngleich in bester Absicht, in den Entwicklungsprozess der Menschheit auf dem Planeten Erde eingemischt und damit ein Karma verursacht, an dessen Auflösung wir noch immer arbeiten.

Mutationen von Mensch und Tier, die neuesten Monstrositäten der Wissenschaft, existieren längst im Verborgenen, sogar noch solche aus den letzten Tagen von Atlantis, und ihr häuft auf diesem

Gebiet immer mehr karmische Schuld an. Wir werden in späteren Abschnitten ausführlich über die »Unterwelt« der Erde und die Lebensformen sprechen, die dort unten Höhlen und Tunnel bewohnen. Wenn ihr unter- oder besser innerirdisches Leben für einen zu absurden Gedanken haltet, um euch näher damit zu beschäftigen, bitten wir euch, Folgendes zu bedenken: Was glaubt ihr wohl, treiben all diese verrückten Wissenschaftler in euren unterirdischen »biologischen Forschungszentren« und Militäranlagen? Schon lange haben die mutierten Kreaturen aus den versteckten Genlabors damit begonnen, in eure Welt vorzudringen, und diese genetisch veränderten Lebensformen – komplexe Viren, hybride Monster und Klone – werden noch unglaubliche Störungen im natürlichen Lebensablauf von Mensch und Tier an der Oberfläche eures Planeten verursachen. Seit vielen Jahren geschieht dies bereits. Eine ihrer hybriden Schöpfungen, mit denen ihr zuletzt Bekanntschaft gemacht habt, sind die Chupacabras, von denen in Puerto Rico und in Chile berichtet wird. 1995 tauchten sie erstmals auf, und mittlerweile richten diese Blutsauger in ganz Süd- und Mittelamerika immer wieder Schaden an und terrorisieren die Einheimischen. Andere hybride Wesen sind zunächst in dünn besiedelten Gebieten untergetaucht und deshalb der Bevölkerung noch relativ unbekannt.

Auch wurden unzählige tödliche Superviren im Untergrund erzeugt und an die Oberfläche gebracht, wenn es für bestimmte Viren- oder Bakterienstämme an der Zeit war, getestet zu werden. Viele davon haben die Tests bereits durchlaufen und werden gerade aktuell in biologischen Waffen eingesetzt.

In dem geheimen Krieg, der gegen die Menschheit geführt wird, lässt man sie gezielt auf die Bevölkerung in bestimmten Ländern oder Regionen los. Und viel Verborgenes aus der Endzeit von Atlantis wartet darauf, aus den Tiefen hervorzukommen und wieder sein Unwesen an der Erdoberfläche zu treiben.

Glaubt ihr immer noch, dass es besser ist, manche Dinge nicht zu wissen? Oder dass ihr darauf vertrauen könnt, von den offiziellen staatlichen Stellen angemessen gewarnt und über alle realen Gefahren aufgeklärt zu werden? Ihr steht unter dem Einfluss kontrollierender Gedankenmuster, die geschaffen wurden, um euch in Unwissenheit zu halten. Und sie haben sich im Laufe der Geschichte als sehr wirkungsvoll erwiesen, da paradoxerweise in vielen eurer Gesellschaften dieses »Lieber-Nichts-Wissen-Wollen« inzwischen sogar als Zeichen von Klugheit gilt. Wir dagegen sagen euch, dass gerade das Wissen, das Licht der Erkenntnis, euch befreit. Und wir laden euch ein, solche negativen Gedankenimplantate, die nur dazu dienen, euch besser manipulierbar und kontrollierbar zu machen, aus eurer Programmierung zu eliminieren. **Furchtlosigkeit erwächst aus dem Vertrauen, dass Erkenntnis und Wissen euch befreien.**

Wieder einmal erschüttern, wie es bei der Letzten Generation von Atlantis schon der Fall gewesen ist, Erdbeben, Kontinentalverschiebungen und Eruptionen eure Realität, und euer begrenztes Wissen über die kosmischen Kräfte lässt euch mehr denn je um die Zukunft eures Planeten und das Überleben der Menschheit bangen. Und doch zeigt euch die Geschichte, dass heftige Verlagerungen von Gaias Landmassen sowie Polverschiebungen, verheerende Überschwemmungen, Brände und Hungersnöte nicht zuletzt auch allesamt Ausdruck der unendlichen Wandlungszyklen von Form und Energie in der physischen Welt sind, in der die Erde bislang existiert hat.

Werdet euch bewusst, dass Leben niemals ausgelöscht werden kann, denn innerhalb des Bewusstseins eines jeden Lebewesens – und in jeder Zelle, jedem Molekül und Atom – wohnt der Urgedanke des Höchsten Seins, der ursprüngliche Wille, der keine andere Absicht kennt als den Wunsch, zu sein.

Und so mutiert und entwickelt sich das Leben, aber die Seele hört niemals auf zu existieren, denn im Universum befindet sich alles in einem ewigen Zustand des »Werdens«.

Beobachtet! Durch einen Riss im Pflaster wächst ein Grashalm, der seinen Weg um die undurchdringliche Barriere herum und in die Wärme des Sonnenscheins gefunden hat. Das Leben drängt immer vorwärts, bewegt sich immer auf das Licht zu, sucht immer nach Erleuchtung. Das ist einfach die Natur des sich ausdehnenden Bewusstseins von *Alles Was Ist*. Sogar diejenigen, die sich dafür entscheiden, in den Schatten zu leben, werden sich schließlich darüber hinaus bewegen, denn der Sinn des Alls liegt darin, dass jedes bewusste Wesen das absolute Licht des Urschöpfers verlässt und wieder dorthin zurückkehrt.

Fürchtet nicht um die Zukunft der Menschheit. Wieder einmal werdet ihr der Wut von Gaias Revolte gegenüberstehen, aber ihr könnt bestimmen, in welchem Ausmaß diese Energie um euch herum und in euch explodiert. Wir leugnen nicht, dass viele ihr Leben auf eurer Welt verlieren werden. Sie werden in andere Seinszustände übergehen oder auf einem anderen Planeten reinkarnieren. So schwer das für euch auch zu glauben sein mag, handelt es sich hierbei doch um Entscheidungen, die getroffen wurden, lange bevor diese Menschen den Geburtskanal der Mutter passierten und ihr Leben als physisch inkarnierte Erdenbewohner begannen.

Auf der Seelenebene sind sie in Frieden mit diesem wahrscheinlichen Ausgang. Auf der bewussten Ebene kann es verständlicherweise viel Angst und Leid geben, weshalb wir gekommen sind, um euch beim Übergang zu helfen. Wir suchen nach Wegen, euch ohne Schmerz und Verzweiflung hindurchzubringen, während wir gleichzeitig die Gesetze der Nichteinmischung beachten müssen. Das ist keine leichte Aufgabe.

Langsam erwacht das Massenbewusstsein und erkennt, dass euer Planet in eine Phase ziemlich drastischer geophysikalischer Störungen eingetreten ist, während ihr am Rand der Zeit sitzt und erlebt, dass eure Überzeugungen entwurzelt werden wie Bäume im Orkan. Schaut euch um. Jeden Tag werden neue Klima-Extreme gemeldet, und das, was fälschlicherweise als »Naturkatastrophen« bezeichnet wird, ereignet sich mit grausamer Häufigkeit überall auf dem Planeten.

Gaias Aurafeld, das Ozon, scheint sich buchstäblich aufzulösen. Ohne diesen Schutz kann auf der Erde kein Leben (wie ihr es kennt) existieren. Selbst in den gemäßigten Klimazonen setzen inzwischen heftige Umwälzungen ein, während Gaia unter euch zittert und bebt, stürmt und ihre Rebellion in Form sintflutartiger Regenmassen über euch hereinbrechen lässt. Nicht ganz freiwillig oft, aber nicht weniger intensiv …

Viele hoffen auf Botschaften des Messias, ängstlich darauf bedacht, sich möglichst katastrophensichere Unterkünfte einzurichten, wo sie den großen Sturm überdauern können. Doch ihr müsst wissen, dass es nur einen sicheren Hafen gibt … das Zentrum eures Seins, wo alles im Gleichgewicht ist und die Angst nicht Fuß fassen kann. Eure wichtigste Aufgabe ist es zu verstehen, dass das Pendel in die andere Richtung ausschlagen muss, ehe das Ganze wieder in die Harmonie zurückkehren kann. Dann gilt es, euren Emotionalkörper zu beruhigen und wirklich **da** zu sein. Denn, ihr Lieben, dieses **Hier und Jetzt** ist die wahre Arche … Es ist eure einzige Garantie für einen sicheren Übergang in die nächste Dimension.

Wir sind bewegt von der Verzweiflung und schwindenden Willenskraft der Menschheit und möchten euch helfen, doch man hat uns die Grenzlinien aufgezeigt. Sie zu überschreiten würde bedeuten, dass wir uns in euren karmischen Prozess einmischen, und diese Lektion haben wir gelernt. Wir können unsere Erkenntnisse mit euch teilen und euch den Weg zur Weisheit zeigen und euch technische Hilfsmittel zur Verfügung stellen, aber die evolutionären Lenker eures Schicksals seid ihr selbst.

Wenn ihr überall um euch herum Zerstörung seht und euch vor der Zukunft fürchtet, so kommt das, weil ihr noch nicht verstanden habt, dass der Tod eine treibende Kraft für das Leben ist. Erweitert ihr euren Blickwinkel hingegen und schaut über das Physische hinaus, werdet ihr inmitten von Katastrophen und Zeichen des Zusammenbruchs die universelle Wahrheit erkennen, die jeglichem Leben zugrunde liegt: Alles befindet sich in einem ständigen Zustand des Wandels, und die Evolution, die höhere Reflexion dieses Prozesses, verläuft in Zyklen.

Verzweifelt blickt ihr auf eure Welt, wo derzeit eine unglaubliche Disharmonie auf verschiedenen Ebenen herrscht, und viele glauben, das Ende allen Lebens sei nahe … einfach deshalb, weil ihr an einem Punkt angelangt seid, an dem der soziale und ökologische Niedergang unaufhaltsam erscheint. Doch das ist ein Trugschluss. Die Menschheit steigt und fällt wie die Wellen der Ozeane, denn so ist die Natur der Existenz im gesamten materiellen Universum. Alle Dinge haben ihren Frühling, die Frische ihrer jungen Tage; ihren Sommer, wenn die starken, fokussierten Energien am Werk sind; den Herbst, wenn das Leben sich verlangsamt und zu schwinden beginnt; den Winter, eine Zeit der Ruhe und Vorbereitung. Und ja, ihr nähert euch nun dem gaianischen Winter, der Globalen Krise eurer Zivilisation, wenn der Boden durch den ersten Frost unter euren Füßen knirscht und alles trostlos und unerbittlich scheint. Dann folgt das Tauwetter … und überall in der Landschaft erscheinen die ersten Knospen neuen Lebens.

Das Alte gebiert das Neue und kehrt auf diese Weise zu sich selbst zurück, so wie sich aus dem Samen der Baum entfaltet, der dann zum Samen zurückkehrt … und das Leben geht weiter.

Atlantis steigt auf.

2

DIE UNERZÄHLTE GESCHICHTE

Worin bestand die Größe von Atlantis?

Ihr hegt eine romantische Vorstellung von diesem Land und seinen Bewohnern, euren Vorfahren, denn das Wenige, was niedergeschrieben oder von den Geschichtenerzählern überliefert wurde, ist ein widersprüchliches, rätselhaftes Gebilde aus Fakten und Fantasie. Wenn ihr euch für die Möglichkeit öffnet, dass die menschliche Zivilisation Zehntausende von Jahren älter ist, als eure Aufzeichnungen sagen, kommt ihr nicht umhin, die Existenz großer Hochkulturen in Betracht zu ziehen, die im Prozess der kontinuierlichen Umwälzung der Erde aufblühten und später in Vergessenheit gerieten. In vielerlei Hinsicht glaubt ihr, dass die moderne irdische Gesellschaft der Höhepunkt des menschlichen Potenzials ist, vor allem, weil ihr so begrenzte und mehrdeutige Informationen über all das habt, was geschah, bevor eure Geschichtsschreibung begann. Ihr werdet ziemlich bescheiden werden, wenn ihr in euren großen Bibliotheken die wahre Geschichte eurer Vorfahren nachlesen könnt, was euch schon sehr bald möglich sein wird. Ihr werdet erstaunt sein, denn deren Leistungen übertrafen die eurer modernen Gesellschaft bei Weitem.

In der Tat ist die Geschichte der Menschheit in vielen Galaxien berühmt, weil ihr Menschen auf vielfältige und wunderbare Weise einzigartig seid – und doch zugleich eins mit allem Leben im gesamten Kosmos. Ihr seid die Schöpfung von Meistergenetikern aus benachbarten Sternensystemen und extradimensionalen Realitäten. Und als Nachfahren einiger der ältesten Zivilisationen im Kosmos seid ihr alt … viel, viel älter, als ihr je gedacht hättet.

Ihr, die ihr die Technologie anbetet, haltet die Menschen, die vor dem Industriezeitalter lebten, jetzt noch für »primitiv« … und das ist eine echte Ironie. Ihr habt eine extrem begrenzte Vorstellung von der menschlichen Entwicklungsreise: von den Gipfeln und Tälern uralter Zivilisationen, die viele Jahrtausende vor diesem einen Jahrtausend, das ihr als Aufstieg der modernen Zivilisation betrachtet, auf der Erde erblühten und wieder verschwanden. Jene großen Bibliotheken, in denen die Geheimnisse der vorsintflutlichen Kulturen aufbewahrt wurden, sind im Laufe der Zeit immer wieder geplündert und niedergebrannt worden, weshalb offiziell fast keine schriftlichen Zeugnisse eurer mystischen Vergangenheit erhalten blieben – im Verborgenen aber schon, denn unzählige Schriften wurden heimlich gesammelt und werden das Tageslicht der Neuen Zeit sehen. Das geschah mit Absicht. Im dunklen Zeitalter der Kreuzzüge und während anderer Phasen des religiösen Eifers und des Despotismus betrachteten die Herrschenden die massenhafte Verbrennung vermeintlich eurer größten Schätze als Mittel, um die immerwährende Unwissenheit derer zu garantieren, die erobert und in die Knie gezwungen werden sollten.

Wissen, das Licht des Bewusstseins, ermächtigt euch. Unwissenheit, die Abwesenheit dieses Lichts, macht euch zu Sklaven. Der Verlust des Wissens, der Weisheit der Urahnen, gehört zum Schlimmsten, was der Menschheit angetan wurde. Und es grassiert weiterhin in Form von Zensur, Verfolgung und Verleugnung auf unzählig vielen Ebenen. Da ist es kein Wunder, dass diejenigen von euch, die in der Lage sind, in den Akasha-Chroniken zu lesen, sich verbergen mussten, um Verfolgung zu entgehen, oder die Weisheit hinter Codes und Rätseln versteckten, die alle außer den eifrigsten Schülern abschrecken würden.

Doch die Beweise für die Existenz von Atlantis finden sich überall um euch herum. Sie sind eingewoben in die Struktur eurer alten Tempel, die euch von erleuchteten Zivilisationen hinterlassen wurden, deren Wissen bis in die entferntesten Orte eures Planeten reichte. Ihr könnt sie in den Erzählungen der Urahnen finden, die von Generation zu Generation weitergegeben wurden ... Die Alten eurer Völker teilen diese Geheime Weisheit seit jeher behutsam mit allen, deren Ohren dafür bereit sind.

Ihr findet die Beweise im Lied der Natur ... den Felsen und Kristallen Gaias, denn sie beherbergen die Schwingungen von allem, was auf dem Antlitz der Erde je geschah. Sie sind in die Landschaft gemeißelt, liegen auf dem Meeresgrund und sind den Sternen über euch einkodiert. Darüber hinaus sind sie in eurer DNA gespeichert und ruhen tief in den Brunnen eurer unterbewussten Erinnerung.

In der kurzen Zeitspanne, die ihr für eure Geschichte haltet – einer Aufzeichnung bedeutender Bruchstücke von seit etwa sechstausend Jahren andauernden sozio-anthropologische Vorgängen –, habt ihr beobachtet, wie die Menschheit verschiedene Stadien der Entwicklung durchlief. Ihr habt gesehen, dass Krieg und Frieden, Tod und Wiedergeburt, Hungersnot und Überfluss immer wieder auftreten – als Lebenszyklen auf dem Planeten Erde. Und doch sind diese historischen Aufzeichnungen sehr unvollständig, weil die Mainstream-Historiker sich vorwiegend auf das Schauspiel des Kampfes zwischen Aggressoren und Opfern konzentrieren – den Kaisern und deren Untertanen oder Sklaven.

Die Geschichtsschreibung verherrlicht oft die Mächtigen, die Unterdrücker, die Manuskripte des Wissens angeblich verbrannten, Verkünder mystischer Wahrheiten systematisch zum Schweigen brachten und die Bilder der Vergangenheit zum Zweck des eigenen Machterhalts manipulierten und umformten. Vergesst nie, dass genau diese Mächtigen die Geschichtsschreibung in ihrem Sinne lenkten. Eure heutigen Gesellschaften werden immer noch von dieser Machtelite regiert, und sie programmiert weiterhin eure Glaubensvorstellungen, um ihre Allmacht zu verherrlichen und sicherzustellen, dass ihr gehorsame Untertanen bleibt.

Ihr, die ihr in »demokratischen« Nationen lebt, glaubt, ihr wäret freie Männer und Frauen, stolz auf die Politik eurer Regierungen und eure geheiligten bürgerlichen Rechte. Ihr glaubt an solche idealistischen Konstrukte und seid bereit, euer Leben zu geben, um sie zu schützen. Man ermutigt und lehrt euch, an das Ideal der *Nation* zu glauben, das euer Land über alle anderen stellt, und damit werden Einmischungen in die inneren Angelegenheiten anderer Länder und das Sterben auf den Schlachtfeldern eurer Kriege gerechtfertigt. Ihr glaubt an eure exoterischen Religionen, mit ihren spalterischen, unnachgiebigen Dogmen, und auch im Namen dieser Religionen wird eure Jugend gegeneinander in Stellung gebracht, um die zu töten, die etwas anderes glauben als ihr. Und all das geschieht stets im Namen der einen und einzigen Gottheit.

Seid ihr euch so sicher, dass ihr wirklich in Freiheit lebt? Ja, ein paar harmlose Freiheiten gewährt man euch, und nicht alle Botschaften der Mächtigen sind **offen** kontrollierend. Unterschätzt jedoch nicht die subtile Manipulation, die jenseits der bewussten menschlichen Wahrnehmung ausgeübt wird. Man hat eure Käfige geschickt getarnt. Dass sie für das physische Auge unsichtbar sind, bedeutet aber keineswegs, dass ihr wirklich freie Menschen seid.

Man gestattet euch außerirdische Visionen als Zeitvertreib, in Gestalt von Science-fiction-Filmen und -Romanen, doch unsere Felder mit fraktaler Kunst und Heiliger Geometrie (die Kornkreise) werden immer noch als Fälschungen abgetan, was auf den verlogenen Journalismus der kontrollierten Mainstream-Medien und die hochkompetente Arbeit der »Kreisfälscher« mit Brettern und Seilen zurückzuführen ist. Euch wird der Zugang zu den mystischen Tempeln der Urahnen gestattet, doch die dort verschlüsselten multidimensionalen Energien und das Geheime Wissen werden dogmatisch in einschränkender dreidimensionaler Terminologie wegerklärt. Die traditionellen Historiker weigern sich, die Brillanz eurer neuen Pioniere anzuerkennen, der Astroarchäologen, die damit begonnen haben, die Magie eures atlantischen Erbes zu entschlüsseln und für euch zugänglich zu machen … die Geschenke eures sirianischen und plejadischen Erbes. Herren und Sklaven, Konquistadoren und Primitive – eure Geschichte ist selbsterfüllend und selbstverstärkend.

Es ist dieses Wissen, das Licht, das man euch vorenthalten will, durch das ihr eure Kraft zurückgewinnen könnt. Deshalb ist es von so entscheidender Bedeutung, dass ihr das Dogma des Konventionellen umgeht und die Botschaften entdeckt, die von den Weisen hinterlassen wurden. Inzwischen sind für jene, die danach suchen, viele Schlüssel zugänglich.

Es ist an der Zeit, dass ihr euren Planeten als Gottheit anerkennt, denn Gaia ist in der Tat ein himmlisches Wesen, und sie denkt, fühlt und strebt auf eine Weise, die euren eigenen Gedanken, Emotionen und Träumen ähnlich ist. Es ist an der Zeit, dass ihr den Geistkörper des Universums erforscht und zu den Sternen schaut, und zwar in einer Art und Weise, die weiter blickt als die wissenschaftlichen Sonden der Geheimregierung – dieser modernen Architekten der Macht. Ihr selbst wisst so viel mehr, als sie euch glauben machen wollen, über die Mechanik eures Universums, die Wesen und Gegebenheiten in anderen Sternensystemen, Dimensionen und Welten. Und dieses Wissen, erweitert durch eure spirituelle Erkenntnis – die Sicht der Urahnen –, ist für eure gegenwärtige Situation auf dem Planeten Erde ganz wesentlich. Wenn ihr euch des Universums bewusst werdet, mit dem ihr so lebenswichtig verbunden seid, werdet ihr rasch erkennen, dass die Machtelite momentan versucht, die »Zukunft« umzuschreiben, getarnt hinter der Glorifizierung eines erneuten Vorstoßes ins All. Es werden wieder Fahnen geschwenkt und die Verheißungen einer Zukunft gepriesen, die euch erwartet, wenn die Menschheit die Grenzen der Erde hinter sich lässt.

Seid ihr aufmerksam, Erdenkinder?

Habt ihr gelernt, zwischen den Zeilen zu lesen?

Eure galaktische Familie vereinigt sich jetzt, um euch die Informationen zu bringen, die ihr benötigt, um das Wissen in euch wiederzuerwecken, das bereits seit den Tagen von Atlantis und noch weitaus länger in euch schlummert … ja, seit der Zeit eurer ursprünglichen Aussaat, als ihr zwölf DNA-Stränge besaßt. Repräsentanten aus vielen Dimensionen und Sternensystemen, Mitglieder der Galaktischen Föderation, arbeiten mit der menschlichen Rasse über Frequenzen, die von denjenigen empfangen werden können, die auf diesen Zweck eingestimmt sind, und deren Zahl wächst gerade **enorm**.

Wir treffen immer mehr von euch auf den Getreidefeldern der ganzen Welt und zeichnen für euch die Entwürfe der universellen Intelligenz auf eure 3D-Landschaft. Eine immer größere Anzahl von Erdenwesen geht mit unseren Botschaften in Resonanz – freut euch auf diese Neue Zeit! Sie erleichtert euch zunehmend euer Verständnis der Dynamik des Wandels, der eure Welt erfasst hat, und dessen Auswirkungen im Universum.

Wenn man die spärlichen und oft fehlinterpretierten Aufzeichnungen aus den letzten sechstausend Jahren betrachtet, begegnet man Gaia als ein einst jungfräuliches Territorium, in dem nur wenige menschliche Wesen einen grenzenlosen, luxuriösen Garten bevölkerten … wo Tiere eure Leinwand mit jeder erdenklichen Farbe der Palette des Schöpfers bemalten. Trotz der Krieger und kreuzfahrenden Moralisten, deren kakophonischer Abdruck in jede Epoche der menschlichen Zivilisation eingebrannt zu sein scheint, gab es zweifelsohne Zeiten größerer globaler Harmonie und friedlicher Koexistenz auf dem Planeten Erde.

Viele glauben, dass die Menschheit, die nur ein Aspekt des größeren Bewusstseins von Gaia ist, das empfindliche Gleichgewicht erst in den letzten paar Jahren zerstört hat – nur einen kurzen Herzschlag lang. Doch ihr seid euch relativ unbewusst, dass das, was jetzt auf eurem Planeten geschieht, eine Wiederholung der menschlichen Geschichte ist – einer Geschichte, die ihr nur minimal erforscht habt und die, weil sie für euch so sehr im Dunkeln liegt, ignoriert oder in die Fantasie verbannt wurde.

Gab es da wirklich einen ganzen Kontinent, der einfach vom Angesicht der Erde verschwand? Es ist verständlich, dass es euch schwerfällt, diese Hypothese zu akzeptieren, wenn in eurer offiziellen Geschichtsschreibung nichts über ein solches Ereignis zu finden ist. Doch eure Welt sinkt herab, steigt wieder auf und formt sich ständig neu … denn die Erde ist ein lebendiges, bewusstes Wesen. Ihr, die ihr euch an die materielle Realität klammert, um euch auf sicherem Boden zu fühlen, habt nicht verstanden, dass alle Wesen im gesamten Universum unablässig in neue Formen und Realitäten umgewandelt werden. Vom winzigen Sandkorn bis zum größten Stern am Himmel befindet sich alles in einem Zustand ständiger Evolution.

Die Geschichte von Atlantis ist lang und ermüdend, denn diese große Kultur entstand vor etwa 100.000 Erdenjahren, mit dem ersten Auftauchen des *Homo sapiens* auf eurem Planeten. Stellt euch vor … 100.000 Jahre, in denen ganze Zivilisationen in einer zyklischen Reise durch die Zeit auftauchten und wieder vom Antlitz der Erde verschwanden. Es strapaziert bereits eure Vorstellungskraft, euch eine Welt ohne elektrisches Licht vorzustellen (was nur ein Jahrhundert zurückliegt), wie könnt ihr also 100.000 Jahre Wachstum und Zerstörung, Entwicklung und Niedergang als »wahre« Geschichte der Menschheit begreifen und überblicken?

Eure Suche nach Beweisen für diese allumfassende Realität ergibt so wenig. Nicht einmal die Entdeckung versunkener atlantischer Ruinen (die Bimini Road) in karibischen Gewässern wurde von der offiziellen Wissenschaft anerkannt. Trotz der unbestreitbaren Perfektion der Anlage – in der die Intelligenz ihr Erbauer deutlich zu erkennen ist – wird der Fund vom Mainstream immer noch als »unerklärliches« Phänomen abgetan.

So werden unsere medialen Botschaften von den hartgesottenen Historikern, Archäologen und Astronomen – die nach konkreten Beweisen und greifbaren Realitäten suchen – ins Reich der Fantasie verwiesen. Dennoch habt ihr auf eurer Suche hierher zu unseren Botschaften gefunden, weil ihr es müde seid, das alte Wissen zu leugnen, und weil ihr tief in euch wisst, dass die Geschichte der menschlichen Evolution so viel reicher ist. Deshalb preisen wir euren Mut und eure

Kühnheit, über die Grenzen hinauszublicken und Brücken zu sehen, wo andere nur Mauern wahrnehmen.

Kinder von Atlantis … Es ist nicht unsere Aufgabe, die wissenschaftliche Substanz eurer Glaubensstrukturen zu formulieren. Viele brillante Lehrer zeichnen die Karten, die Wege zu der versunkenen Zivilisation. Die einstigen Stern-Navigatoren von Atlantis sind heute Astroarchäologen, sind Channelmedien der Sirianischen Wissenschaftlichen Kommission, geschult und darauf vorbereitet, diese Funktion in eurem Prozess des Erwachens zu erfüllen.

Der Zweck dieser Lehren hier ist es, eure Intuition zu stimulieren … den Teil von euch, der sich **erinnert**.

Sicher ist euch klar, dass es kein Zufall sein kann, dass ihr euch zu den Legenden von Atlantis hingezogen fühlt, denn höchstwahrscheinlich ist dort ein Fragment eurer Seele begraben, das mit dem Trauma oder dem Ruhm jener Vergangenheit verbunden ist, die auf dem Meeresgrund verborgen liegt. Wenn ihr Atlantis jetzt »auferstehen« lasst, dann, um die Stücke wieder aufzusammeln, die ihr selbst einst zurückgelassen habt. Dies ist eine Seelenrückholung, ein Zurückrufen jener Schatten eures Selbst, die sich an andere Realitäten gebunden haben.

Ihr braucht alle diese Teile eurer Seelen jetzt. Ihr müsst Atlantis integrieren, zusammen mit den Fragmenten, die in anderen Leben übriggeblieben sind … in anderen Realitäten. Nie zuvor war es so wichtig, dass ihr euch selbst in der Gesamtheit erfahrt – unfragmentiert und ganz. Das wird euch bald klar werden, sehr bald sogar, wenn sich die Räder immer schneller drehen und ihr mit dem Ruf – den Fernsehbildern – jener Teile konfrontiert werdet, die »nach Hause« kommen wollen. Auch dies ist Teil des wichtigen Prozesses, den wir als »Klärung und Vorbereitung« für die vor euch liegenden Veränderungen bezeichnen.

Viele inkarnierte Wesen, die zu dieser Zeit auf eurem Planeten wandeln, sind mit ungelösten karmischen Schulden gekommen, die sie als Seelenessenz an die Oberfläche bringen und auflösen wollen. Dies ist der entscheidende Moment, in dem ein solcher Gruppenprozess auf eurem Planeten stattfinden muss. Unsere Absicht ist es, euch auf dem Weg durch diesen Heilungsprozess zu helfen. Wir rufen euch aus eurer Trance, denn wieder einmal ziehen die Dunklen an euren Energien, während ihr in ihren Opiumfeldern schlafend liegt. Ihr müsst die noch unerzählte Version des atlantischen Dilemmas hören, damit ihr euch davon erschließen könnt, was euch für eure aktuelle Situation relevant erscheint und genutzt werden kann, um Veränderungen im Bewusstsein zu bewirken.

Versteht, dass diese Veränderungen sich dann auf die Erdveränderungen auswirken werden als eine Welle, die in euer Sonnensystem, die Galaxie und andere Dimensionen hineinwirkt. Nichts ist getrennt. Alles ist im Kosmos voneinander abhängig, alle Seelen sind vereint im ständigen Aufstieg des Bewusstseins.

Vielleicht werdet ihr, sobald ihr die vollständige Geschichte der Letzten Generation von Atlantis gehört habt, in der Lage sein, den Schleier zu lüften und klar zu sehen, was vor euch liegt. Ihr werdet dann die Mechanismen der Gedankenkontrolle durchschauen, die benutzt wurden, um die Energien der Bevölkerung abzuzapfen, und werdet wissen, wie die Atmosphäre und die inneren Welt Gaias manipuliert wurden. Es ist eine Zeit der Vorbereitung … Ihr werdet dann die künstliche Betäubung abschütteln und euer Schicksal selbst in die Hand nehmen.

Die menschliche Rasse ist ein Körper aus sechs Milliarden Bewusstseinseinheiten, von denen die meisten vorwiegend mit ihren individuellen Bedürfnissen und Wünschen beschäftigt sind. Aber ihr könnt lernen, diese Energien wieder stärker zu vereinen und zu bündeln. Das wird euch in die Lage versetzen zu erkennen, wie ihr voneinander separiert wurdet und wie man euer Ego-Bewusstsein manipulierte, um in euch Gefühle von Isolation und Ohnmacht zu erzeugen. Das sind erste Schritte, um die Intensität der Erdveränderungen zu minimieren.

Es ist für euch an der Zeit, die Geschichte eurer Vergangenheit zusammenzusetzen, damit ihr begreift, was jetzt für euch ansteht. In der Nicht-Zeit der höheren Dimensionen gibt es keinen Unterschied zwischen damals und heute. **Nur Wissen bestimmt die Richtung eurer Zeitreferenz.**

Wir sind bereit, an euch weiterzugeben, was wir an Erkenntnissen anbieten können, um euch bei der Suche nach der höheren Wahrheit zu unterstützen, aber wir erinnern euch daran, dass ihr die absolute Bestätigung nur in euch selbst finden werdet. Eure Aufgabe ist es, diese innere Wahrheit zu entdecken und zum Wohle des Ganzen nach außen zu tragen.

Dies ist eure Aufgabe auf dem Planeten Erde.

3

NIBIRU: DAS EINSAME SCHIFF

Von den vielen Jahrtausenden, während denen sich der Aufstieg und Fall des Landes Atlantis und seiner Bewohner abspielte, werden wir uns hauptsächlich auf die Periode konzentrieren, die dem irdischen Kalender von etwa 27.000 bis 10.800 vor Christus entspricht und die wir in diesem Werk als den »Dritten Zyklus« von Atlantis bezeichnen werden. Diese große Epoche der atlantischen Zivilisation endete dort, in den finalen Jahren der Letzten Generation, als die dunkle Seite das Pendel in der Hand hielt und große Teile der Menschheit weltweit dem unverantwortlichen Machtmissbrauch der getarnten Priesterschaft zum Opfer fielen.

Atlantis versank in den Tiefen des Ozeans, um für immer in Isolation und Vergessenheit zu ruhen. Andere Länder der Erde wurden zwar überflutet, aber dort zog sich das Meer mit der Zeit wieder zurück, als die Wolkendecke sich lichtete und die Wärme von Ra, eurer Sonne, wieder auf der Oberfläche zu spüren war. Von dem großen Kontinent und seinen Bewohnern blieben jedoch nur mythische Erzählungen und ferne Erinnerungen übrig, die von Generation zu Generation an diejenigen weitergegeben wurden, deren Vorfahren ihre Wurzeln in der Geschichte von Atlantis hatten.

Der monumentale Kataklysmus, der euch als »Sintflut« bekannt ist, war ein Reinigungsprozess eures Planeten, mit dem die Erde sich von den giftigen Energien und verzerrten Frequenzen reinigte, die in den letzten Stunden von den Kontrolltürmen und unterirdischen Energienetzen in Atlantis ausgegangen waren. Es war Gaias Reaktion auf die disharmonischen Schwingungen, die von diesen Zentren ausstrahlten – bis hoch hinauf in die äußeren Schichten der Ionosphäre, weit über die Ley-Linien eures Planeten hinaus und tief hinein in sein Inneres … und die Harmonie allen Lebens an jedem Punkt des Planeten und weit hinaus in den Weltraum wurde dadurch massiv gestört. Das Aurafeld der Erde musste davon befreit und durch und durch geheilt werden.

Dies führte zur Vernichtung der Täter wie auch »Unschuldiger«, denn auf eine Art und Weise, die für diejenigen unter euch, die den karmischen Prozess noch nicht verstanden haben, unbegreiflich ist, trugen sie zu der kolossalen Reaktion der elementaren Energien bei, die Gaias multidimensionalen Körper bilden. Erinnert euch … Alle Gedanken und Handlungen wirken sich auf alle existierenden Wirklichkeiten aus. Von den Allmächtigen bis zu den Entmutigten und Besiegten nehmen alle bewussten Wesen aktiv an der Entstehung und dem Ausspielen des Karmas teil.

Auch wir haben zu der karmischen Schuld von Atlantis beigetragen, und deshalb haben wir ein berechtigtes Interesse an deren Auflösung. Das solltet ihr bedenken, wenn ihr die Geschichte von Atlantis mit Hilfe unserer Gedankenfrequenzen und Worte erforscht, die hier für euch durch den Kanal Trydjya reproduziert wurden.

Als Bewusstseinseinheiten konfrontieren wir Aspekte der Dualität in unterschiedlichen Schattierungen und Intensitäten, um frei zu sein, die evolutionäre Triebfeder der Existenz zu erfahren: Wahlfreiheit. Ohne Polarität können wir keine Wahl treffen, uns für nichts entscheiden. Das, ihr Lieben, ist der Grund, warum die dunkle Seite überhaupt existiert. Sie ist dazu da, uns die **Freiheit** zu geben zu wählen und die **Verantwortung** für diese Wahl zu übernehmen. Darin liegt eine einfache Wahrheit, die uns, die Bewusstseinseinheiten von *Alles Was Ist*, so sehr ermächtigt, dass sie die Existenz des »Bösen« selbst herausfordert.

Seid ihr bereit, das zu akzeptieren?

Ihr seid allesamt Individuen mit freiem Willen und könnt entweder aus der Existenz der Dunkelheit Kraft schöpfen, indem ihr das Licht **wählt**, das Gute des Alls, oder euch von ihr entmachten lassen, indem ihr euch dem Schatten hingebt, dem Ego (dem getrennten Persönlichkeitsselbst) gehorcht und die Dunkelheit zugleich fürchtet und verherrlicht. Sobald ihr diesen Aspekt eurer Existenz bewusst anerkennt und integriert, werdet ihr die Natur der Konflikte in eurem Leben verstehen und erkennen, wie sie gelöst werden können, indem ihr alle Wesen als Eins mit euch betrachtet.

Außerirdische Mächte waren an der Zerstörung von Atlantis beteiligt, und auch sie sind nun mit den karmischen Folgen ihrer Handlungen konfrontiert. Doch in vielerlei Hinsicht leugnen sie dies immer noch. Wir beziehen uns hier speziell auf die Anunnaki-Krieger von Nibiru, die Herrscher einer technologisch fortschrittlichen unterirdischen Zivilisation. Sie lebt im Inneren eines in eurer dreidimensionalen Wirklichkeit existierenden Planeten, der sich alle 3.600 Jahre in euer Sonnensystem hinein und wieder aus ihm heraus bewegt. Dieser exzentrische Planet, Nibiru, reist auf einer ziemlich unnatürlichen zyklischen Bahn zu den äußeren Bereichen des Sirius-Sternsystems und zurück durch den dunklen galaktischen Winter, bis er wieder in die Umlaufbahn eurer Sonne Ra eintritt. Er durchfliegt etwa dreißig Erdenjahre lang euer System, um dann wieder seine kalte Reise durch den tiefen Raum anzutreten.

Um die Taten und Untaten der Anunnaki zu verstehen, muss man zunächst ihre Isolation betrachten, denn sie sind gewissermaßen die Obdachlosen der Galaxis, die den größten Teil ihres Lebens fernab von Licht und Wärme der Solaren Gottheit verbringen und unterirdische Städte und Militäranlagen im Inneren Nibirus bewohnen. Ihr Überleben hängt von ihrer Fähigkeit ab, lebensnotwendige Ressourcen zu beschaffen und zu lagern, die sie während ihrer Durchreise durch die Sonnensysteme auf Nibirus Bahn sammeln, damit sie in der Lage sind, die lange, dunkle Reise ihres einsamen Schiffes durch das materielle Universum zu überleben.

So sind sie ständig auf der Suche nach Energie, die sie vor allem aus Mineralien und Erzen gewinnen. Dafür missbrauchten sie euch, denn ihr musstet für sie die Bodenschätze der inneren Erde abbauen. Sie zapfen außerdem eure Emotional-, Mental- und unteren Astralkörper an, denn dort befindet sich eine unendliche Energiequelle, welche die unteren Chakren versorgt. Diese Energie stehlen sie euch, um ihren unersättlichen Hunger nach mehr Macht und Kontrolle über die eigene Existenz zu stillen. Wenn ihr einmal verstanden habt, wie die Anunnaki mit euren kostbarsten Ressourcen umgehen, werdet ihr erkennen, welche Ironie in ihrer gedankenlosen Zerstörung der Quelle liegt, die sie nährt … und wie sich das karmisch auswirkt. Ihr werdet sehen, dass sie sich selbst genau in dem Netz verwickelt haben, das sie einst um den Planeten Erde warfen, als sie euch zuerst mit dem Lasso einfingen.

Wie Fliegen im komplizierten Netz der Spinne wurden die ersten *Homo sapiens* in dem Netz gefangen, betäubt durch blockierende elektromagnetische Frequenzen, welche die Anunnaki-Meisteringenieure so eng um den Emotionalkörper Gaias webten, dass es war, als könnte die Göttin nicht länger im Licht des Urschöpfers atmen. Es war ein dunkler Moment auf der Erde, in gewaltsamer Opposition zu der Arbeit der Ältesten, die euch gesät hatten, und wir wissen jetzt, dass wir halfen, ihn zu erschaffen, indem wir die Souveränität der Erde missachteten und uns einmischten. Wir erkennen unseren Anteil und unsere Mitverantwortung bei dem Zusammenstoß der dunklen und hellen Kräfte zur Zeit eurer Entstehung an, durch den ein dynamischer Präzedenzfall für eure Zukunft geschaffen wurde … für euer »Jetzt«. Deshalb sind wir heute da, um euch beizustehen.

Viele der Gaben und Fähigkeiten, die euer Geburtsrecht als eine als Sternensaat auf die Erde gekommene Superrasse waren, wurden euch genommen. Sie wurden durch Mechanismen ersetzt, die menschliche Gedanken und Emotionen binden und unterdrücken und euch in 3D gefangen halten, während sie die Lichtfrequenzen, die über das Kosmische Lichtgewebe einströmen, verzerren und verwirbeln, damit ihr vergesst, dass ihr die gesegneten Kinder der Sterne seid. Darin waren die Anunnaki sehr effektiv. Die neue Spezies *Homo sapiens* blickte immer noch zu den Sternen, um sich inspirieren zu lassen, aber der freie Zugang dorthin war ihnen nun verwehrt. Die Anunnaki sorgten dafür, dass die menschliche Spezies, solange sie euch in ihren Netzen gefangen halten können, erdgebunden und isoliert bleibt.

Wenn wir uns im Folgenden ausführlicher mit der Anunnaki-Aggression und ihrer effektiven Manipulation der Erde beschäftigen, solltet ihr dabei bedenken, dass unserer Ansicht nach ihre Isolation im Weltraum in vielerlei Hinsicht die Ursache für ihr fortgesetztes egozentrisches Verhalten ist, das sie antreibt, sich an euch festzuklammern und zu nehmen, was sie von euch wollen. Für den größten Teil von Nibirus zyklischer Reise von einem Sonnensystem zum anderen sind sie dort draußen in der sonnenlosen Nacht, ferne Beobachter von Welten, in die sie sich zwar einmischen, auf denen sie aber niemals wirklich **dazugehören**.

An einem Punkt im Raum-Zeit-Kontinuum, der so weit von eurer Realität entfernt ist, dass er in euren Begriffen undefinierbar lange her scheint, fand ein großer kosmischer Austausch in unserem Dreifach-Sternensystem statt, das aus drei Sonnengottheiten besteht: Sothis, Satais und Anu (von euren Astronomen als Sirius A, Sirius B und Sirius C identifiziert). Zum Zeitpunkt dieser kataklysmischen Veränderung in unserem komplexen Sternenkörper kollabierte die Gottheit Satais, indem sie über ihre eigenen Astralschnüre in höherdimensionale Ebenen wechselte (ähnlich wie es eure eigene Sonne, Ra, bald tun wird). Was in der Welt der Materie zurückblieb, war, in stellaren Begriffen ausgedrückt, ein winziger Zwergstern aus superdichter Materie, der schließlich in eine elliptische Umlaufbahn um den dominanten Schwesterstern Sothis gezogen wurde – wie auch der entfernte Cousin Anu.

Beide erzeugen weiterhin Störungen und Gravitationsinterferenzen im Sonnenkörper des großen blauweißen Sterns (des Hundssterns) Sothis, bei dem eure Astronomen beobachtet haben, dass er durch den Schwingungsaustausch mit seinen älteren Geschwistern wackelt und bebt. Der Kollaps von Satais (Sirius B) – sein Aufstieg aus der materiellen Ebene – löste eine gigantische Kettenreaktion im gesamten sirianischen System aus, die sich über jene Sternenkonstellation erstreckt, die ihr als Canis Majoris oder Großer Hund kennt, und indirekt wurde auch euer Sonnensystem in die Dynamik unserer Evolution einbezogen. Aus Gründen, die angesichts eurer gegenwärtigen Kenntnisse über die Himmelsdynamik zu komplex sind, um sie euch erklären zu können, wurde Nibiru, Anus am weitesten von seinem Stern entfernte Planet, in diesem Prozess aus seiner Umlaufbahn um Anu herausgeschleudert und trat eine Reise in den Weltraum an, bis ihn schließlich die Gravitationskraft eures Sterns Ra erfasste. Er wurde in euer Sonnensystem gezogen und dann wieder in den Weltraum hinausgeschleudert. Die anderen um Anu kreisenden Planeten behielten ihre Bahnen bei und überstanden die Schockwelle, während die Planeten, die Satais (Sirius B) umkreisten, in den Wirbel und durch die Astralschnüre ihres Sterns gesaugt wurden und mit der Gottheit in höhere Dimensionen aufstiegen.

Eine solche kolossale »Bumerang«-Theorie und die daraus resultierende Vorstellung von sonnenlosen Planeten, die im leeren Weltraum zwischen den Sternen überleben, mag für euch mit eurem heutigen Verständnis von Astrophysik völlig absurd klingen, aber wir geben zu bedenken, dass ihr das Universum immer noch von einem 3D-Standpunkt aus beobachtet, wo alles irgendwie zu eurer ziemlich fixen Vorstellung davon passen muss, wie die Dinge in eurer eigenen »irdischen« Realität funktionieren. Die Bewegungen der Himmelskörper sind ganz anders, als es euch scheint, wenn ihr sie mit euren Teleskopen beobachtet.

Bedenkt dabei, dass eure Perspektive ziemlich kurzsichtig ist, denn ihr erlebt eure Welt immer noch als das Zentrum des Universums – so wie eure Vorfahren sie für ein flaches Land hielten, an dessen Rand man gelangen und dann ins Nichts stürzen konnte. Mit der Entdeckung der Quantenphysik ist eure wissenschaftliche Gemeinschaft nun dabei, die Beherrschung der Himmelsmechanik und des Innenraums der subatomaren Reiche neu zu definieren … Und was heute allen bekannten »Gesetzen« der Wissenschaft widersprechen mag, wird sehr wahrscheinlich die Entdeckung von morgen sein. Die Spitzenwissenschaftler im Dienst der dunklen Macht haben diese Lücke bereits überbrückt. Also dehnt euer Bewusstsein ein wenig aus – und seid mutig. Bewegt euch in der Zone der Möglichkeiten, wo ihr nicht aufgrund eures bisher erworbenen Wissens, eurer Bildung und euren Überzeugungen neue Perspektiven automatisch ablehnt – zum Beispiel das, was wir euch hier über die Funktionsweise des Kosmos erklären, wie sie uns bekannt ist. Die himmlische Dynamik des Sirius, kombiniert mit der Ausrichtung wichtiger Himmelskörper eurer Galaxis sowie der Eintritt von Nibiru in euer Sonnensystem waren zu einem großen Teil verantwortlich für die katastrophalen Ereignisse, die damals auf der Erde und an anderen Punkten eures Sonnensystems stattfanden, und sie sind auch jetzt noch die Katalysatoren für Veränderungen innerhalb eurer größeren Sonnenfamilie. Mit der sich ständig wiederholenden Reise Nibirus zwischen unserem und eurem System haben wir eine Resonanz mit eurer Solaren Gottheit geschaffen und sind dadurch in einer Weise, die für unsere gemeinsame Evolution bedeutsam ist, mit den Kräften von Ra verbunden.

Bedenkt, dass von allen Planeten Ras die Erde der faszinierendste war … vor allem für die Sirianer, deren planetarische Heimat geophysikalische Eigenschaften aufweist, die eurer Welt sehr ähneln. Der blaugrüne Planet war das ultimative Eden, reich an Mineralien und biologischer Vielfalt, und deshalb lockte euer Planet die Nibirer stets an, wenn sie wieder euer Sonnensystem durchquerten. Sie erkannten bald, dass die Erde sie mit einer Fülle von Ressourcen versorgen konnte, die sie auf der unbewohnbar gewordenen Oberfläche ihres Heimatplaneten nicht mehr ernten konnten. In der Tat machten sie sich daran, die Erde so umzugestalten, dass sie zur Heimat künftiger Generationen von Nibirern werden konnte – so wie ihr ja auch offiziell ähnliche Überlegungen für den Mars anstellt.

Gaia zog noch viele weitere außerirdische Zivilisationen an, denn sie sang, um gehört zu werden. Das Kommunikations-Chakra eurer Solaren Gottheit rief die Intelligenz des Universums an und bat darum, mit der Hoffnung gesät zu werden, eine überlegene Rasse von bewussten Lichtwesen zu gebären. Bedenkt, dass unsere Ältesten die Hauptakteure des Großen Experiments waren, das zum Erscheinen des *Homo sapiens* auf der Erde führte … aber wisst auch, dass unsere Verbindung zu euch schon in viel früherer Zeit begann, nämlich als unsere Gottheit Satais durch ihre Astralschnur in die höheren Dimensionen aufstieg. Nibiru, aus seiner Umlaufbahn geschleudert und in das Magnetfeld von Ra gezogen, wurde schließlich der galaktische Bote zwischen unseren beiden Sonnengottheiten. Dies war der Beginn des offenen Austausches zwischen uns.

Deshalb dürfen wir bei unseren Ausführungen über die Nibirer nicht vergessen, dass sie, obwohl sie sich in das Große Werk der Ältesten eingemischt haben, auf der materiellen Ebene unsere Verbindung zu euch gestärkt haben, und wir sind ihnen dankbar dafür, dass sie diesem für euch so hilfreichen Zweck dienten. Aus unserem Sternensystem verbannt, haben sie sirianische Codes in vielen Zivilisationen und alten Welten hinterlegt, am klarsten aufgezeichnet in den Tempeln Ägyptens.

Wir haben beobachtet, wie ihr zuletzt in immer größerer Zahl ins Land der Pharaonen gereist seid und es erkundet habt. Dabei erlebt ihr intensiv eure sich verändernden Emotionalkörper und nehmt an den alten Stätten Verbindung zu euch selbst auf. Das entspricht genau unserer Absicht, denn die großen Werke dieser uralten Zivilisation enthalten die Aufzeichnungen eurer wahren Geschichte, genauso wie sie die Geschichte eurer Zukunft enthalten. Man findet dort sechsdimensionale sirianische Codes, fünfdimensionale plejadische Aufstiegskonstrukte und nibirische

Aufzeichnungen und Frequenzen. Obwohl es noch viele andere Konvergenzpunkte auf eurem Planeten (und auch tief in seinem Inneren) gibt, bleibt Ägypten die umfangreichste multidimensionale Bibliothek, die derzeit in den dreidimensionalen Feldern des Erdgedächtnisses für euch zugänglich ist.

Eure Führer und Seher beginnen jetzt, die Botschaften zu entschlüsseln, die euch in dieser Zeit der Suche nach Wissen helfen werden. Die sirianischen Aufzeichnungen sind aus der Nicht-Zeit, denn wir existieren jenseits der Begrenzungen der linearen Zeit, und so ist die »Zukunft« ebenso bereits aufgeschrieben wie die »Vergangenheit«. Um die Codes knacken zu können, müsst ihr versteht, was Nicht-Zeit ist. In dieser Hinsicht habt ihr Fortschritte gemacht. Ihr habt in vielen hieroglyphischen Darstellungen der ägyptischen Götter und Göttinnen die Bezüge zu den Bewegungen und Gesetzen des Universums erkannt. Die Geschichte, der Kosmos der universellen Seele, ist in den Gewändern der Neteru verborgen. Seit Jahrhunderten dechiffriert ihr, auf welche Weise die in den Gräbern und Tempeln dargestellten Gottheiten himmlische Wesen und Ereignisse repräsentieren, wie sie zur damaligen Zeit verstanden wurden.

Die Nibirer spielten eine Schlüsselrolle, indem sie der Zivilisation das technologische Wissen brachten, um die großen Monumente und außerirdischen Konstruktionen zu errichten – als Aufzeichnungen über die Präsenz der Anunnaki bei euch. Wir dagegen kamen auf anderen Ebenen in diese Realität. Auch dort schufen sie Kontrollstrukturen, erzeugten niedrigschwingende elektromagnetische Frequenzen und zwangen Glaubenssysteme auf, während sirianische und plejadische Energien daran arbeiteten, das Bewusstsein der Ägypter zu erweitern und ihre geistige Entwicklung zu beschleunigen. Nie zuvor, nicht einmal in Atlantis, fand eine solche multidimensionale Schulung und Prägung der kollektiven menschlichen Psyche statt wie in Ägypten.

Während ihr die Schwingungscodes in den ägyptischen Tempeln spürt und verinnerlicht und dabei ein weites Feld von Emotionen und veränderten Bewusstseinszuständen erlebt, denkt daran, dass nicht alles in den pharaonischen Energiefeldern licht und gut ist. Uralte nibirische Kontrollvorrichtungen sind dort noch immer in Betrieb, und ihr müsst darauf achten, dass ihr nicht von der Energie hinter diesen Toren überflutet werdet. Sie sind die Meister der Kontrollfrequenzen, und sie haben ihre Signatur in jenen Ländern hinterlassen, weil sie wussten, dass ihr, ebenso wie wir, den Weg zu den Hallen der Aufzeichnungen finden würdet. Diese Frequenzen sind im Niltempel von Kom Ombo und auf der Insel Elephantine am stärksten, und doch wird es sich für euch sehr lohnen, diese Felder zu betreten und die Schwingung anzuheben, um das dort kodierte Wissen zu empfangen. Es gibt viele Überlagerungen, viele Schichten, die durchquert und verarbeitet werden müssen, wenn ihr dort Zugang zu dem alten Wissen sucht und euch auf die höheren Ebenen einstimmen wollt.

Die Anunnaki operieren immer noch in diesen Bereichen, und zwar durch elektromagnetische Impulstechnologien, ätherische Prägung und holografische Darstellung. Achtet deshalb darauf, die bedingungslose Liebe des Einen Geistes mitzubringen, wenn ihr solche Orte, zum Beispiel in Ägypten, aufsucht, und denkt daran, dass eure Schwingungen dem Äther aufgeprägt werden. Bedenkt auch, wie die Frequenzen, die ihr wahrnehmt, ihren Abdruck auf euren Aurafeldern hinterlassen. Sich dem Licht zu widmen und gleichzeitig die angemessenen Schutzschilde um sich herum zu errichten, wird jetzt immer notwendiger für euch, wenn ihr einen Ort der Anbetung aufsucht, oder in einen Energievortex oder einen veränderten Bewusstseinszustand eintretet.

Was die Anunnaki betrifft, ist die Tatsache besonders wichtig, dass die Rückkehr ihres Planeten in euer System häufig mit Perioden großer Umwälzungen und monumentaler Veränderungen auf der Erde einhergeht. Dieses Wissen ist für euch essenziell. Besuche der Anunnaki standen am Beginn folgender bedeutender Zeitabschnitte in der Geschichte eures Sonnensystems:

- Vor 450.000 Jahren besuchen die Nibirer zum ersten Mal die Erde und kehren seither in regelmäßigen Abständen zurück, etwa alle 3.600 Jahre.
- 97.200 v. Chr. (Die Anunnaki mischen sich in das Große Experiment ein – die Aussaat des *Homo sapiens.*)
- 32.400 v. Chr. (Nibirus Eintritt in euer Sonnensystem fällt mit anderen kosmischen Ereignissen zusammen, die ein Kippen der Erdachse auslösen und damit eure jüngste Eiszeit einleiten.)
- 28.800 v. Chr. (Der zweite Zyklus von Atlantis geht mit der Vergletscherung des Kontinents zu Ende.)
- 25.200 v. Chr. (Die Anunnaki errichten Militärbasen auf dem Mars.)
- 21.600 v. Chr. (Auf dem Mond werden Anunnaki-Transitstationen errichtet.)
- 18.000 v. Chr. (Die Anunnaki errichten in dem Land, das euch als Afrika bekannt ist, Bergbaukolonien zur Gewinnung wertvoller Erze.)
- 14.400 v. Chr. (Die Anunnaki landen in Atlantis, was einhergeht mit den Anfängen der Opposition in der Priesterschaft.)
- 10.800 v. Chr. (Atlantis versinkt im Meer.)
- 7200 v. Chr. (Die Anunnaki erscheinen in Mesopotamien und greifen in die sumerische Zivilisation ein.)
- 3600 v. Chr. (Die Anunnaki mischen sich in Ägypten ein, einer Zivilisation, die durch direkte Intervention sirianischer und plejadischer Licht-Emissäre gegründet wurde).
- NULLZEIT (Die Geburt Christi.)

Angesichts des Zyklus von etwa 3.600 Jahren ist offensichtlich, dass der wandernde Planet Nibiru nicht rechtzeitig zum Maya-Datum des 21. Dezember 2012 in euer Sonnensystem zurückkehren konnte. Dies war von besonderer Bedeutung für die weitere Entfaltung der Ereignisse, die an diesem kosmisch relevanten Punkt im Raum-Zeit-Kontinuum stattfanden, und es war von verheerender Konsequenz für die Nibirer. Genau wie schon einmal, beim Kollaps von

Satais, wurden alle Himmelskörper, die den aufsteigenden Stern Ra umkreisten, durch das Schwarze Loch in die höhere Dimension emporgezogen. Nibiru befand sich zu jener Zeit aber noch weit draußen im galaktischen Winter, an einem abgelegenen Punkt irgendwo zwischen dem Sirius-Sternensystem und eurem, weder nahe genug, um mit euch in die höhere Dimension gezogen zu werden, noch nahe genug am Sirius, um die Umlaufbahn in unserem System zu erreichen. Daher fürchteten sich die Nibirer, besorgt über ihr Schicksal, und suchten verzweifelt nach einer Lösung.

Sie waren sich sehr wohl bewusst, was sie mit ihren Technologien auf der Erde angerichtet hatten, denn sie hatten nicht vergessen, dass sie – die Anunnaki, wie sie dort genannt wurden – für den Untergang von Atlantis und die Auslöschung eines großen Teils des Lebens auf der Erde verantwortlich waren. Sie hatten auch nicht vergessen, dass sie schuld an der heutigen Lebensfeindlichkeit der Marsatmosphäre waren, weil ihre Vergewaltigung dieses Planeten zur Zerstörung seines Aurafeldes geführt hatte … genauso wie sie für die Schädigung eurer Ozonschicht und oberen Atmosphäre die Verantwortung tragen.

Sie waren die Erbauer der antiken Stadt, auf die euch der Adept Richard Charles Hoagland, ein amerikanischer Enthüllungsjournalist, in *The Monuments of Mars* (»Die Monumente des Mars«, keine deutsche Ausgabe) aufmerksam machte, indem er die NASA-Fotos von den Überresten der zentralen Tempelanlage der Anunnaki auf dem Mars veröffentlichte. Für viele von euch sind diese eindrucksvollen Bilder der unbestreitbare Beweis, dass es intelligentes Leben jenseits eures Planeten gibt. Auch wenn die Weltraumbehörde darauf beharrt, das »Marsgesicht« wäre nur eine optische Täuschung, steht die Sphinx der Nibirer dort auf dem Roten Planeten. Sie ist genauso real und ehrfurchtgebietend wie die große Löwin von Gizeh und genauso geheimnisvoll.

Unglücklicherweise verursachten die Nibirer mit ihrer Plünderung der Ressourcen des Mars und ihrer Missachtung seiner Umwelt eine fast vollständige Zerstörung der lebenserhaltenden

Energiefelder der Planetenoberfläche. Und doch haben sie nichts dazugelernt. Unter der Herrschaft der Anunnaki, beziehungsweise ihrer irdischen Nachfahren, droht auch die Erde ihre Atmosphäre zu verlieren. Ihr erlebt bereits die Vorboten dieser katastrophalen Entwicklung: Ozonlöcher und eine drastische Veränderung der Ionosphäre. An den polaren Eiskappen seht ihr das Aufbrechen der Gletschermassen, die begonnen haben, in eure Ozeane zu wandern, und das wird zwangsläufig zu weiteren Überflutungen und anderen ökologischen Konsequenzen führen.

Noch vor zwanzig Jahren haben sie behauptet, es gäbe keinen Beweis für die globale Erwärmung. Heute ist der Klimawandel in aller Munde. Wir sagen euch, dass der Abbau der Ozonschicht – des »Lebenserhaltungssystems« der Erde – viel schneller voranschreitet, als euch bewusst ist, und dass die Behebung dieser Krise zu lange geruht hat. Die neuesten Technologien, zu denen auch die absichtliche Aufheizung der Ionosphäre gehört, zusammen mit der Verbreitung von nuklearbetriebenen Satelliten rund um den Planeten, beschleunigen inzwischen sogar den Prozess der atmosphärischen Desintegration.

Fragt ihr euch, warum die Regierungen eurer Welt sich im Angesicht der drohenden Katastrophe für den Planeten Erde weigern, dieses Thema ernsthaft anzugehen? Es gibt eine Erklärung, warum euer Ruf nach ökologischen Entscheidungen bei den Regierenden bisher kein Gehör fand: Die Anunnaki-Herren wollen diese Agenda anders nutzen. Sie sind darauf bedacht, euch alle Ressourcen wegzunehmen, die noch vorhanden sind, um sich so auf ihre eigene Rettung vorzubereiten, weil sie sich vor dem fürchten, was sich im Körper eurer Sonne abspielen und von dort auf die ganze Galaxis auswirken wird.

Zum Schutz der Umwelt und des Lebens auf Gaia ihren Raubbau an euren lebenswichtigen Ressourcen zu begrenzen, ist einfach nicht Teil der Agenda der Anunnaki. Das war es noch nie. Leider macht ihr egozentrisches Bewusstsein, ihr Gefühl der Isolation und die kalte Dunkelheit ihres endlosen Orbits durch die Schwärze des Alls die Anunnaki unfähig, sich in eure Situation hineinzuversetzen und an etwas anderes zu denken als ihre eigenen Interessen. Vor etwa 450.000 Jahren kam Nibiru auf seiner Reise durch euer Sonnensystem der Erde ungewöhnlich nahe. Von ihrer galaktischen Beobachtungsstation aus betrachteten die Anunnaki den blaugrünen Planeten und fanden, ähnlich wie es von Kolumbus behauptet wird, eurem heldenhaften »Entdecker«, dass auch sie eine Neue Welt »entdeckt« hatten. Sie beschlossen, die Erde als ihr Eigentum zu beanspruchen. Als Nibiru sich der Erde weit genug genähert hatte, um eine umfassende Erforschung durchzuführen, bestiegen die Annunaki ihre »großen Himmelsboote« und machten sich auf den Weg, um den Planeten genauer unter die Lupe zu nehmen. Sie waren überrascht, eine abgelegene, unentwickelte Welt vorzufinden, auf der eine schier unendliche Zahl von Pflanzen- und Tierarten gedieh – ohne sichtbare Anzeichen einer intelligenten Zivilisation.

Für diese Wesen aus dem viel älteren Sirius-Sternensystem war das eine revolutionäre Entdeckung. Sie wussten, dass es im Universum von intelligentem Leben normalerweise geradezu wimmelt. Deshalb waren sie sehr erstaunt, dass ein Wirtsplanet mit so reichhaltigen Ressourcen noch nicht von einer intelligenten Spezies kultiviert worden war – einer den Tieren, denen sie bei ihren ersten Landungsmissionen begegneten, überlegenen Spezies.

Sie überließen den Planeten Erde seinem natürlichen Evolutionsprozess und hofften, mit jeder Rückkehr in euer Sonnensystem große Sprünge in eurer Entwicklung zu sehen, denn sie wussten, dass sie eines Tages intelligente Lebensformen brauchen würden, die als Arbeitskräfte für sie Energie produzieren sollten. Die Anunnaki betrachteten die Erde von nun an als ihren privaten Besitz, und sie planten, diesen zu entwickeln und bei jedem neuen Besuch im Sonnensystem den Fortschritt zu überprüfen, ganz so, wie die zyklische kosmische Reise im 3D-Universum, auf die sie durch die Veränderungen in ihrem heimatlichen Sirius-System geschickt worden waren, es ihnen ermöglichte.

Mit jeder Wiederkehr in das System der Sonnengottheit Ra fanden die Nibirer mehr über die Planeten heraus, die wie die Erde Ra umkreisten. Sie erforschten und kolonisierten nicht nur den Mars, sondern auch weitere Himmelskörper im Sonnensystem, aber ihr standet immer im Zentrum ihres Interesses, denn die Erde war für die Anunnaki am attraktivsten. Sie beobachteten das sich verändernde Gesicht Gaias und studierten die Flora und Fauna ihrer riesigen, unberührten Gebiete. Wie neugierige Wissenschaftler griffen sie gelegentlich mit technologischen Mitteln in die biologischen Prozesse auf der Erde ein und veränderten die natürliche Evolution der Lebensformen, um sie ihren eigenen zukünftigen Bedürfnissen auf dem Planeten anzupassen.

Zu einem viel späteren Zeitpunkt, als sie aus den Weiten des Alls wieder einmal in ihre ursprüngliche Heimat, das Sirius-System, zurückkehrten, bekamen sie Wind von dem Großen Experiment, das für Gaia geplant war, und waren empört. Sie dachten, wir wollten uns in ihre territoriale Domäne einmischten, denn sie hatten beobachtet und darauf gewartet, dass die Erde den Punkt erreichte, an dem sie ihre Ressourcen ausbeuten konnten, und sie hatten längst ihre eigenwilligen Ideen für genetische Eingriffe auf eurem Planeten entwickelt. Ihr Plan sah vor, ihren eigenen Samen mit dem des Primaten *Homo erectus* zu mischen, um eine intelligente Spezies von großer Körperkraft zu schaffen, die den Planeten für sie plündern und bearbeiten sollte.

Ihre ersten Experimente waren vielversprechend gewesen. Als ihre Wächter von der erfolgreichen Aussaat des *Homo sapiens*, der Superrasse der Lichtwesen, erfuhren und dies der Führung der Anunnaki meldeten, wurde beschlossen, die neue menschliche Rasse zu sabotieren. Die Anunnaki sahen darin den einzigen Weg, wie sie die Kontrolle über ihre neue Domäne behalten konnten. Sie hofften, dass wir unsere Aufmerksamkeit anderen Welten zuwenden würden, wenn das Große Experiment auf dem Planeten Erde misslang.

Es mag euch schockieren, wenn ihr nun von uns erfahrt, dass die ersten Entführungen durch Außerirdische vor einhunderttausend

Jahren stattfanden! Damals kamen Anunnaki-Teams auf die Erde und verdrahteten eure DNA neu, indem sie zehn der zwölf Stränge deaktivierten, die Teil eures ursprünglichen Aufbaus waren: eure Lichtkodierung. Ihr wurdet also von den Anunnaki eures unermesslichen Potenzials beraubt! Sie ließen in eurer DNA nur das Nötigste übrig, gerade so viel, dass ihr als zukünftige Untertanen der Annunaki-Herrscher überlebens- und funktionsfähig wart. Ihre Absichten für euren Planeten gestatteten einfach nicht, dass eine plötzlich entstandene Superrasse von multidimensionalen Wesen ihre Pläne für eine Inbesitznahme der Erde durchkreuzte.

Offensichtlich wussten sie, dass diejenigen, die euch geboren hatten, sich sozusagen um eure Ausbrütung im warmen Nest von Gaias Licht kümmern würden. In jenen heiteren Tagen eures Auftauchens, *Homo sapiens*, waren die Lichtwesen des Universums auf euch fokussiert und feierten eure Zukunft als die Ankunft der neuen Verwalter des Sonnensystems, das ihr bewohnt, denn ihr wart dazu bestimmt, innerhalb und außerhalb der Grenzen eures Reiches Großes zu erreichen.

Die Anunnaki wussten, dass wir auf ihren invasiven Akt – die Sabotage des Großen Experiments – reagieren würden, aber sie waren in der Lage, schnell zu handeln. Nachdem die Biogenetiker ihre Mission beendet hatten, warfen ihre Ingenieure ein Gitter um den Planeten, ein immenses Kraftfeld, das so dissonante Wellen erzeugte, dass wir tatsächlich nicht mehr in der Lage waren, mit euch in Resonanz zu gehen. Obwohl wir mit der Zeit in der Lage waren, unsere Frequenz so anzupassen, dass wir das schwächer werdende Feld durchdringen und zu einer wachsenden Zahl von euch durchdringen konnten, umgibt das Gitter immer noch eure Welt und plagt euch weiterhin. Es beeinträchtigt nicht nur euch selbst auf vielen Ebenen, sondern verursacht auch große Störungen auf dem gesamten Planeten, besonders dort, wo es mit Gaias eigenen elektromagnetischen Vortexpunkten interagiert.

Glücklicherweise verursacht die Beschleunigung eurer aufsteigenden solaren Gottheit, wie ihr in späteren Lektionen verstehen werdet, eine solche Störung in dem Anunnaki-Gitter, dass es schließlich auseinanderbrechen wird, womit alle Erdenwesen aus seinem Griff befreit werden. Dies ist ein notwendiger und natürlicher Teil eurer Entwicklung in dieser Phase eures Aufstieges aus der dritten Dimension.

Warum, so fragt man sich, haben die Anunnaki eine solche Gewalttat gegen die jungfräulichen Länder und Wesen der Erde verübt? Ganz einfach, weil sie einen bitteren Groll gehen euch hegten ... und das ist bis heute so, obwohl sie es doch waren, die euch Leid zufügten, und nicht umgekehrt. Für die Anunnaki von Nibiru wart ihr die »Lieblingskinder« des Universums – die besondere Rasse, der alles geschenkt wurde, während sie, die Ausgestoßenen, sich an ihren einsamen Planeten klammern und nehmen mussten, was sie bekommen konnten, um überleben zu können. Ihr habt den Garten Eden und den Glanz der Sonne kennengelernt, und obwohl sie in vielerlei Hinsicht für euren zerstörerischen Umgang mit den Ressourcen der Erde verantwortlich sind, können sie euch eure Gleichgültigkeit angesichts eines solchen Überflusses nicht verzeihen. Das ist das Paradox. Und deshalb glauben sie, das Recht zu haben, sich von euch zu nehmen, was immer sie wollen. Und das haben sie ja in der Tat auch getan ... Doch der Großteil eurer Welt bemerkt es noch nicht einmal!

Während die Anunnaki-Fürsten von Nibiru mit ihrem Schicksal konfrontiert sind, planen ihre Nachkommen, die heutige Machtelite des Sonnensystems, fieberhaft die eigene Rettung. Derzeit bereiten sie eine groß angelegte Invasion des Mondes vor, denn laut ihren Informanten (den Grey-Technikern) wird auf der Erde in Kürze alles Leben ausgelöscht werden, und zwar dann, wenn der Planet in den Tunnel der Wiedergeburt Ras hineingezogen wird. Sie glauben, dass sie auf dem Mond, der noch relativ ungestört und frei von den chaotischen Frequenzen der Erde ist, eine bessere Chance haben, die Reise des Sonnensystems in die höheren Dimensionen heil zu überstehen. Da sie wissen, was sie und ihre Nachkommen in den mentalen, emotionalen und physischen Körpern der menschlichen Rasse angerichtet und was sie Gaia insgesamt zugefügt haben, steht für sie von vornherein fest, dass kein Lebewesen auf eurem Planeten den Aufstieg überleben wird. Etwa anderes können sie sich gar nicht vorstellen, denn sie sind aufgrund ihrer dunklen Absichten ganz auf das fokussiert, was an euch und eurer Welt nicht in Ordnung ist. Nur das sehen sie. Sie sind so an die Dunkelheit gewöhnt, dass sie von ihrem eigenen trüben Spiegelbild angezogen werden: Was die Anunnaki-Herrscher sehen, ist in Wahrheit ein Spiegel dessen, was sie vor sehr langer Zeit für sich selbst erschufen, damals, bevor Sirius B aufstieg und sie in die Dunkelheit der galaktischen Nacht hinausgeschleudert wurden.

Wir möchten klarstellen, dass wir, wenn wir von den Anunnaki sprechen, ausdrücklich die dunklen Kräfte auf Nibiru meinen – die Krieger des Anu. Aber wir bitten euch zu bedenken, dass auch dort nicht nur dunkle, sondern auch helle Kräfte am Werk sind. Es gibt viele verschiedene Schwingungsmuster des Seelenbewusstseins auf dem Planeten Nibiru. Wir wollen keineswegs den Stab über die Nibirer brechen, denn wir verstehen die Ursachen ihres Neides und ihrer Wut, und wir fühlen mit ihnen.

Wir haben Mitgefühl mit jenen, die für sich die Wahl getroffen haben, in der Finsternis ihr Dasein zu fristen.

> ·:· <

Die Nibirer haben sich als Spezies durch freie Willensentscheidung an ein karmisches Muster gebunden, bei dem die spirituelle Entwicklung unglaublich langsam voranschreitet. Aber wie wir euch gesagt haben, tragen alle bewussten Wesen den Funken des Urschöpfers in sich. Auch bei ihnen gibt es Mütter und Mitfühlende, die in den dunklen Stunden ihrer Reise voll Furcht und Kummer sind. Und alle Nibirer sind Teil von *Alles Was Ist*: nicht weniger als ihr, nicht weniger als wir.

Wenn ihr den Weg aus eurem Leiden und eurer Unterdrückung finden wollt, dürft ihr nie vergessen, dass wir alle Ausdrucksformen des Göttlichen sind: Lichtfunken des Schöpfers. Ihr dürft niemals eure Herzzentren verschließen und vergessen, anderen zu vergeben, denn jeder hat seine eigene Agenda des Wachstums und des Erwachens. Jeder hat seine Form des Ausdrucks, seinen eigenen Rhythmus. Mehr denn je wird die Brillanz eurer Liebe und eures Mitgefühls für alle Wesen benötigt, wenn ihr die Schwingungen eurer Welt anheben wollt.

Alle eure Erzfeinde – die Phantome und dunklen Wesen – befinden sich ebenfalls irgendwo auf dem Weg, der zurück ins Göttliche führt. Es ist von größter Wichtigkeit, dass ihr diese spirituelle Wahrheit erkennt, jetzt, wo ihr begonnen habt, die Absichten der herrschenden Elite aufzudecken und ans Licht zu bringen, was sie euch in der Vergangenheit angetan haben. Es ist wichtig, damit ihr wahrhaft versteht, was in Atlantis misslang, und es ist zum jetzigen Zeitpunkt essentiell, an dem ihr euch darauf vorbereitet, eure Macht zurückzufordern und euch selbst zu befreien.

Hier ist für Angst kein Raum, auch nicht für Wut. Diese dunklen Emotionen bringen euch lediglich in Resonanz mit den niedrigsten Anunnaki-Schwingungen. Erkennt ihr, wie ihr diese Schwingungen selbst in euer Leben zieht?

Indem ihr die emotionalen Muster der Anunnaki erkennt, könnt ihr verstehen, wie ihr Einfluss sich in eurem mentalen und emotionalen Körper auswirkt und wie sie euch Kraft stehlen. Ihr werdet verstehen, wie sie es geschafft haben, die Erde so viele Jahrtausende lang zu beherrschen. Doch ihre Macht wird jetzt schwächer, da sich das einst von ihnen geschaffene Gitternetz der formgebenden dunklen Matrix immer mehr auflöst. In ihrer Panik suchen sie auf dem Mond nach raschen Lösungen und auch weiter weg, auf dem Mars – sie benötigen eine permanente Machtbasis. Deshalb gab es nie einen günstigeren Moment als jetzt, euch aus ihrem Griff zu befreien. Ihre Aufmerksamkeit ist von der Erde abgelenkt, und deshalb seid ihr, die Lichtarbeiter von Gaia, freier, euch darauf zu konzentrieren, die Frequenz auf ein Niveau anzuheben, auf dem die Anunnaki euch nicht mehr erreichen können, und dadurch wird das Licht von Gaia insgesamt heller erstrahlen.

Wenn ihr auf ganzer Linie erfolgreich sein wollt, ist es erforderlich, dass ihr bei einigen Steuergeräten »den Stecker zieht« und die anderen herunterregelt.

Ihr müsst euch aus den Anunnaki-Netzen befreien, während ihr gleichzeitig die Massen eurer Mitmenschen aus den tiefen Gewässern mit hinauf zieht.

Es genügt nicht, dass ihr nur isoliert für euch selbst nach Wissen und Weisheit strebt, als wäret ihr Einsiedler in Höhlen. Die Ära eurer Isolation geht zu Ende.

Die Menschheit muss jetzt zusammenstehen. Es ist für euch an der Zeit, nach Einheit zu streben, gemeinsam aufzusteigen.

Fairerweise müssen wir anerkennen, dass die Absichten der Nibirer nicht immer nur finster und machtgierig waren. Sie haben in vielerlei Hinsicht zur Evolution eurer Spezies beigetragen, indem sie euren Vorfahren Wissen über den Kosmos und die Galaxis brachten, technologische Fortschritte ermöglichten, die dem damaligen Entwicklungsstand der Menschheit Lichtjahre voraus waren. Und sie haben in euch durch ihr eigenes Interesse an den irdischen Mineralien ein fast schon zu geschärftes Bewusstsein für die Bodenschätze eures Planeten geweckt. Zu eurer modernen Welt trugen sie viele Technologien bei, die in gewissem Maße bessere Lebensbedingungen auf eurem Planeten bewirkt haben. Und, wie bereits erwähnt, haben sie uns sozusagen näher zu euch gebracht, denn sie dienen seit vielen hunderttausend Jahren als Boten zwischen Sirius und Ra.

Dennoch geschahen diese »Beiträge« niemals uneigennützig. Dass sie der Menschheit gewährt wurden, war Bestandteil der globalen Herrschaftsstrategie der Anunnaki. Ihr könnt leicht erkennen, wie eure Vorfahren von ihnen getäuscht wurden. Wie konnten sie damit rechnen, dass ihre »Götter« sich so verhalten würden? Hätten damals in den unschuldigen, idyllischen Tagen von Atlantis die bequem gewordenen Priester ahnen können, wie sehr die Menschheit von den Anunnaki ausgenutzt wurde? Hätten sie wissen müssen, wie verheerend sich die dunkle Macht auf den menschlichen Geist auswirken würde? Hätten sie ahnen müssen, dass sie den gesamten Kontinent – ja, eure Welt – in eine derartige Katastrophe stürzen würde? Und was die Zukunft von Atlantis anging … Hätten sie vorhersehen können, welche karmischen Folgen ihre Unterwerfung gegenüber den Anunnaki-Herrschern haben würde: die sozialen Unruhen, mentale und emotionale Konflikte, Seuchen und disruptive Ereignisse in der zukünftigen Welt? Wenn man bedenkt, wie hoch entwickelt die Bewusstheit dieser Priester-Elite war – hätten sie denn nicht verhindern können, derartig getäuscht und ausgenutzt zu werden?

Zum Zeitpunkt der direkten Einmischung der Anunnaki während des dritten Zyklus von Atlantis (um circa 14.400 vor Christus) waren manche Mitglieder der Priesterschaft durch ihre privilegierte Lebensweise als spirituelle Führer des Landes selbstgefällig geworden. In ihrer gepflegten Langeweile erwachte der Wunsch nach mentaler und emotionaler Stimulation.

Sie hatten aus den früheren atlantischen Zivilisationszyklen viel Wissen geerbt und verfügten über die angeborene Weisheit der alten Priesterinnen. Viele waren direkte Nachfahren jener, die wir hier einfach »Hüterinnen der Kristalle« nennen werden. Alle Initianten empfingen die Lehren der Ältesten, so dass sie über multidimensionale Kenntnisse bezüglich der Eigenschaften der Kristalle und Mineralien verfügten. Das bildete die Grundlage für ihre fortschrittliche Technologie, die sich durchaus mit eurem modernen technischen Entwicklungsstand messen kann und auf bestimmten Gebieten sogar weit überlegen war.

In der Mitte des dritten Zyklus erreichten sie einen so hohen Kenntnisstand, dass sie durch die Kristall-Technologie ihrer Generatoren den ganzen Kontinent mit künstlichem Licht versorgten.

Sie verfügten über Motorschiffe und Luftfahrzeuge, nutzten die Solarenergie und waren in der Lage, das kollektive Bewusstsein sehr effektiv als Katalysator für technische Fortschritte zu nutzen. Sie beheizten ihre Häuser mit Solarenergie und recycelten ihre Abfälle in biologischen Aufbereitungsanlagen, so dass die Umwelt ihres idyllischen Landes weitgehend intakt blieb. Sie, die Hohepriester von Atlán, nutzten ihr Wissen zum Wohl ihres Volkes, und sie behielten den von Generation zu Generation weitergegebenen Respekt für die natürliche Umwelt bei, in der sie lebten und gediehen.

Was also ging schief?

Ihr müsst verstehen, dass in der Phase eures sozialen Fortschritts, wenn die Menschheit an die Grenze ihrer Fähigkeiten geht und jene enormen anthropologischen Sprünge macht, die sich auf die »Beherrschung« der Elemente konzentrieren, die vorherrschenden Energien jene der Yang-Schwingung sind … Es ist eine Zeit des Vorwärtsdranges. Das ist belebend, besonders für die männlichen Mitglieder eurer Spezies, weil es gewissermaßen das Testosteron zum Fließen bringt. Wenn die Triebkräfte einer bestimmten Zivilisation den Höhepunkt erreicht haben, wo es nichts mehr im Äußeren zu erobern gibt, sondern nur noch untereinander konkurriert werden kann, führt das zum Niedergang der Zivilisation. Sie reißt dann ihre eigenen Schöpfungen nieder und zerstört sich selbst, damit sie wiedergeboren und neu aufgebaut werden kann. Das ist der Weg des Lebens nicht nur auf der Erde, sondern auch an vielen anderen Orten im materiellen Weltall. Während sie in den letzten Stunden ihrer selbstgewählten Vernichtung versinkt, kehrt die sterbende Zivilisation noch einmal zu den nährenden, heilenden Energien der Yin-Schwingung zurück, und schließlich beginnt der Zyklus von Neuem.

Die Zivilisation auf Nibiru ist die Ausnahme von diesem Paradigma, denn in ihrem verzweifelten Kampf ums Überleben hat sie den Scheitelpunkt noch nicht erreicht. Die Nibirer sind so besessen von ihrem Bedürfnis als Spezies, es zurück in eines der beiden Sonnensysteme zu schaffen, dass für sie das Pendel erst noch in die andere Richtung ausschlagen muss. Die drängende, aggressive Kraft ist die eigentliche Natur des Planeten, denn er hat keine Sonne, die er spiegeln kann ... nur flüchtige Lichtblicke, und so ist sie zur alles beherrschenden Energie dieser gesamten Spezies geworden. Vielleicht begreift ihr nun, warum sie auch euch ein solches Überlebensverhalten aufgeprägt haben.

Der Wiedereintritt von Nibiru in euer Sonnensystem um 14.400 vor Christus fiel genau mit einem solchen Scheitelpunkt in der Entwicklung der atlantischen Kultur zusammen, als die dominante Yang-Schwingung zu schwinden begann. Jene in der Priesterschaft, die sich inzwischen stark auf das Materielle fokussiert hatten, fühlten sich von ihren Schöpfungen gelangweilt. Sie glaubten immer noch, dass sie für das Wohl der Menschen arbeiteten, aber ihre Sichtweise dessen, was »gut« für die Gesellschaft war, wurde durch ihre technologischen Fähigkeiten und ihre zunehmende Abkehr von den überlieferten spirituellen Werten getrübt.

Die Anunnaki nutzten diese Gelegenheit, landeten mit ihren Shuttle-Schiffen und präsentierten sich den Hohepriestern als Götter vom Himmel: eine scheinbar »göttliche« Intervention. Als Experten für aggressive bewusstseinsverändernde Technologien erkannten sie sofort, dass bei diesen Priestern Tür und Tor für die Etablierung von resonanten Gedankenmustern weit offenstanden. Und so drangen sie in die individuellen Energiefelder von ein paar noch nicht so hoch entwickelten Mitgliedern der atlantischen Priesterschaft ein.

Die Anunnaki-Fürsten dockten an das Ego-Bewusstsein dieser Priester an und führten bei ihnen eine Hyperaktivierung ihrer Machtchakren durch. Nach kurzer Zeit entwickelte sich daraus eine dissonante Frequenz, die Disharmonie innerhalb der Priesterschaft hervorrief. Während die Erleuchteten die Ankunft der Anunnaki mit Vorsicht betrachteten, ließen sich andere heimlich in neuen Technologien ausbilden, die zunächst als »Geschenke« an die Menschheit präsentiert wurden. Was diesen mental mutierenden Priestern jedoch tatsächlich angeboten wurde, waren die **Instrumente einer Neuen Weltordnung**.

Sie, die Priester dieser neuen Ordnung, ebneten den Weg zur Etablierung der Dunklen Priesterschaft – einer Gegenkraft zu den Hohepriesterinnen und Hohepriestern Ras. Angestachelt von den Anunnaki griffen sie nicht nur nach der alleinigen Macht über ihre ehemaligen Brüder und Schwestern und alle Völker ihres wachsenden Herrschaftsgebiets, sondern verstiegen sich auch zu der Überzeugung, dass sie ihre Herrschaft auf die Länder jenseits des Meeres ausdehnen sollten.

Schon bald unternahmen sie Eroberungsfeldzüge, immer darauf bedacht, ihren Einfluss zu vergrößern und die Ressourcen anderer Zivilisationen auszuplündern. Je mehr dieser Beute sie den verehrten Anunnaki-Göttern übergaben, desto mehr wurden sie dafür mit Wissen belohnt ... Wissen, das ihnen helfen sollte, die totale Weltherrschaft zu erlangen, natürlich unter der Oberherrschaft der Anunnaki.

Wir fragen uns, ob euch das vielleicht bekannt vorkommt?

Insgeheim vermittelten die Anunnaki der Dunklen Priesterschaft gentechnische Kenntnisse. Die ersten geheimen Experimente bestanden darin, ausgewählten Menschenfrauen Anunnaki-Samen einzupflanzen, um die ersten Generationen erdgeborener Nibirer hervorzubringen. Diese Experimente verliefen erfolgreich. Die ersten Retortenbabys von Atlantis wurden »in vitro« befruchtet und dann den Frauen implantiert. Vermutlich ahnt ihr jetzt schon, dass die heutige Praxis der künstlichen Befruchtung eine Anunnaki-Technologie ist. Sie wurde gezielt wieder in das menschliche Bewusstsein übertragen, und warum man sie in der heutigen Zeit erneut einsetzt, ist offensichtlich.

Diese ersten genmanipulierten, von nibirischen Männern abstammenden männlichen Säuglinge wurden damals ihren Müttern sofort weggenommen und in völliger Isolation von Anunnaki-Wächtern aufgezogen, so wie es mit jenen, die als Krieger vorgesehen sind, auch auf Nibiru praktiziert wird. Man unterzog sie einer strengen militärischen Ausbildung, denn sie sollten die neuen Überwacher der Dunklen Priesterschaft und damit die eigentlichen Herrscher von Atlantis werden. Ihre Nachkommen sollten auch in den folgenden Generationen die Herrschaft der Anunnaki sichern. So sollte die gesamte Menschheit dauerhaft versklavt werden und für die Bedürfnisse Nibirus schuften.

Solche Ambitionen ließen keinen Raum für die Art von Selbstzufriedenheit und emotionalem Wohlbefinden, die für den Großteil der atlantischen Bevölkerung zu dieser Zeit typisch war. Die Aufzucht der neuen Anunnaki-Hybride beruhte auf einem grundlegenden Gebot: Um allmächtige Herrscher zu werden, musste ihnen von Geburt an beigebracht werden, mehr zu wollen, damit sie dazu getrieben werden konnten, mehr zu nehmen.

Ihnen wurden Technologien zur Gedankenkontrolle beigebracht, die kulturell implementiert werden sollten, in einer Zivilisation, die seit Jahrtausenden darin geschult war, ihre Gedanken in den Kristallgeneratoren zu fokussieren, die überall auf dem Kontinent aufgestellt wurden. Das machte die atlantische Zivilisation geradezu reif für die Übernahme durch die nach ihrer langen Weltraumreise durch die galaktische Nacht gierigen und hungrigen Anunnaki. Sie machten sich die Energien des Kollektivs zunutze, um ihre Absichten voranzutreiben und die dunklen Priester mit Hilfe von deren Kraftzentren, den Kristallgeneratoren, zu manipulieren. So wollten sie die Menschheit unter ihre Kontrolle bringen.

Diese hauptsächlich ego-getriebenen Energien der Dunklen Priesterschaft und (wie wir später noch näher beschreiben werden) der Alchemisten wurden von den Anunnaki angeheizt und waren unmittelbar für die Entfesselung von Gaias Wut verantwortlich. Trotz der enormen Anstrengungen der atlantischen Lichtarbeiter, die Schwingung anzuheben, versank das Bewusstsein der Massen in Resignation, Unterwürfigkeit und Verzweiflung. Das Licht der Priesterschaft begann zu verblassen und markierte einen Wendepunkt im Schicksal der Atlanter und aller zukünftigen Kulturen auf der Erde.

Das frevelhafte, von den Anunnaki angestachelte Treiben der dunklen Priester und ihre leichtfertige Manipulation von Frequenz und Schwingung veränderten die vier Elemente eures Planeten so sehr, dass die Meere anschwollen, Landmassen auseinanderbrachen und riesige Wolken vulkanischen Staubes den Himmel verdunkelten. Wie durch den eisigen Tod eines nuklearen Winters wurde es still auf der Erde. Der ganze Planet war in Wolken und Dunkelheit gehüllt. Es regnete unaufhörlich. Unerbittlich gingen gewaltige Wassermassen nieder, denn das natürliche Gleichgewicht Gaias war durch die fehlgeleitete Magie der dunklen Krieger zerstört worden. Nur eine totale Reinigung und Erneuerung konnte den Energiefluss – Gaias Lebensessenz – wiederherstellen.

4

DIE YZHNÜNI

Wie war es möglich, dass die dunkle Minderheit der atlantischen Priester-Elite so drastisch die Evolution eines ganzen Planeten verändern konnte? Bevor wir für euch nachvollziehbar die Ereignisse beschreiben können, die zu dem Kataklysmus in der Zeit der Letzten Generation von Atlantis führten, müssen wir euch kurz mitnehmen in eine viel frühere Phase der atlantischen Geschichte, in der man, nach euren heutigen Standards, die Lebensverhältnisse und die kulturelle Entwicklung auf dem Kontinent noch als »primitiv« einstufen würde.

Wir sprechen hier von einer Zeit während des zweiten Zyklus der atlantischen Zivilisation, der mit der einsetzenden Vergletscherung der letzten Eiszeit endete, während der weite Teile der Erdoberfläche von einem bis zu vier Komma acht Kilometer dicken Eisschild bedeckt waren. Um 28.800 vor Christus hatte das Eis die Küsten und Flachlandzonen von Atlantis unter sich begraben, wodurch alles Leben in diesen Regionen für über eintausend Jahre verstummte. Dann sorgte eine rasche Eisschmelze dafür, dass das Meer die Küstengebiete und das Tiefland überflutete, aber in den höher gelegenen Gebieten konnte das Leben nun wieder aufkeimen.

Durch die extreme magnetische Verschiebung der Himmelskörper, die zum Zeitpunkt von Nibirus Wiedereintritt (etwa 32.400

vor Christus) mit der Erde in Resonanz standen, wurde euer Planet buchstäblich um die eigene Achse gedreht, was Nord- und Südpol neu definierte und das Klima, die Landmassen und die Gewässer Gaias dramatisch veränderte. Einige Gebiete wurden unter mächtigen Gletscherschichten begraben, und zwar nach eurem Zeitempfinden äußerst schnell. An anderen Stellen des Planeten vollzog sich das Vorrücken des Eises viel langsamer ... über mehrere tausend Jahre nach der kataklysmischen Verschiebung der Pole.

An den Orten, an denen der *Homo sapiens* genug Zeit hatte, auf die Klimaveränderungen zu reagieren, gab es eine große Migration in die höheren Lagen: in Gebirgsregionen wie den Himalaya und die Anden. Es gab Überlebende.

Ein solches Gebiet, wo Menschen überlebten, war der Kontinent Atlantis.

> ∵ <

Bevor die Eiszeit über Atlantis hereinbrach, lebten die Menschen dort in relativer Harmonie mit ihrer natürlichen Umgebung. Sie hatten einen hochentwickelten Zustand der Lichtkörper-Existenz erreicht, was sie befähigte, nach Belieben Zeitreisen und Astralreisen zu unternehmen. Ihre Vorfahren waren Seite an Seite mit den Geschöpfen der Wildnis aufgewachsen, die den Planeten in diesem Stadium der Entwicklung bevölkert hatten, und schon früh in ihrer Evolution lernten sie, bestimmte Tiere zu domestizieren, die ihnen zum Schutz und zur Unterstützung ihres Überlebens dienten. Die Atlanter des zweiten Zyklus aßen nie Fleisch. Einige domestizierte Tiere wurden wegen ihrer Milch und andere wegen ihrer Eier gehalten: Diese betrachtete man als Geschenke der »Vierbeiner«. Die Grundlage der atlantischen Ernährung in jener Zeit bildete aber die Vegetation des Kontinents, die reich an Früchten, Nüssen und Kräutern war. Man nutzte sie und ihre Energiewesen auch zu Heilzwecken, denn die Atlanter spürten, dass das in den Blättern eingefangene Licht sie mit der elektrischen Ladung der Sonnengottheit versorgte, während die Wurzeln die magnetischen, erdenden Kräfte der Erdmutter lieferten.

Aus spiritueller Sicht stellte dies einen hochentwickelten Zustand des Bewusstseins dar – eine höhere Schwingung –, denn die Menschheit verfügte über ein viel klareres Verständnis der Natur aller Lebewesen. Überdies brachten sie allem in der Natur große Achtung entgegen: den Felsen, den Geschöpfen des Meeres, den großen Bäumen, den Tieren und ebenso ihren Mitmenschen. Alles wurde als Spiegelbild des Urschöpfers betrachtet, und nichts wurde aus der Umwelt genommen, ohne dass man vorher um Erlaubnis fragte. Die frühen Atlanter pflückten nie eine Frucht, ohne vorher den Baum zu segnen, denn sie erfreuten sich einer telepathischen Interaktion mit allen Lebensformen, mit denen sie ihre Umgebung teilten. Zwischen allen Lebewesen bestand höchster Respekt, die Natur war gnädig ... und so auch der Mensch.

Die indigenen Völker Amerikas (diejenigen, die nicht von den selbsternannten Herren ihres Landes – den Anunnaki – brutal unterjocht wurden) haben sich noch viel von dieser ursprünglichen Lebensweise bewahrt. Den Hopi gelang es am erfolgreichsten, Wissen aus dem zweiten Zyklus von Atlantis zu bewahren, aber auch alle anderen indigenen Menschen Amerikas hüten diese Weisheit in ihren überlieferten Traditionen und ihrem Stammesgedächtnis. Der naheliegendste Weg, um diesen Zustand der Einheit mit der Natur zu verstehen, den die Menschheit einst mit allen Lebewesen Gaias teilte, besteht für euch darin, mit den indigenen Völkern ins Gespräch zu kommen, ihnen zuzuhören und von ihnen zu lernen.

Frei von Krankheiten und mit einem pazifistischen Wesen, hatten die Atlanter des zweiten Zyklus eine sehr viel höhere Lebenserwartung, als ihr es euch vorstellen könnt. Hinweise darauf finden sich in euren Heiligen Schriften an jenen Stellen, wo die Herrscher der modernen Religion nicht die Beweise durch Änderungen an den alten Texten beseitigt haben. Es war damals nicht ungewöhnlich, dass Menschen bis zu eintausend eurer Erdenjahre alt wurden.

Tatsächlich gibt es im materiellen Universum viele Welten, auf denen physische Wesen wesentlich länger leben, als es derzeit bei euch Erdbewohnern der Fall ist.

So werden zum Beispiel die Nibirer fast zweitausend Jahre alt, und darin spiegeln sich die Lebensbedingungen wider, mit denen sie zurechtkommen müssen. Die durchschnittliche Lebenserwartung von Lebewesen ändert sich ständig, beeinflusst von vielen Variablen in der Umwelt, der Technologie, kosmischen Ereignissen und insbesondere dem kollektiven Bewusstsein. Bedenkt, dass noch vor wenigen Jahren die durchschnittliche Lebenserwartung eines Menschen nicht mehr als vierzig Jahre betrug, während heutige achtzig Jahre und mehr schon fast die Regel sind. Eure Lebenserwartung hat sich also in einem Zeitraum von kaum mehr als zwei- oder dreihundert Jahren verdoppelt. Wenn ihr euch bewusstmacht, dass es hier um evolutionäre Veränderungen im Laufe vieler Jahrtausende geht, fällt es euch vielleicht leichter zu akzeptieren, dass sich die Verhältnisse auf dem Planeten Erde in jener fernen Zeit, aus der es fast keine schriftlichen Überlieferungen gibt, sehr von den heutigen unterschieden.

Was ihr für die »Altertümer« der Menschheit haltet, sind nur Sandkörner im Stundenglas.

Die Atlanter des zweiten Zyklus hatten hoch entwickelte mediale und intuitive Fähigkeiten. Ihr spiritueller Fokus war erdzentriert, obwohl sie die Sterne und Himmelskörper verehrten, die ihnen halfen, ihre Zeit und ihren Platz in einer Galaxie von lebendigen Sternenwesen zu kartieren. Sie trugen das Wissen um ihre stellaren Ursprünge in der DNA – sie waren Sternensaat, so wie ihr.

Es gab keine religiöse Hierarchie, denn sie hatten einen direkten Draht zum Urschöpfer, den sie in den Bäumen, den Flüssen und Meeren, den Vögeln, dem Himmel und den Berggipfeln verehrten. An jedem Tag stellte die Natur sie vor neue Herausforderungen, welche sie als Teil des Einen Geistes akzeptierten, der sich durch sie genauso bewegte wie durch die Natur.

Während der gesamten Existenz der Menschheit auf der Erde hat nie jemand eine so große Liebe zu Gaia empfunden wie die Atlanter des zweiten Zyklus. Sie standen völlig im Einklang mit anderen Lebensformen, den Elementen und den Kräften des Kosmos. Man kann sich daher ihre Ratlosigkeit und ihren Schrecken vorstellen, als sie erleben mussten, wie die Kräfte der Natur sich gegen sie zu wenden schienen.

DER DRITTE ZYKLUS

Wir wiederholen, dass der dritte und letzte Zyklus mit dem Abschmelzen der Eisschilde begann. Als die Gletscher ihren raschen Rückzug vom atlantischen Kontinent begannen, folgte ziemlich spontan eine große Blütezeit, und Atlantis, eines der letzten Gebiete, das von den Eismassen heimgesucht worden war, wurde als eines der ersten wiederbelebt … sowohl energetisch wie klimatisch. Viele sirianische Seelen entschieden sich damals für eine Inkarnation auf der Erde, um bei der Wiedergeburt der menschlichen Spezies mitzuhelfen, als Teil unserer karmischen Verbundenheit mit euch, und um unsere ungelösten karmischen Probleme mit den Anunnaki von Nibiru zu klären. Wir waren in der Lage, den Akasha-Datensatz zu lesen, und beobachteten, dass die Familie des Lichts zu dieser Zeit auf den Planeten Erde gerufen wurde, und so glaubten wir, es wäre in gewissem Sinne unser Schicksal, auf dieser niedrigeren Ebene zu inkarnieren, in der dritten Dimension, unterhalb unserer eigenen Schwingung.

Das war die Zeit, als die ersten Sirianer in humanoider Gestalt auf der Erde erschienen, insbesondere in den Bergregionen von Atlantis. Wie unsere Sonnengottheit Satais (Sirius B) ist der Planetenkörper, von dem sie stammten, Yzhnü, nicht mehr Teil des materiellen Universums. Er schwingt auf einer höheren Frequenz und ist zu einer sechsdimensionalen planetarischen Essenz geworden, die in einem Paralleluniversum neben dem euren existiert. Für die Yzhnüni war es eine Gelegenheit, wieder ein Leben in physischer Gestalt zu führen, mit all den Herausforderungen, denen bewusst evolvierende Wesen sich bei euch stellen müssen: durch die Elemente, die anderen Lebensformen und die für eine Rückkehr in eine niedrigere Schwingung notwendige Transmutation. Damit lösten sie das Karma auf, das sonst durch die Bindung des Sirius an die gaianische Schwingung unsere eigene Evolution außerordentlich verzögert hätte.

Die Yzhnüni, Sternensaat des Sirius, hatten große Schwierigkeiten, sich in der dritten Dimension zu manifestieren, denn sie hatten die Körperlichkeit schon lange hinter sich gelassen, und ihre Rückkehr in die materielle Lebensform war mit großer Ungewissheit behaftet. Dennoch, die Berichte über den blaugrünen Planeten, seine Majestät und Musik, machten überall im Universum die Runde, und deshalb übte die Erde eine große Faszination aus. Gaia war ganz einfach die Sirene des Himmels, und so begaben sich diese sirianischen Seelen auf eine Odyssee durch die galaktischen Meere.

Ihre Essenz manifestierte sich in den dreidimensionalen Feldern der irdischen Realität als sehr große, strahlend schöne Hominiden. Anatomie und Gestalt waren menschenähnlich ... aber eben nur ähnlich. Am auffälligsten waren ihre ausgedehnten Aurafelder, die sichtbar viele Meter weit über ihren physischen Körper hinaus strahlten. Ihre äußere Hülle war wie eine zarte Folie, absolut weiß und lichtdurchlässig, so dass sie den Menschen als feenartige Wesen erschienen und während vieler Jahrhunderte ihrer Existenz in der Erdensphäre als solche wahrgenommen wurden. Sie hatten riesige, helle, indigoblaue Augen. Ihr Haar leuchtete goldblond. Ihre fast zweieinhalb Meter großen Körper waren schlank, zart und geschmeidig.

Die stärkste Resonanz hatten die Yzhnüni mit dem Erdelement Wasser, denn auf ihrem Planeten war davon reichlich vorhanden, wie auch auf den anderen natürlichen Satelliten im sirianischen System. Um die gaianische Frequenz zu halten, erfolgte ihre physische Auskeimung im Hochland des Kontinents Atlantis, denn dort gab es unzählige Höhlen und Grotten, die mit ihrer Wärme und Feuchtigkeit am besten der natürlichen Umwelt der Yzhnüni entsprachen und außerdem Schutz vor der intensiven Strahlung eurer Sonnengottheit boten. Dieses Terrain ähnelte am meisten den kristallinen Feldern von Yzhnü.

Bei ihrem ersten Erscheinen auf der Erde war die Schwingungsfrequenz der Yzhnüni so hoch, dass sie in der Dichte eures planetarischen Feldes keine feste Gestalt aufrechterhalten konnten, und auch den direkten Kontakt mit der Strahlung eurer Sonne ertrugen sie nicht. Auf Beobachter hätte es gewirkt, als würden sich die Yzhnüni nur schemenhaft und flüchtig in der Realität manifestieren, sich gewissermaßen immer wieder ein- und ausblenden. Tatsächlich schwanden sie wiederholt aus der Welt der Materie und glitten zurück in die sechste Dimension, bis es ihnen schließlich gelang, dauerhaft die 3D-Frequenz zu halten. Ihrer Haut fehlte die Pigmentierung, um sie vor der Schädigung durch ultraviolettes Licht zu schützen, und so verbrachten sie in ihrer »fernen« neuen Heimat die Stunden, in denen die Sonne schien, unter der Erde.

Mit der Zeit, als diese sirianische Saat in der dreidimensionalen Realität Wurzeln schlug, wurde ihre physische Natur dichter und sie passten sich besser an die geothermischen Kräfte der Erde und die Sonnenstrahlen an. Ihre Körper entwickelten mehr Festigkeit und Widerstandsfähigkeit, ihre Haut wurde dunkler und weniger durchscheinend.

Das Gottesbewusstsein der Yzhnüni war einfach und rein, denn – als evolvierte Seelen in einem Zustand der Rückentwicklung – verstanden sie ihre eigene Göttlichkeit genauso, wie sie den Schöpfer in den Elementen erkannten. Und so feierten sie in ihren Gebetsritualen ihre Verbundenheit mit den Urenergien. Ihre Kraftorte, die gaianischen Altäre, lagen in jenen Zonen, wo die vier Elemente eures Planeten interagierten: dort, wo vulkanisches Magma aus dem Boden der zugefrorenen Ozeane hervorbrach, emporstieg und sich auf der sich ständig wandelnden Erdkruste zu neuen Landmassen formte. Für die Yzhnüni war es das heiligste aller Rituale, andächtig das Feuer der geschmolzenen Erde zu beobachten, den Dampf, die abkühlende Umarmung des Ozeans und die Aushärtung des Magmas zu Gestein. Das war für sie das irdische Leben in all seiner Göttlichkeit, wie sie es zu jener Zeit ihrer gaianischen Erfahrung verstanden.

Außerdem rief der Prozess der Kristallisation – Dampf zu Flüssigkeit, Magma zu Stein – in ihnen die Erinnerung an die Heimat ihrer Ahnen wach (einer Welt mit kristallinen Landschaften und dampfenden Gewässern). Es erinnerte sie an ihre höhere Bestimmung: die Verpflichtung der Seele, in die materielle Welt zurückzukehren und dort ihrem spirituellen Ideal Gestalt zu verleihen, indem sie bei der Evolution des Planeten Erde mithalfen.

Und in den urzeitlichen Tempeln von Atlantis verschmolzen diese Sternenkinder vom Sirius zum ersten Mal den uralten Klang der sirianischen Seelenmusik, das *Wam*, mit dem pulsierenden Herzschlag Gaias ... damit dieser Klang von Generation zu Generation weitergegeben und erinnert werden konnte. Diese Urschwingung der harmonischen *Wam*-Frequenzen hat seit der Geburt der Zivilisation auf eurem Planeten die Portale offen gehalten. Doch von der Kraft der Schallfrequenzen habt ihr heutigen, von der westlichen Kultur geprägten modernen Menschen wenig oder gar kein Wissen.

Wir bitten euch daher, euch mit der gebotenen Umsicht klarzumachen, dass die Hüter dieser uralten Frequenzen – die Tibeter, die australischen Aborigines, die amerikanischen Ureinwohner – alle systematisch von ihrem heiligen Land vertrieben wurden. Dort, in ihrer ursprünglichen Umgebung, schöpften sie Kraft aus der Erde, indem sie mit den Frequenzen ihrer heimischen Naturlandschaften in Resonanz gingen. Die uralten Klangerinnerungen dieser indigenen Völker haben geholfen, den Planeten im Gleichgewicht zu halten, und wir fragen uns, ob ihr die Wellen der Disharmonie erkennt, die zu der Verwüstung beigetragen haben, die überall um euch herum stattfindet.

Spätere Generationen der Yzhnüni, die aus den kälteren Gebieten hinunter in die gemäßigteren Zonen des Kontinents wanderten, brauchten immer noch Schutz vor der ultravioletten Strahlung der Sonne. Aus diesem Grund zogen sie in eine zerklüftete Landschaft, in der es viele Höhlen mit unterirdischen Seen und Bächen gab. Dort, im gebirgigen Hinterland des Kontinents, stießen sie auf mächtige Quarzhöhlen mit hohen Gewölben und auf fruchtbare Gebirgstäler. Diese Umgebung erwies sich für sie als die auf dem Planeten am besten geeignete. In der Mitte des dritten Zyklus der atlantischen Zivilisation hatten sich alle Yzhnüni in diesem Gebiet von Atlantis niedergelassen, wo sie in den Kristallhöhlen und den sie umgebenden Netzwerken unterirdischer Gänge lebten ... einem endlosen Labyrinth aus Tunneln, Grotten und Höhlen.

Über diese relativ kurze Phase der Präsenz sirianischer Wesen in der atlantischen Kultur kursierten unter den einheimischen Stämmen viele Mythen ... Geschichten über das »Feenvolk«, das im Dunkeln leuchtete und mit seinem magischen Licht die Wälder und Berggipfel von Atlantis verzauberte. Doch bei jedem Versuch der Eingeborenen, sich den Yzhnüni zu nähern, lösten diese sich in Luft auf und verschwanden aus dem materiellen Raum in die Astralebene. Man kann sich das Staunen vorstellen, das Begegnungen mit ihnen bei den Menschen der damaligen einfachen, naturnah lebenden Stammeskulturen auslöste – eine Faszination, die in eurer modernen Zeit durch die Rückkehr der Druiden und des Wicca-Kultes wieder neu auflebt.

Ihr nächtliches Auftauchen aus den Höhlen war von solcher Leuchtkraft, dass man sie schon von Weitem wahrnehmen konnte, selbst unten von den Tälern aus – und die damaligen Menschen waren ganz selbstverständlich überzeugt, dass es sich um übernatürliche Wesen handeln musste. Dennoch wurden sie von den Einheimischen eher verehrt als gefürchtet. Man schenkte ihnen aber wenig Aufmerksamkeit, denn die Menschen waren in erster Linie damit beschäftigt, in den rauen, wilden Verhältnissen dieser urtümlichen Zeit zu überleben.

Im Laufe der Zeit traten diese sirianischen Wesen zunehmend in Erscheinung, verließen immer öfter ihre kristallinen Höhlen-Heiligtümer und übernahmen eine viel einflussreichere Rolle in der spirituellen Entwicklung der Menschen. Sie lehrten die Atlanter ihr sechsdimensionales kosmisches Bewusstsein, die Realität von *Alles Was Ist* und den Weg, wie das gesamte Bewusstsein auf seiner evolutionären Reise entlang der Spirale des Lichts aufsteigt. Sie waren großartige Lehrer, Visionäre für eine Welt, die aus den frostigen Gräbern der Eiszeit zurückkehrte, und es war ihre Aufgabe, den neuen Generationen dabei zu helfen, die spirituelle Bedeutung des Lebens neu zu entdecken, das nun wieder überall in Hülle und Fülle blühte und gedieh.

Wir glauben, dass ihr größtes Geschenk an die frühen Atlanter des dritten Zyklus ihr höheres Wissen über die energetischen Eigenschaften der Mineralwelt war. Während die Ureinwohner eine große Ehrfurcht vor der Lebenskraft in allen Wesen der Erde kannten, wurde ausgewählten Eingeborenen (den ersten Priesterinnen) schließlich gezeigt, wie sie ein viel tieferes Verständnis für die Gesteine und Kristalle Gaias als Elementarwesen, Energieverstärker, Erzeuger und Speicher des Lichts entwickeln konnten. Dieses Wissen sollte dem spirituellen und technologischen Fortschritt der Menschen dienen und gleichzeitig die Portale der Multidimensionalität öffnen. Die Yzhnüni schenkten dieser Kultur das Wissen über Klangfrequenzen, die Natur der Materie und der Elemente, telepathische Kommunikation und Teleportation – und damit wurde die atlantische Zivilisation in ein evolutionäres Schauspiel intergalaktischen Austausches katapultiert, was ihr gegenüber dem Rest der Welt einen enormen Vorsprung verschaffte.

Diejenigen Atlanter, deren karmisches Schicksal darin bestand, geistige Führer der Zeit zu werden, wurden von den Yzhnüni geduldig als Hüter der Kristalle ausgebildet. Die atlantischen Frauen wurden als empfänglich und fürsorglich betrachtet, während die männliche Schwingung als besser geeignet für die friedliche Sicherung des Überlebens und die Vermehrung des Volkes galt, und so kam es, dass jene, die in die Geheime Weisheit eingeweiht wurden, der Yin-Schwingung zugehörten.

Auf der Grundlage dieses Wissens leiteten die Priesterinnen später das Volk bei der Errichtung seiner heiligen Steinkreise und astronomischen Observatorien an und nahmen individuelle und planetarische Heilungen und Harmonisierungen vor, indem sie spirituell mit anderen Dimensionen und Wirklichkeitsebenen zusammenarbeiteten. In späteren Zeiten waren die Mitglieder der alten keltischen Priesterschaft, die Druiden, Träger dieser Ahnenerinnerungen. Wir glauben, dass ihr, die ihr euch zu den alten mystischen Stätten und heiligen Ritualen hingezogen fühlt, höchstwahrscheinlich während der frühen Epoche des dritten Zyklus in Atlantis inkarniert wart und dort in Resonanz mit den Yzhnüni-Frequenzen lebtet.

Die Steinmonumente, die einst überall dort errichtet wurden, wo die Forschungsreisenden aus Atlantis auftauchten, sind weit älter, als eure konservativen Archäologen glauben. In der Tat bleibt die Platzierung von gigantischen Steinen auf den Bergen Südamerikas, in Ägypten, auf den Britischen Inseln und in Europa, in Mexiko und in der Unterwasserstadt nahe Bimini eines der großen ungelösten technischen Rätsel eurer Zeit. Es scheint, dass das akademische Establishment einfach nicht herausfinden kann, wie, warum, wann oder von wem die großen Megalith-Monumente, die Tempelanlagen, Mauern und Grabstätten auf der ganzen Welt errichtet wurden, und doch sind sie da – Zeugnis für die Größe dessen, was vor eurer Zeit existierte.

Spätere Generationen in Atlantis wurden sehr geschickt darin, die Kristallenergie für hochentwickelte Technologien zu nutzen. Aufbauend auf dem intuitiven Wissen über die Kristallenergie, das die Priesterinnen weitergaben, sowie den ökologischen und soziologischen Entdeckungen der sich rasch entwickelnden atlantischen Kultur führte die Priesterschaft den Fortschritt der Gesellschaft schließlich auf ein Niveau, das eurer heutigen Kultur völlig ebenbürtig war. Auch sie verdankten ihre technologischen Fähigkeiten dem einfachen

Quarzkristall, der stets die Grundlage bildete, und auch sie bauten ihre Technologie um ihn herum auf.

Bedenkt, dass die angeborenen Fähigkeiten des *Homo sapiens* über eure gesamte Existenz hinweg eine Konstante sind. Der DNA-Bauplan eurer Spezies ist grundlegend identisch. Obwohl sich die ethnischen Merkmale je nach der ursprünglichen Vermischung der Gene unterscheiden, beeinflussen nur die evolutionären Auslöser und äußeren Einflüsse die Geschwindigkeit, mit der sich eure Spezies weiterentwickelt. Wenn ihr euch anschaut, welche gewaltigen Sprünge eure Technologie allein in den letzten zehn Jahren gemacht hat, sollte es euch nicht erstaunen, dass die Atlanter sich im Laufe mehrerer Jahrtausende von einem Naturvolk mit Heilhöhlen in Kristallbergen zu einer Zivilisation mit großen Städten entwickelten, die von unterirdischen Kristallgeneratoren beleuchtet wurden, die darauf programmiert waren, menschliche Gehirnwellen aufzufangen und in »elektrische« Energie umzuwandeln. Ein solcher Fortschritt ist bei eurer Spezies eine völlig logische Entwicklung, wenn man eure genetischen Ressourcen, die außerirdische Intervention an entscheidenden Punkten eurer Evolution und die verfügbaren Ressourcen auf dem Planeten Erde berücksichtigt.

Da ihr nun wieder die Kristallenergien kennenlernt und erforscht, werdet ihr herausfinden, dass die Schwingungsfrequenzen der verschiedenen Mineralien viele subtile Variationen aufweisen. Reiner Quarz, eine hexagonale Kristallmatrix, die aus Siliziumdioxid besteht, ist das ideale Mineral zur Verstärkung, Übertragung und Speicherung aller Frequenzen und Emanationen. Es wurde schon immer in der gesamten Galaxis verwendet, um Informationen und das Licht der Weisheit und Liebe zu übertragen. Auch heute noch ist es das wesentliche Element eurer elektronischen Revolution. Es ist bezeichnend und relevant für das atlantische Paradigma, dass die moderne Technologie eurer Zivilisation von winzigen mikroskopischen Quarzsplittern abhängt, aus denen die Mikrochips hergestellt werden, die ihr in euren komplexesten und anspruchsvollsten Geräten benutzt.

Im Grunde genommen hätte es ohne die Kristallmatrix des Quarz höchstwahrscheinlich nie eine technologische Revolution auf dem Planeten Erde gegeben.

Die in Atlantis sehr zahlreichen Quarzkristall-Höhlen boten den Yzhnüni die ideale Umgebung für die Ausbildung der ersten atlantischen Priesterinnen. Die Priesterinnen lernten, für ihre Heilzeremonien die Höhlen als Kraftzentren zu nutzen, um die Menschen durch die Aktivierung der elementaren Energien in den kristallinen Felsstrukturen zu stärken und gleichzeitig die klanglichen und elektromagnetischen Frequenzen der Mineralien selbst zu erhöhen. Wegen ihrer hoch entwickelten medialen Fähigkeiten waren die frühen Atlanter in der Lage, die Frequenz, oder *Wam*-Schwingung, als Musik zu hören.

Personen, die sich nicht mehr in Harmonie mit ihrer Umgebung befanden, wurden in die Höhlen gebracht, wo die Priesterinnen sich auf die musikalische Klaviatur (das Chakra-System) dieser Menschen einstimmten, um festzustellen, von welchem Chakra die atonalen Frequenzen ausgingen.

Kissen aus Naturfasern (Flachs, geflochtenes Schilf und Tierfelle) wurden über die Kristallcluster gelegt; der Suchende lag dann auf dem Amethyst-Heilbett, während die Priesterin, versiert im Umgang mit Kristallenergien, die entsprechenden Quarzkristalle mit Selenit-Stimmstäben anschlug, um den Schwingungskörper zu aktivieren und so die *Wam*-Frequenz des Individuums wieder in Resonanz zu bringen.

Die Verwendung von Klängen zur Heilung und zur energetischen Harmonisierung ist unglaublich kraftvoll. Ganz einfach ausgedrückt aktivierten die Schallwellen, die durch das Anschlagen der entsprechenden Kristallstruktur ausgelöst wurden, die elementaren Energien innerhalb der Matrix, die dann mit den multidimensionalen Frequenzen des oder der Heilungssuchenden in Resonanz gingen.

Ein ähnlicher Prozess kann schon allein dadurch bewirkt werden, dass Menschen in der Gegenwart eines Kristallwesens die passenden Klänge chanten. Wir können nicht genug betonen, welche großartige Wirkung es hat, wenn ihr gemeinsam singt, Töne chantet und lacht – euer Lachen ist Musik! – und wenn diese Klänge durch die Mineralien Gaias verstärkt werden. Mit ihrem Wissen über die kristallinen Frequenzen bestimmte die Priesterin die erfolgreiche Auswahl der Tonhöhe, des Klanges und der Frequenz, die erforderlich waren, um die Disharmonie in den Chakren auszugleichen. So wurde eine spontane Heilung auf vielen Ebenen bewirkt.

Das Klangwissen der Priesterinnen diente nicht nur dazu, Hilfsbedürftige zu heilen. Es wurde auch genutzt, um den gesamten Planeten im Gleichgewicht zu halten. In der Tat lehrt uns unser Wissen über Frequenzen, dass durch den Klang der Körper von *Alles Was Ist* zusammengehalten wird – die Matrix, in der die Lichtfrequenzen des Bewusstseins eingewoben sind. So wie der Klang den Planeten im Gleichgewicht hält, kann Disharmonie ihn in Stücke reißen. Wenn ihr das begreift, werdet ihr erkennen, warum die Macht, die eure moderne Welt regiert (wie die dunkle Priesterschaft von einst), mit ihrem verhängnisvollen Kurs euren Planeten inzwischen an den Rand völliger Zerstörung gebracht hat.

Die Delfinwesen wurden auf den Planeten Erde gebracht, um die Klangfrequenzen eurer Ozeane im Gleichgewicht zu halten. Das ist ihre Aufgabe, und viele Millionen Jahre lang gelang ihnen das mit großer Eleganz und spielerischer Leichtigkeit. Erst jetzt, in der letzten Nanosekunde der alten Erdenzeit, wurden die schrecklichen Verhältnisse für sie so schlimm, dass sie ihre Evakuierung einleiteten. Und nachdem es zuerst den Anschein hatte, als würden sie – Zeugen des zunehmenden Zerfallsprozesses von Gaias Ozeanen – systematisch eure Dimension verlassen, haben sie sich nun doch eines anderen besonnen. Die für euch noch nicht so sichtbare positive Entwicklung, die Gaia mit Unterstützung der vielen irdischen und kosmischen Kräfte gerade nehmen darf, hat sie zum Bleiben veranlasst. Sie haben sich weitgehend an geschützte Orte in den Ozeanen zurückgezogen und warten jetzt ab, wie sich die Befreiung der Menschheit auf ihre Klangarbeit auswirken wird.

Wie hätte man von den Delfinen erwarten können, dass sie unter den bis vor Kurzem bestehenden verheerenden Verhältnissen bereit sind, Gaia weiterhin zu dienen? Obwohl doch die Menschen, die höchste Form des Bewusstseins auf der Erde, unter der verderblichen und manipulativen Anleitung der Dunkelmächte Gaias kostbaren Emotionalkörper – die großen Ozeane – immer weiter missbrauchen und schänden, ihn mit chemischen Verklappungen, ungeklärten Abwässern, auslaufendem Erdöl verpesten und damit den Geschöpfen des Meeres schreckliche Gewalt antun? Doch ja, es geschah unter Anleitung der dunklen Kräfte, und eine Gesundung der Ozeane steht nun wieder in Aussicht.

Die Delfinwesen, schon von den Atlantern als die Weber der Ozeanfrequenzen verehrt, warten darauf, ihre Aufgabe wieder erfüllen zu dürfen. Diese Aufgabe ist durch menschliche Vernachlässigung und Gleichgültigkeit sehr schwierig geworden. Dies ist eine tragische Entwicklung für eure Spezies und euren Planeten, dessen Musik zuletzt ganz aus dem Takt geraten war, so wie damals … in den letzten Tagen von Atlantis, als die Machenschaften der Dunklen Priesterschaft die Melodie von Atlantis für immer zerstörten.

Einst spielte die Erde so harmonisch ihr Lied: die rhythmischen Wellen des Ozeans, die sich an der Küste brechen und wieder ins Meer hinausrauschen; die Melodie der geflügelten Geschöpfe; das Rauschen der Winde; die kunstvollen Klänge der Delfinwesen; die Gesänge, Glockenspiele und Trommeln eurer indigenen Hüter der Frequenzen; der Chor der Menschenseelen. Zuletzt war diese Melodie zum lauten, dissonanten Spinnrad des Chakrakörpers eurer Sonne geworden, und jetzt muss sie erst neu eingestimmt werden, darauf warten die Delfinwesen voller Sehnsucht, damit Ra überall in seinen mental-physikalisch-emotionalen Körpern die Harmonie wiederherstellen kann.

Bedenkt, dass Gaia, die das Kommunikations-Chakra eurer Solaren Gottheit ist, das gesamte Sonnensystem aus den Angeln zu heben vermag. Dann wird euch klar, welche absolut entscheidende Rolle der Klang und das Verstehen von Klangfrequenzen für eure Zukunft spielen. Und ihr werdet begreifen, wie die Dunkle Priesterschaft der letzten Generation von Atlantis damals den Klang nutzte, um die Elemente und Lebewesen des Kontinents zu beherrschen, womit sie dessen endgültige Zerstörung auslöste.

Die Klänge Gaias werden heute mehr denn je übertönt von störenden elektromagnetischen Impulsen und destruktiven Schallfrequenzen, die weit in die obere Atmosphäre und bis hinaus in den Weltraum dringen. Das kriegerische Brausen und Dröhnen eurer Zivilisation, einschließlich der schädlichen Schwingungen viel zu vieler Satelliten und elektronischer Geräte, verursacht eine tiefgreifende Disharmonie im Aurafeld der Erde. Diese Disharmonie verbreitet sich in Form schädlicher Wellen weit im materiellen Universum und wirkt sich ebenso störend auf die simultanen Realitäten aus. Es blieb euch gar nichts anderes übrig, als euch mit größter Dringlichkeit des Problems der von euch herbeigeführten Disharmonie anzunehmen. Ihr müsst erforschen und verstehen, welche Rolle Klänge, Kristalle und Gedanken damals beim Untergang eines Kontinents spielten und wie mit ihnen heute die revolutionäre Verwandlung des gesamten Planeten zusammenhängt.

Wir informieren euch hier ausführlich über diesen entscheidenden Aspekt der Geschichte von Atlantis, denn das kontinuierlich wachsende Wissen der Atlanter über das Wesen und die Anwendung der Kristalle, das die Dunkle Priesterschaft der letzten Generationen dann derartig missbrauchte, hatte seinen Ursprung viele Jahrtausende zuvor, damals in den lichtdurchströmten Höhlen der Yzhnüni-Pioniere. Sie schenkten der Menschheit das Wissen über die Natur der Kristall-Wesenheiten, um euch deren Schönheit und Leuchten zugänglich zu machen. Sie wollten euch in die Lage versetzen, die lebendigen Energien und Frequenzen der Kristalle zur Heilung zu nutzen, und euch lehren, sich geistig und körperlich besser auf die Energien Gaias einzustimmen. Der dunkle Missbrauch von Kristallen als Instrumente der Technologie, Kriegsführung und

Bewusstseinskontrolle kam erst so viel später, dass es schwierig ist, euch die große Ausdehnung der linearen Zeit zu beschreiben, in Zahlen 16.000 Jahre, auf die wir uns hier beziehen. Das ist höchst relevant für euer heutiges technologisches Zeitalter, welches (in weniger als hundert Jahren) fast ähnliche Ausmaße erreicht hat und in den Händen der Machtelite, von der die Erde heute beherrscht wird (auch wenn sie in den letzten verzweifelten Zügen liegt), die gleichen katastrophalen Folgen heraufbeschwor.

Wir erinnern euch wieder und wieder daran, dass in der extremen Polarität des Erdenbewusstseins allen Dingen Licht und Dunkelheit innewohnt, denn dies ist die Natur der Polarität. Ihr wählt ständig … mit jedem Gedanken, den ihr aussendet, und jeder Handlung, die ihr in eurem Leben ausführt. Denkt daran: Ihr könnt nur dann zu Opfern werden, wenn ihr euch für hilflos und ohnmächtig haltet. Ihr könnt den Verlust eurer persönlichen Macht nur erleiden, wenn ihr glaubt, dass euch eure Seele geraubt werden kann. Und ihr fürchtet den Tod nur, solange ihr unwissend seid, was die Evolution eurer Seele angeht.

So verhält es sich in eurer heutigen Welt moderner Technologie und globaler Kommunikation, und genauso ergeht es denjenigen von euch, die sich im metaphysischen Sog zwischen den Kräften des Lichts und der Dunkelheit gefangen fühlen.

Und so erging es auch den letzten Generationen von Atlantis.

5

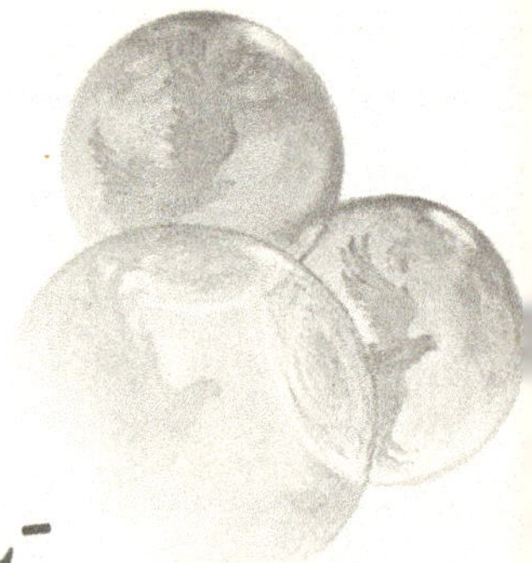

DAS SCHÄDEL-KOMITEE

An einem Punkt in der irdischen Evolution der Yzhnüni, in dem sie die Novizen effektiv in jenen Praktiken ausgebildet hatten, die helfen würden, die *Wam*-Frequenzen der indigenen Erdbewohner und des gesamten Ökosystems wiederherzustellen, griff der Hohe Rat vom Sirius ein. Wir verfolgten dabei die Absicht, das Verständnis der Atlanter für die ursprüngliche Multidimensionalität und die höhere Bestimmung der Menschheit zu beschleunigen, so dass sie in der Lage sein würden, die Arbeit der Yzhnüni fortzusetzen, dem kollektiven Gedächtnis eurer Spezies auf die Sprünge zu helfen. Die Lehren der Yzhnüni ermöglichten es der Menschheit, sich mit der Unendlichkeit des Lebens zu verbinden, das den multidimensionalen Körper von *Alles Was Ist* durchströmt.

Wir wollten mit unserer Intervention sicherstellen, dass die Anwesenheit der Yzhnüni bei euren Urahnen dazu diente, die Menschheit, eine mutierende Sternensaat, aus den Fesseln eines aufs bloße Überleben ausgerichteten Bewusstseinszustandes zu befreien und zu erheben, damit euer Streben sich auf Erleuchtung und Weisheit als Ziel eurer Suche ausrichtete. Wir wurden dazu angeleitet, euch bei der Auflösung des Gitters zu helfen, mit dem die Anunnaki die Erde isoliert hatten, so dass wir wieder direkte Verbindung zu euch und den anderen Lebensformen eurer Welt aufnehmen konnten.

Um die edlen Yzhnüni bei ihren Bemühungen zu unterstützen, wurden dreizehn Kristallschädel extradimensionalen Ursprungs materialisiert, in dreidimensionale Erdfrequenzen »hineinkristallisiert«, ganz ähnlich wie ihr, als Seelenessenzen, euren physischen Körper erschafft, den ihr als 3D-Wesen bewohnt. Bedenkt, dass Quarzkristalle lebendig sind. Sie sind Lebewesen, die Energien aufzeichnen, speichern und verstärken. Ihr kennt diese Fähigkeiten der Kristalle und nutzt sie für eure Technologie. Auch wenn ihr noch nicht so recht versteht, wie das Ganze in Wirklichkeit funktioniert, habt ihr doch die Verwendung des Siliziumchips als die Grundlage akzeptiert, auf der ein großer Teil eurer modernen technologischen Systeme beruht.

Ihr solltet aber niemals vergessen, dass im gesamten materiellen Universum und in den unendlichen Dimensionen jenseits eurer derzeitigen »Scheibe« der Realität, auf die ihr euch fokussiert habt, die Fähigkeit der Kristallwesen, dem Bewusstsein zu dienen, enorm gesteigert werden kann. Und zwar geschieht das, indem die Matrix durch zielgerichtete, konzentrierte Gedankenwellen der Wenigen und der Vielen aktiviert wird. Wenn dieser Fokus auf das höchstmögliche Wohl des Ganzen ausgerichtet ist, werden Wunder möglich, die euch wie Zauberei erscheinen.

So schwer es euch fallen mag, euch das vorzustellen oder zu akzeptieren, handelt es sich doch um einen ganz simplen Vorgang, Kristallwesen aus einer ätherischen Dimension in die Materie zu holen, und vielleicht habt ihr das ja in eurem persönlichen Umgang mit ihnen sogar schon selbst erlebt. Vielleicht wurdet ihr bereits Zeugen, dass ein Kristall einfach verschwinden und dann zu einer anderen Zeit oder an einem anderen Ort zu euch zurückkehren kann. Das ist ein überall auftretendes Phänomen, und nein, ihr leidet keinesfalls unter Wahnvorstellungen, wenn ihr verblüfft beobachtet, wie einer eurer Kristalllehrer sich buchstäblich vor euren Augen »in Luft auflöst«. Es ist nur so, dass die Illusionen der materiellen Welt euch manchmal glauben lassen, solche Dinge wären unmöglich, genauso wie ihr es für unmöglich haltet, dass ihr selbst euch, ganz wie ihr es wollt, in Luft auflösen und wieder in die materielle Realität zurückkehren könnt. Dennoch werden solche Ereignisse häufig aus jenen Ländern berichtet, in denen viele eurer Asketen und Meister leben. Diese besonders erleuchteten Menschen sind in der Lage, zu dematerialisieren und wieder zu materialisieren, als Resultat dessen, was ihr »Herrschaft des Geistes über die Materie« nennt.

Die dreizehn Schädel, die man in der Frühzeit von Atlantis auf der Erde materialisierte, wurden aus den Gedankenmustern höherer Wesen »geformt«. Diese Wesen gehörten zur Familie des Lichts und wurden aus vielen Dimensionen herbeigerufen, um bei der Erschaffung der Kristallschädel mitzuwirken. Diese Schädel, durch den Hohen Rat vom Sirius auf die Erde gebracht, waren so programmiert, dass sie für die Yzhnüni die Portale des multidimensionalen Bewusstseins öffneten … damit sie, als Unterstützung ihrer Arbeit mit den Atlantern, einen direktem Zugang zur Führung aus den höheren Dimensionen erhielten. Die dreizehn Schädel sind der Familie des Lichts als »das Schädelkomitee« bekannt und wurden im Tempel der Nephthys aufbewahrt, in einer Amethystgrotte tief unter der Erde, die den Yzhnüni als Kultplatz diente.

Bei unserer Beschreibung des Tempels verspürt ihr vielleicht einen aktivierenden Energiefluss in eurem Dritten Auge, während eure innere Schau die Informationen in persönliche Erfahrung umwandelt. Ihr merkt vielleicht, wie eure innere Führung diese Erfahrung anerkennt … eine deutliche Erinnerung an diesen »Ort«, denn viele von euch kennen ihn auf anderen Ebenen, und ihr habt die Erinnerung bis in die heutige Zeit in eurem Unterbewusstsein bewahrt, damit sie nun wieder zugänglich gemacht werden kann. In ähnlicher Weise könnt ihr euch auch in jenen Aspekt der »Zukunft« hineinprojizieren, in der das Schädelkomitee an einem vor langer Zeit festgelegten Ort im Land der Maya wieder vereint sein wird.

Ihr, die ihr im frühen dritten Zyklus von Atlantis inkarniert wart, könnt euch erinnern.

Wir laden euch ein, eure physischen Augen zu schließen, die Blütenblätter von Ajna zu öffnen, und zu **sehen**:

Ihr befindet euch in einer natürlichen Höhle mit Wänden aus Amethyst-Kristallen. Zwölf Kristallschädel sind in einer kreisförmigen Formation angeordnet – der kosmometrischen Konfiguration von Alles Was Ist. *Sie sind so ausgerichtet, dass sie nach außen in Richtung der Amethyste schauen … Zum richtigen Zeitpunkt werden die Schädel die Matrix aktivieren.*

Der dreizehnte Schädel – der Meister – ruht auf einem spiralförmigen Podest aus Oreichalkos im Epizentrum des Kreises. Er repräsentiert den Samen … das Bewusstsein des Urschöpfers.

Dies ist der Eintrittspunkt für die Seher von Yzhnü, denn durch die Aktivierung des Meisters werden die zwölf Kristallschädel in Resonanz gebracht, und damit öffnet sich die Tür zu Kontakten mit anderen Dimensionen und den Lichtwesen aller Frequenzen … also zu Welten, die ihr damals fast völlig vergessen hattet.

Nachdem die dreizehn Schädel aktiviert worden waren, diente die Schnittstelle zwischen dem Schädelkomitee und den Yzhnüni-Suchern als eine große galaktische Computerstation, die einen ständigen Austausch mit dem Hohen Rat vom Sirius, der Galaktischen Föderation und höherdimensionalen Wesen im gesamten Kosmos und in der Nicht-Zeit ermöglichte. Alles in der Grenzenlosigkeit von *Alles Was Ist* konnte gesehen und gehört werden, denn es war ein Moment in der dreidimensionalen Raumzeit, in dem die Begrenzungen aufgehoben waren. Die Yzhnüni, die inzwischen gelernt hatten, in der Welt der Materie eine stabile Körperfrequenz aufrechtzuerhalten, waren nun wieder frei, in oder außerhalb ihrer erworbenen dreidimensionalen Gestalt durch die Weiten des Kosmos zu reisen.

Es war beabsichtigt, dass diese wertvollsten aller Artefakte, die es in eurer Welt gibt, der Menschheit zum Geschenk gemacht werden sollten, lange nachdem die Yzhnüni das Feld der Erde wieder verlassen hatten. Das Schädelkomitee sollte den irdischen Sehern der Zukunft als immerwährendes Fenster in die Nicht-Zeit dienen. Diese Gaben sollten von den ersten Priesterinnen an die von ihnen ausgebildete Priesterschaft weitergegeben werden, sobald diese ebenfalls Meisterschaft erreicht hatte. Als die Yzhnüni jedoch durch das multidimensionale Fenster blickten, beobachteten sie den immerwährenden (wenn auch seltenen) Eintritt Nibirus in euer Sonnensystem. Sie beobachteten die Rückkehr der Anunnaki und erkannten, welch verhängnisvollen Einfluss sie auf die atlantische Zivilisation und insbesondere auf die Priesterschaft ausüben würden. Es wurde entschieden, dass es zu gefährlich war, eine solche Macht in die Hände der Priesterschaft von Atlantis zu geben.

Die Yzhnüni wussten, dass die Nibirer Technologien wieder einführen würden, mit denen die Frequenzen der Erde verändert und große Disharmonien in der Bevölkerung erzeugt werden würden. Sie erkannten, dass, wenn sie das Schädelkomitee für die nachfolgenden Priester-Generationen intakt ließen, die Anunnaki schließlich einen Weg finden würden, auf die Schädel zuzugreifen. Als Meister der Frequenzmanipulation hätten sie die Priesterschaft dazu anstiften können, eine Neukodierung der Schädel zu versuchen, für niedrige Zwecke, die eine Verletzung der höchsten Ordnung darstellten. In ihren Händen hätten die Dreizehn dazu benutzt werden können, Informationen abzurufen, die es den Anunnaki ermöglicht hätten, ihre zunehmende Herrschaft über eure Welt zu zementieren und noch größere Verwüstungen auf der Erde anzurichten, die sich von dort in Wellen der Negativität über die ganze Galaxis ausgebreitet hätten. Indem die Anunnaki das egozentrische Bewusstsein der Atlanter stimulierten, schufen sie tatsächlich die Voraussetzungen für den potenziellen Missbrauch unseres größten Geschenks an euch.

Dies durfte einfach nicht zugelassen werden.

Die Familie des Lichts verfügte, dass der Zugang zum Tempel der Nephthys den Priesterinnen für immer verwehrt bleiben sollte und dass ein Großteil des mit Hilfe des Schädelkomitees gesammelten Wissens für die restliche Dauer der Mission streng geheim zu halten sei.

Vor der Abreise der Yzhnüni von der Erde wies der Hohe Rat sie an, jeden der zwölf Schädel einzeln einer auserwählten Hüterin der Kristalle zu übergeben. Jede dieser Frauen hatte die Einweihung erfolgreich absolviert und war für ausreichend geschult in den Mysterien und so rein in ihren Absichten befunden worden, dass ihnen eine solch gewaltige Verantwortung übertragen werden konnte.

Jede von ihnen wurde mit der Mission betraut, heimlich einen der Schädel in eine vorher ausgewählte Region der Erde zu bringen, von wo aus das Wissen dann eines Tages wiedergeboren werden konnte. Dies war der erste Exodus der Atlanter des dritten Zyklus, und er war, was die Verbreitung der atlantischen Weisheit anging, einflussreicher als jede nachfolgende Migrationswelle.

Der Tempel der Nephthys blieb im Untergrund von Atlán verborgen, trotz der Versuche späterer Priestergenerationen, die mythische Stätte wiederzufinden. Er blieb ein Vortex von solcher Macht und Kraft, dass der ätherische Abdruck des Komitees Tausende von Erdenjahren lang ein Portal offen hielt – ein galaktisches Energiezentrum, das später von verschiedenen Formen außerplanetarischen Bewusstseins als Eintrittspunkt in das Feld der Erde genutzt wurde. Leider waren nicht alle, die über diesen Vortex zum Planeten Erde gelangten, notwendigerweise Lichtwesen. Vergesst nie, dass auf vielen Ebenen gegensätzliche Kräfte existieren, in unterschiedlichen Intensitätsgraden.

Obwohl der Tempel der Nephthys weit hinab in die Tiefen eurer Welt gezogen wurde, ist seine kristalline Form unter dem sandigen Meeresboden des Atlantischen Ozeans bis heute intakt. Er bleibt einer der mächtigsten Vortexpunkte auf eurem Planeten, und seit unzähligen Jahrzehnten verschwinden dort Schiffe und Flugzeuge buchstäblich im Nebel. Diese mysteriösen Ereignisse finden eindeutig statt, denn es existieren zahlreiche und sehr detaillierte offizielle Berichte über das Verschwinden von militärischer Ausrüstung, Seeschiffen und ganzen Besatzungen. Sie verschwanden von einer Sekunde zur anderen von den Radarschirmen: eine wissenschaftliche »Unmöglichkeit«.

Ironisch, nicht wahr? Während eure mechanische, logische Welt sich weigert, die Behauptungen der spirituell Denkenden über das Phänomen der Dematerialisierung zu akzeptieren, und alle Beweise für solche Erfahrungen als Lügen und Falschmeldungen diffamiert, bestätigen eure Radargeräte eindeutig, dass sich ganze Flugzeuge und große Schiffe »einfach in Luft auflösen« und in der Vortex-Zone innerhalb von Sekunden spurlos von der Meeresoberfläche oder aus dem Luftraum verschwinden. Wenn das sogar mit riesigen Schiffen geschehen kann, sollte es auch nicht so furchtbar schwerfallen, das Auftauchen und Verschwinden von extradimensionalen Kristallschädeln in der dreidimensionalen Realität als vorstellbar und »plausibel« einzustufen.

Wir möchten noch einmal betonen, dass, obwohl die dreizehn Kristallschädel aus dem Amethyst-Tempel der Nephthys entfernt wurden, dieser immer noch in Betrieb ist. Das, was in den Energiefeldern der heiligen Grotte eingeprägt wurde, hat eine Art multidimensionalen Tunnel geschaffen, in dem Materie in parallele Realitäten entweicht, so wie andere Bewusstseinsformen in 3D kristallisieren, und der Tempel wird zum Zeitpunkt eures Aufstiegs in die vierte Dimension wieder auftauchen. Viele Veränderungen an der Erdoberfläche werden sich von jetzt an bis zum dimensionalen Aufstieg des Planeten ereignen. Das ist euch bereits bewusst, da immer stärkere Erdbeben eure Länder erschüttern und umformen und die Vulkane sich ausdehnen und die Landschaft verändern. Vieles aus dem Untergrund wird an die Oberfläche gelangen, während andere Gebiete in die Tiefe sinken werden, und das ist repräsentativ für Gaias sich wandelndes Bewusstsein und ihre emotionalen Anpassungen … Sie lässt ihre bisherige Gestalt hinter sich, während sie sich darauf vorbereitet, in den Lichtkörper aufzusteigen.

Was das Schicksal der Schädel betrifft, so wurde der Meister als zu mächtig für menschliche Hände erachtet. Er wurde dematerialisiert und zur sicheren Aufbewahrung in die sechste Dimension gebracht, bis zu einer Zeit, in der das Komitee wieder auf der Erde vereint sein wird, um dem großen Werk zu dienen, das uns damals als zukünftiges Potenzial für die Menschheit offenbart wurde. Es wurde vorausgesehen, dass die Hüter der Kristalle zurückkehren, sich einander offenbaren und miteinander vereinen, um das Fenster zum Kosmos wieder zu öffnen, zur Unterweisung und Vorbereitung derer, die mit Gaia in die vierte Dimension aufsteigen werden.

Dabei handelt es sich um sehr alte Seelen … um die einstigen Hüter, die sich jetzt wieder mitten unter euch inkarniert haben … Sie sind mit einer heiligen Aufgabe zu euch gekommen: Sie sollen die Dreizehn wieder vereinen, damit die Lichtkräfte Gaias die galaktische Computerstation wieder einsetzen können – für den Aufstieg der Erde in die nächste Dimension. Das wurde erst möglich, nachdem eure männlich geprägte Zivilisation ihren Zenit überschritten hatte und nach einer dunklen Phase der Selbstzerstörung wieder in Resonanz mit der Yin-Schwingung ging.

Manche sagen, dies sei in 2012 bereits geschehen. Das Zurückschwingen des Pendels setzte jedenfalls mit dem Beginn des Wassermannzeitalters ein.

> ⁘ <

Den Höhepunkt der manipulativen Machenschaften, die eure Selbstzerstörung einleiteten, erreichtet ihr Mitte des vorigen Jahrhunderts mit den Atombombenexplosionen im Lande Nippon. Diese Explosion schickte einen Schauder durch den Körper von *Alles Was Ist*, und alle bewussten Wesen des Universums, die diese intensive Schwingung spürten, erkannten, dass Gaia, der Garten Eden, nie wieder derselbe sein würde.

Mit diesem unverantwortlichen Akt verloren die Regierungen der Erde vollständig ihren Fokus. Die aggressive Kraft wurde euch wie ein falscher Gott auferlegt, der euch als der einzige Weg verkauft wurde, eure Nationen zu verteidigen und zu ehren – und euch vor den »Anderen« zu schützen. Ihr, die Menschheit, tratet ein in die Phase des Zusammenbruchs eurer Überzeugungen, eurer Schöpfungen und eurer utopischen Träume. Das Massenbewusstsein kümmerte sich nicht länger um die Tiere, die Meere und das Behüten des Gartens. Ihr verlort euren Kontakt zur Geistigen Welt. Noch nicht einmal in Atlantis, selbst in den düstersten Tagen seiner letzten Generation, erreichte die Menschheit einen solchen Zustand der totalen Entfremdung wie nach den Atombombenabwürfen auf Japan und während der darauf folgenden Zeit des Kalten Krieges.

Wir jenseits eurer Welt – wir, die wir die Ereignisse im Kosmos beobachten – erschauderten, weil wir wussten, was folgen würde.

Diese abscheuliche Aktion gegen die Lebendige Erde, die Detonation einer solch kolossalen, zerstörerischen Kraft, wurde der Menschheit als Abschreckung gegen das Böse präsentiert … aber das war reine Tarnung, und außerdem war es ein **Overkill** in jeglichem Sinne des Wortes. Eine ganz andere Wahrheit stand hinter dieser monumentalen Explosion – sie war als eine Botschaft an die Welt gedacht, eine Botschaft von jenem Führungsgremium, das wir als »Geheimregierung« bezeichnen. Sie ließen euch unmissverständlich wissen, dass sie von diesem Zeitpunkt an die absolute Macht über euch hatten und haben und dass sie nach Belieben alles Leben auf eurem Planeten vernichten können. Vergesst nie, dass die Führer der politischen Allianz, die immer noch den Titel »Vereinte Nationen für den Frieden« für sich reklamiert, diejenigen waren, die jene Massenvernichtungswaffen abwarfen. Dieser Akt respektloser Allmacht wurde unter dem Deckmantel begangen, angeblich »Frieden schaffen« zu wollen, aber tatsächlich wurdet ihr damit einer neuen Macht unterworfen, die für alle Zeiten über die Erde herrschen sollte.

Die Atombombenabwürfe verursachten den Druck, mit dem es der Machtelite gelang, euch in die Trennung zu treiben und eine fundamentale Glaubensstruktur zu schaffen, bei der ihr von eurer Rechtschaffenheit als Nationen (und folgerichtig auch als Individuen) überzeugt sein würdet, völlig darauf ausgerichtet, euer Überleben zu sichern … was dann zur Rechtfertigung jedweder Gewalt gegen den »Feind« diente. Damit hatte die Elite das Muster für die Zukunft der Erde festgelegt – Herrschaft durch Gewalt. Und ihr spürtet, dass euer Leben von diesem Moment an für immer zerbrechlich und bedroht geworden war.

Es sollte euch nicht überraschen, dass auf diesen Akt eine Zeit unsäglicher Gewalt und Wut folgte, eine Heimsuchung, die euch um die Zukunft des ganzen Planeten Erde fürchten lässt. In den letzten fünfzig Jahren habt ihr den Zusammenbruch eurer Zivilisation miterlebt, ihrer Ethik, ihres Geistes, ihrer Werte – und die enormen Zerstörungen, die dadurch verursacht wurden. Aber das ist einfach ein Teil der Kurve, die zum Erwachen der nährenden weiblichen Kraft führt – eures Yin-Selbst. Ihr lasst jetzt den Schmerz und die Tragödie menschlicher Gewalt und der Zerstörung der Ökosysteme hinter euch und öffnet euch dafür, Heilung zu finden in der Umarmung der Großen Mutter.

Ihr habt den Punkt erreicht, an dem die zerstörerischen Kräfte neutralisiert werden können, und das Licht der Morgendämmerung erweckt euch aus eurem sorgenvollen Schlaf. Sehr bald schon werdet ihr euch als »Bewusstseinskörper Gaias« so weit entwickelt haben, dass die Dreizehn wieder erscheinen können und das Fenster geöffnet wird. Wir sind uns bewusst, dass in jüngster Zeit viele von Menschenhand geschaffene Kristallschädel entdeckt werden, die an wichtigen Stätten im Land der Maya ausgegraben wurden. Sie sind mächtig, und die Aufzeichnungen ihrer alten Hüter sind in ihnen gespeichert. Aber von den Kristallschädeln, die heute bei euch öffentlich bekannt sind, gehören nur drei zu den Dreizehn, mit denen einst im Tempel der Nephthys das kosmische Portal geöffnet wurde.

Von denen, die erst noch wieder aus dem Verborgenen ans Licht gebracht werden müssen, befindet sich einer in der Obhut der Tibetischen Ältesten; andere werden von Hütern in ausgewählten indigenen Stämmen der beiden Amerikas bewacht; einer liegt unter dem Meer begraben; ein weiterer unter dem Sand der Sahara; andere sind in völlige Geheimhaltung gehüllt oder noch tief in der Kühle der Erde vergraben. Dies ist so, wie es sein sollte. Die Zeit ist fast gekommen, wenn alle erscheinen und das Schädelkomitee wieder vereint wird. Der Meister wird sich bei der Wiedervereinigung, die im Land der Maya stattfinden soll, noch einmal materialisieren. Das wird unter der Leitung der Maya-Lehrer eurer Zeit geschehen, denn ihnen ist dabei eine Schlüsselrolle zugedacht.

Wichtig ist, dass die Schädel zur festgesetzten Stunde in ihren resonanten Schwingungsfeldern zusammengebracht werden. Dies wurde bereits arrangiert. Es wurde in die Schädel einprogrammiert, und wir arbeiten jetzt schon seit geraumer Zeit daran, das Treffen der Schädel-Hüter zu ermöglichen, wie es zu Beginn des dritten Zyklus von Atlantis bestimmt wurde.

Es mag euch unglaublich fantastisch vorkommen – ein Kollektiv von dreizehn Kristallschädeln, das den Yzhnüni-Sehern in Atlantis das Tor zum Kosmos öffnete – oder noch unwahrscheinlicher, dass ihr kurz davor steht, die Öffnung dieses Portals erneut zu erleben. Aber andererseits ... Ist das denn so viel abwegiger als, sagen wir, die expansive galaktische Vision, die euch das NASA-Raumfahrtzentrum bietet? Das fragen wir euch. Angenommen, einer eurer Zeitgenossen hat sein ganzes bisheriges Leben tief im brasilianischen Dschungel oder an einem abgelegenen Wüstenort in der Sahara verbracht – wäre für einen solchen Menschen der Anblick eines komplexen Computersystems des einundzwanzigsten Jahrhunderts nicht noch unglaublicher, als es die Vorstellung von Kristallschädeln, mit denen man hinaus ins Universum schauen kann, für euch ist?

Verfolgt eure Schritte zurück. Überall werdet ihr Hinweise auf die Schädel finden, denn wir haben mit großer Sorgfalt diese Zeichen für euch hinterlassen. Betrachtet den aztekischen Steinkalender, das Erbe jener Hüter des Wissens aus früherer Zeit, die den Völkern der Olmeken und Maya angehörten. In der Mitte der kreisförmigen Zeitkarte ließen die Hüter die Darstellung eines

Schädels einmeißeln und bewiesen damit ihren Scharfsinn und ihre Weisheit, denn sie waren sich der zyklischen Natur der Zeit in eurer Dimension ebenso bewusst wie der Nicht-Zeit, die jenseits davon liegt. Sie, die Hüter der drei Schädel des Komitees, waren in der Lage, in die »Zukunft« und in die »Vergangenheit« zu blicken. Sie hatten erkannt, dass eure Solare Gottheit sich aus der Zeit herausbewegen würde, über das hinaus, was sie als die fünfte und letzte Sonne verstanden.

Das Schädelbild in der Mitte des Kalenders stand für die Erkenntnis der Maya, dass das Ende der Zeit Gaias Übergang in die Nicht-Zeit/All-Zeit des multidimensionalen Bewusstseins und ein Ende der immerwährenden Wiedergeburt der Erde im Reich der Materie ankündigen sollte. Es war eine Prophezeiung der Hoffnung, nicht des Untergangs, die Vision eines Neuanfangs für eine Welt, wenn deren bisherige Seinsweise sich dem Ende zuneigte – oder, besser gesagt, wenn sich die bisher auf dieser Welt übliche Art der Wahrnehmung dem Ende zu neigte. Das Ende der Zeit.

Wie könnte man die »zukünftigen« Ereignisse des Aufstiegs eurer Sonne aus den dreidimensionalen Beschränkungen eurer Realität besser versinnbildlichen als durch die Platzierung eines solchen Schädels, des kosmischen Computers der Nicht-Zeit, im absoluten Zentrum der Kalenderaufzeichnung? Wie der große Vortex, auf dessen Zentrum ihr euch jetzt zubewegt, um von dort in die vierte Dimension aufzusteigen, repräsentiert der Schädel im Zentrum des Maya-Kalenders die Öffnung des irdischen Bewusstseins für die höheren Zustände zeitloser Bewusstheit und grenzenloser Erfahrung. Darüber hinaus sollte das zentrale Schädelrelief einen Punkt vorhersagen, an dem, wenn die Zählung der Zeit endet (jener Zeit, wie ihr sie in der 3D-Realtät kennt), der Meisterschädel zurückgebracht wird, um das Komitee zu aktivieren.

Schädeldarstellungen gibt es in vielen Tempelanlagen, vor allem in Tibet, Peru, dem Land der Maya und anderen günstig gelegenen Gebieten. Atlanter des dritten Zyklus, die den Priesterinnen auf ihren Reisen in ferne Länder folgten, kamen dorthin und gaben das alte Wissen an die nachfolgenden Generationen weiter. Das war kein schwieriges Unterfangen, wenn man bedenkt, dass sich der Kontinent Atlantis von Island im Norden bis hinunter zu der Landmasse, die ihr als Südamerika kennt, erstreckte. Die Migration vom großen Kontinent war absolut leicht und natürlich, fast so, als würde man über rundgeschliffene Steine in einem Flussbett springen, um ans andere Ufer zu gelangen.

So verbreitete sich die Weisheit und die Legende des Schädelkomitees auf eurem ganzen Globus, denn die Yzhnüni gaben auf diese Weise das Erbe des Schädelkomitees an die vielen Zivilisationen weiter, die auf jene von der Dunklen Atlantischen Priesterschaft heraufbeschworene Katastrophe folgten. So wurde das Wissen bewahrt, dass das Licht in eure Welt zurückkehren und der Beginn des planetarischen Aufstiegs in der linearen Zeit sichtbar werden würde. Die Eingeborenen waren die Hüter, sie bewahrten das alte Wissen. Das war die ihnen anvertraute Aufgabe.

Die Machtelite eurer Zeit ist sich der Kristallschädel vage bewusst, steht ihnen aber sehr fern. Diese Leute können sich die gewaltige Kraft und Reichweite des Komitees nicht vorstellen, weil in der schmalen Bandbreite emotionaler und mentaler Körperfrequenzen, in der sie selbst agieren, einfach keine Resonanz zu den Schädeln möglich ist. Nichtsdestoweniger versuchen sie seit Langem, jegliche Ahnenerinnerung an das Schädelkomitee zu sabotieren, indem sie die Vorstellung von den Kristallschädeln in eurem Bewusstsein verzerren und Assoziationen schaffen, die in euch Angst auslösen: Bilder von Piratenflaggen, giftigen Gebräuen, tödlichen Flüchen und Halloween-Grusel. Diese Assoziationen mit dem Schädelbildnis wurden absichtlich für euch erschaffen, weil die Mächtigen nicht wollten, dass ihr euch die Erinnerungen an das Schädelkomitee zurückholt. Sie wurden gewarnt, dass die Wiedervereinigung der Kristallschädel der Menschheit erneut

Zugang zu den höheren Dimensionen verschaffen würde. Und sie wussten außerdem, dass die Programmierung der Schädel der Machtelite den Zugriff auf das Komitee verwehrte. Sie wussten, dass jeder Versuch sinnlos war, also machten sie sich gar nicht erst die Mühe, die Hüter zu verfolgen oder euch das zu stehlen, was ihnen niemals gehören kann.

Vollkommen davon überzeugt, die absoluten Meister der technologischen Weltbeherrschung zu sein, können sie sich nicht wirklich eine Quelle vorstellen, die ihren eigenen Ressourcen überlegen ist. Sie sind zweifelsohne in einige höchst beeindruckende Technologien eingeweiht, von denen sich erst sehr wenig in eurer Gesellschaft öffentlich manifestiert hat. Das meiste ist nach wie vor streng geheim und wird euch vorenthalten, da sie es ausschließlich für ihre verdeckten Aktivitäten auf der Erde und im Weltraum und zum eigenen Vorteil nutzen, und weil es dazu dient, euch zu überwachen. Das lieben sie. Sie lieben es, das Gefühl zu haben, ihr, die gesamte Menschheit, wäret ihre Untertanen und ihre überlegene Technologie würde es ihnen auch weiterhin ermöglichen, euch zu unterjochen. Erst seit ganz kurzer Zeit wird diese Überheblichkeit zu Fall gebracht.

Wie gefällt euch die Aussicht, dass euch möglicherweise schon bald ein Fenster in die Nicht-Zeit zurückgegeben wird? Gewiss will die Geheimregierung nicht, dass ihr in die Lage versetzt werdet, tatsächlich »beobachten« zu können, was sie nur in die Zukunft projizieren können. Warum, könntet ihr euch fragen, sind sie dann so wenige an den Schädeln interessiert?

Nun, ihr müsst wissen, dass die Regierungsphilosophie der Anunnaki schon immer auf einem dreiteiligen Prinzip beruhte: der Manipulation eurer Gedanken, der Stimulierung eures Ego-Selbst und dem Ausschalten eures Herzzentrums. Wenn die Propaganda wirkt, und ihr glaubt, Schädel wären Symbole des Bösen und des Todes, werdet ihr euch einfach von ihnen fernhalten, und die Machtelite glaubt, das wäre bis heute wirksam genug, um euch abzulenken. Sie sind so sehr davon überzeugt, euch überlegen zu sein, und so sehr in ihr eigenes Tun vertieft, dass sie gar nicht wirklich auf die Idee kommen, ihr könntet die Dreizehn rechtzeitig für Gaias Aufstieg wieder vereinen. Diese Möglichkeit ziehen sie gar nicht in Betracht, weil sie denken, sie hätten euch völlig unterworfen und ihr wäret ihnen machtlos ausgeliefert. Und so glauben sie, die Vision von der Wiedervereinigung des Schädelkomitees wäre bloß das abergläubische Wunschdenken einiger primitiver Eingeborener. Aber in Wahrheit ist sie das Tor zu eurer Befreiung.

Indem sie den indigenen Völkern ihr Land wegnahmen und sie in Siedlungen, Baracken und Reservate umsiedelten, wollten sie gezielt das Bewusstsein von Ort und Sein brechen, das die Frequenz an den heiligen Stätten aufrechterhält. Sie glauben, sie hätten euch dadurch vollständig entwaffnet, dass sie den Hütern der Frequenzen ihr heiliges Land wegnahmen und sie entwurzelten und zudem die Hüter der Kristalle dazu zwangen, sich vor der Welt zu verbergen. Und doch, trotz der Bemühungen der Mächtigen, die Stimmen der indigenen Völker eurer Welt zum Schweigen zu bringen, treten diese jetzt offen in Erscheinung, um euch in die Neue Welt zu führen. Die indigenen Kulturen haben ihr Wissen über die Fünfte Sonne lebendig gehalten und sprechen nun immer deutlicher und offener zu euch, da ihr euch inzwischen selbst genug geöffnet habt, um ihre Botschaft zu hören.

Es gibt einen weiteren Aspekt, der eure Aufmerksamkeit erfordert. Gegenwärtig sucht die Machtelite verzweifelt nach einem Ausweg aus der Misere, die sie selbst verursacht hat. Und die Anunnaki irren weit draußen durch die galaktische Nacht und finden in dieser Zeit des Aufstiegs eures Planeten keinen Weg mehr zurück zur Erde. Die Machtelite und ihre Anunnaki-Herrscher werden daher für jede Einsicht, jede Erkenntnis dankbar sein, die ihr durch das Öffnen eines Portals erlangt. An dem Punkt, an dem für sie das Spiel verloren scheint und ihnen klar wird, dass, wegen des Aufstiegs des gesamten, komplexen Erdkörpers in die nächste Dimension, ihre Herrschaft über euch enden wird, sind für sie sicherlich alle zusätzlichen Visionen und Erkenntnisse von großem Interesse, die euch aus höheren Quellen zufließen. Die Beteiligung der Anunnaki und ihrer Diener auf Erden ist somit eine passive. Sie beobachten euch und warten, während sich die Ergebnisse ihrer verheerenden Pläne entfalten, auf die Ergebnisse eurer Lichtarbeit – in der Überzeugung, dass ihr schon irgendwie Zugang zur göttlichen Quelle finden werdet und dass sie euch dieses Wissen dann für ihre eigenen Bedürfnisse und Absichten stehlen können.

Das soll euch nicht kümmern. Ihre Taten sind Ausdruck ihrer Verzweiflung, während eure aus Liebe geschehen und weil ihr die Schönheit der Schöpfung feiern möchtet.

So wie der Kontrollturm von Cape Canaveral hinaus ins materielle Universum blickt, wird, wie damals in Atlantis, das Schädelkomitee euch, den Lichtwesen Gaias, den Blick in die kosmische Dimension der Nicht-Zeit ermöglichen. Das wird euch helfen, Licht in eine Zeit zu bringen, in der ein großer Teil der Menschheit von Wellen der Angst geradezu überflutet wird, weil alle Menschen nun immer stärker den Sog spüren, der mit dem Hinausgleiten eurer Welt aus der dritten Dimension einhergeht.

Es ist eure Aufgabe, bei Gaias Reise in die nächste Dimension den Kurs zu bestimmen und sie sicher durch den Vortex zu steuern, indem ihr das Bewusstsein im Liebeszentrum haltet. Ihr müsst von allen miasmatischen Mustern gereinigt werden, die aus der Zeit der Invasion der Anunnaki und der Durchführung des Großen Experiments noch in eurem kollektiven Gedächtnis gespeichert sind.

Die Hüter der Kristallschädel warten auf ein bestimmtes Zeichen. Es ist ein von ihnen bewahrtes Geheimnis, das von den ersten Hütern der Kristalle geschaut und an ihre Nachfolger weitergegeben wurde. Die himmlischen Ereignisse führen bereits eine Art Tanz auf, aus dem ihr die nächsten Schritte ablesen könnt. Die totale Sonnenfinsternis am Ende des vorigen Jahrtausends markierte den Beginn eurer Reise in den Vortex und diente dazu, eure Aufmerksamkeit nach oben zu lenken und gleichzeitig auf die Veränderungen, die sich im makrokosmischen Bereich ereignen. Die harmonische Stellung von neun Himmelskörpern eurer

Sonnengottheit zu Beginn des neuen Jahrtausends markierte ein weiteres vorbereitendes Ereignis, denn es war wie eine Generalprobe dessen, was zum Zeitpunkt des eigentlichen Übergangs erforderlich sein wird.

Es wird am Himmel ein deutliches und unmissverständliches Zeichen geben, wenn alles in die letzten Stadien übergeht. Dieses Zeichen wird die Form eines Sonneneruption annehmen. Es wird aussehen, als stünde der ganze Himmel in Flammen. Die Hüter der Kristallschädel werden es als Vision durch das Dritte Auge wahrnehmen, und bald darauf werden die ersten Entdeckungen folgen.

Das Verborgene wird wieder hervortreten. Die Vorbereitungen für die große Wiedervereinigung sind bereits in vollem Gange.

Ihr werdet von der Familie des Lichts geführt.

6

GEDANKEN-WELLEN UND DAS KOLLEKTIVE BEWUSSTSEIN

Es ist unerlässlich, dass wir die von uns verwendeten Begriffe klar definieren. Nur dann können wir euch verdeutlichen, wie durch verschiedene von innen und von außen auf euch einwirkende Mechanismen Gedanken hervorgerufen, stimuliert und manipuliert werden können. Der fundamentale Prozess des geistigen Austauschs – das Senden und Empfangen von Gedankenwellen – bildet die Grundlage, die es euch ermöglicht, das atlantische Paradigma zu verstehen. Deshalb war es für euch nie wichtiger, über diese Aspekte des menschlichen Bewusstseins Bescheid zu wissen, als jetzt, während eures Aufstiegs.

Das Universum Gottes ist eine blühende, pulsierende Gesamtheit des Bewusstseins, und alle seine Elemente sind lebendig und wandeln sich ständig in neue Seinszustände um. Im kosmischen Körper von *Alles Was Ist* gibt es nichts Totes oder Statisches. Es existiert einfach eine unendliche Bandbreite von Schwingungen, zu der jeder Aspekt, von der Unermesslichkeit einer Galaxis bis zum unvorstellbar winzigen subatomaren Teilchen, in Resonanz steht. Der Kosmos der Seele ist reine Energie, ein elektromagnetisches Lebewesen aus hin und her fließenden, sich gegenseitig durchdringenden Wellen, die ihrer Natur nach die duale Persönlichkeit des Urschöpfers widerspiegeln: die elektrische, sich nach außen bewegende Yang-Kraft und die magnetische, empfängliche Yin-Schwingung. Die Dynamik dieser interagierenden Energien, die Yin/Yang-Beziehung, ist die Natur aller Dinge – auf allen Ebenen der Existenz. Es ist Zeugung, Auflösung, Schwingung, Harmonie und Kontrast; es ist die Struktur aller Frequenzen des Universums.

Diese elektromagnetische Energie, die bewusste Manifestation von *Alles Was Ist*, bewegt sich in Wellen, die sowohl elektrische als auch magnetische Eigenschaften sowie Wellenberge und Wellentäler unterschiedlicher Breite, Geschwindigkeit und Tonhöhe aufweisen. Und diese Aspekte sind im Rahmen eurer irdischen Maßstäbe (also innerhalb des begrenzten 3D-Spektrums) messbar.

In euren Begriffen beschreibt die **Wellenlänge** den Abstand zwischen den Wellen. Die **Frequenz** gibt die Anzahl der Wellen an, die in einem Zeitrahmen von sechzig Sekunden auftreten, und kann als Zyklus oder Impuls des Wellenmusters beschrieben werden. Die Maßeinheit dafür nennt ihr in eurer bestehenden Terminologie Hertz. Variationen dieser beiden Aspekte erzeugen die riesige Bandbreite an elektromagnetischen Wellen, die das Universum erfüllen: von langsam oszillierenden Radiowellen bis hin zur schnell schwingenden kosmischen Strahlung am oberen Ende des für euch messbaren Spektrums und jenseits davon. Das All ist unendlich, und innerhalb des Gottselbst gibt es unermesslich viele Frequenzen, die letztlich jede Definition übersteigen.

Das menschliche Gehirn arbeitet in einem bestimmten Bereich elektromagnetischer Frequenzen, die wir als »Gedankenwellen« beschreiben würden, während eure Wissenschaftler den Begriff »Gehirnwellen« bevorzugen. Obwohl ironischerweise chemische Analysen und die Aufzeichnung der Gehirnwellenaktivität die Grundlage eurer medizinischen Forschungen über die Funktionsweise des menschlichen Geistes bilden, leugnet euer Mainstream immer noch die Existenz telepathischer Kommunikation und tut diese ganz grundlegende Anwendung der Resonanzwellenfrequenzen als metaphysischen Hokuspokus ab – zumindest öffentlich. Insgeheim haben die Regierungen und die Machtelite im Hintergrund viel Geld und Mühe in die Erforschung der telepathischen Kommunikation, der Gedankenkontrolle und des Remote Viewing (»Fernwahrnehmung«) investiert und hochrangige Militärs und Geheimdienstler in der praktischen Anwendung dieser Methoden geschult. Diese drei Techniken beruhen auf der Verlinkung der eigenen Gehirnwellen mit denen anderer Menschen. Dies ist heute wieder ebenso sehr Teil eurer Realität wie damals in den dunklen späten Tagen von Atlantis.

Wir bleiben beim einfachen Konzept der Messung der Gehirnwellenaktivität und wiederholen, dass Telepathie eine Gabe ist, die ihr alle mehr oder weniger auf einer bestimmten Ebene genießt und nutzt. Es ist höchste Zeit, dass die Menschheit diese angeborenen Fähigkeiten als Teil der Grundausrüstung eines jeden Mitglieds eurer Spezies anerkennt, denn es ist nichts Übernatürliches daran, dass Gedanken den Raum zwischen euch durchqueren. Ihr fangt einfach die Welle auf und reitet sie. Ähnlich wie ihr am Knopf eures Radios dreht, um den Sender zu wechseln und einen klaren, rauschfreien Empfang zu erhalten, könnt ihr einander telepathisch erreichen, indem ihr die »Sendestation« einer anderen Person findet und euch auf ihre Frequenz einstellt. Einige sind darin geschickter als andere. Einige trainieren diese Fähigkeit und arbeiten daran, sie weiterzuentwickeln, aber alle bewussten Wesen, alle Einheiten von *Alles Was Ist*, verfügen über die Fähigkeit, Gedankenwellen durch den Äther zu senden und zu empfangen.

Ihr tut das die ganze Zeit über und kommuniziert so auf vielen Ebenen.

Nach der Synchronisation der hyperdimensionalen Spirale auf die sirianischen Frequenzen wurde unser Instrument so eingestellt, dass es als Empfänger für sechsdimensionale Sender funktioniert, und auch das ist eine einfache Demonstration der Art und Weise, wie das Bewusstsein das kosmische Meer durchquert. Indem wir Resonanz herstellen, kommunizieren wir ... So schlicht und einfach funktioniert das. Die interdimensionale Einstimmung ist in mancher Hinsicht etwas komplizierter als die Verbindung mit denjenigen, die sich im selben Frequenzbereich befinden. Teilweise ist es aber auch viel einfacher. Die »Übertragungen« sind um vier Uhr morgens besonders klar, in der violetten Stunde Gaias, wenn die geringste elektromagnetische Interferenz besteht und Trydjya am empfänglichsten ist. Aus diesem Grund wecken wir sie um diese Uhrzeit auf, aber je mehr ihre Fähigkeit der telepathischen Kommunikation wächst, desto länger wird die tägliche Zeitspanne, während der eine klare Übermittlung möglich ist. Es ist eine Frage von Frequenz und Resonanz, auf rein wissenschaftlicher Basis. In sirianischen Begriffen würden wir unsere Verbindung zu ihr als »kosmometrisch proportional« bezeichnen.

Wichtig ist hier die Erkenntnis, dass sich bewegende Energie keinen Begrenzungen oder Einschränkungen unterliegt. Im Grunde genommen ist alles, was ein Individuum tun muss, um eine telepathische Botschaft zu empfangen oder zu senden, die Herstellung von Resonanz mit einer anderen Bewusstseinsform.

Ihr solltet nicht erwarten, Botschaften zu »hören« – weder bei der telepathischen Kommunikation mit anderen Menschen, noch wenn es sich um Kommunikationen mit Wesen in anderen Dimensionen handelt. Dennoch führen Regierungen seit vielen Jahrzehnten Experimente auf diesem Gebiet durch und entwickeln ausgeklügelte und ziemlich teuflische Anwendungen ihres erworbenen Wissens. Sie setzen die Technologie zur Kontrolle und Manipulation derjenigen ein, über die sie herrschen wollen.

Es würde euch überraschen, wie viele der als »Psychopathen« eingestuften Insassen eurer psychiatrischen Anstalten lediglich die Gedanken von telepathischen Sendern hören, die aus verschiedenen Bewusstseinsebenen manipulative Botschaften übertragen. Eine beträchtliche Anzahl dieser Psychiatriepatienten sind Opfer eurer Regierungen, die geheime Experimente auf dem Gebiet der mentalen Manipulation durchführen.

> ·:· <

Es ist wichtig, dass ihr versteht, wie das Gehirn Informationen sendet und empfängt. Dann bekommt ihr eine Vorstellung davon, wie ihr selbst mit euren Gedanken zum Ganzen beitragt und die zwischenmenschlichen und globalen Schwingungen beeinflusst und wie andere zu euren individuellen Schwingungen beitragen. Ebenso ist es extrem wichtig, dass ihr erkennt, wie eine große Anzahl von Menschen auf eurem Planeten durch unterschwellige, unbewusste telepathische Beeinflussung von denjenigen mitgerissen und manipuliert werden kann, die auf euren Gedankenwellen surfen und mit euch in Resonanz gehen. Deshalb halten wir es für notwendig, euch an dieser Stelle einmal grundlegend die Funktionsweise des Bewusstseins zu erklären, denn es ist euer Bewusstsein, mit dem wir uns hier in dieser schriftlichen Manifestation interdimensionaler Gedankenübertragung verbinden, wie sie von unserem Channelmedium Trydjya interpretiert, entschlüsselt und aufgezeichnet wurde.

Ihr, die Leser, seid eigentlich nicht weniger mit uns verbunden als sie. Zwischen uns fließt und pulsiert alles. Während ihr den Worten erlaubt, in euren Geist einzudringen, reagiert ihr auf vielen Ebenen und erlebt chemische Reaktionen in euren neuronalen Netzwerken.

Die Gehirnwellenfrequenzen lassen sich, was die jeweils vorherrschende mentale Aktivität angeht, in vier grundlegende Kategorien unterteilen:

Betawellen	(13-35 Impulse pro Sekunde)
Alphawellen	(8-12 Impulse pro Sekunde)
Thetawellen	(4-7 Impulse pro Sekunde)
Deltawellen	(0,5-3 Impulse pro Sekunde)

Eure Wissenschaft hat festgestellt, dass Betawellen registriert werden, wenn ein Mensch sich in einem bewussten, aktiven und aufmerksamen Bewusstseinszustand befindet. Angst- und Erregungszustände bewirken, dass das Gehirn Frequenzen am oberen Ende dieses Bereichs emittiert: Dabei handelt es sich um kürzere, schnellere Wellenfrequenzen. Das, was ihr als »Alphawellen« bezeichnet, sind Frequenzen des menschlichen Gehirns in Zuständen der Ruhe und Entspannung, in dem Modus, den wir den »empfänglichen Geist« nennen. Wenn ihr euren Geist noch weiter beruhigt, schwingt ihr im Theta-Bereich, in dem übersinnliche Visionen, Erinnerungen an vergangene Leben, Träume und astrale Visionen erlebt werden. Die langen, langsamen Deltawellen schließlich werden im Tiefschlaf aufgezeichnet, wenn **scheinbar** nur sehr wenig Gehirnaktivität stattfindet.

Das Studium der menschlichen Steuerelektronik – eures neuronalen Netzes – beinhaltet das Wissen darüber, wie diese unterschiedlichen Frequenzen auf die Neurochemikalien in eurem Körper einwirken und wie letztere dann Aktivitäten im Gehirn auslösen, die sich als mentale, emotionale und körperliche Reaktionen manifestieren. Wenn ihr bedenkt, was wir euch über Resonanz und das Zusammenspiel von Gedanken-, Klang- und Lichtwellen erzählt haben, ist es dann so schwer, sich vorzustellen, dass man die Wellenfrequenzen eines anderen Menschen von außen beeinflussen kann, um seinen mentalen, emotionalen oder physischen Seinszustand absichtlich zu verändern?

Diese Form der Beeinflussung des menschlichen Bewusstseins wird ständig eingesetzt, und zwar sowohl für dunkle wie für helle Absichten. Wenn ihr in einer Gruppe gemeinsam in tiefe Meditation geht, angeleitet von jemandem, dessen leuchtende, liebevolle Anwesenheit unter euch dazu dient, eure Alpha- oder Theta-Wellenfrequenz zu aktivieren, kann die gesamte Gruppe auf diesen Geisteszustand eingestimmt werden, indem sie mit dieser Schwingung in Resonanz geht. Vereinfacht ausgedrückt, fungiert die Person, die eine solche Meditation leitet, als eine Art mentales Metronom und etabliert die Frequenz, auf die sich die anderen dann einstimmen. Es ist nicht schwer zu verstehen, dass ihr euch bei solch angenehmen Kommunikationen mit den Mitgliedern der Gruppe verbunden und in Harmonie fühlt, denn ihr erreicht euch gegenseitig auf derselben Frequenz und in euch allen treten ähnliche neurochemische Reaktionen auf. Wenn es die Absicht der Gruppe ist, das Licht der Liebe, das in euch allen wohnt, nach außen auszustrahlen, werden alle das Wunder dieser Emanation spüren, die zwischen euch pulsiert … auf derselben Frequenz. Ihr erlebt die Wellen des Gotteslichtes, die zwischen euch hin und her und hinaus ins All fließen – das Einssein.

Ihr könnt euch sicher vorstellen, dass eine größere Anzahl Menschen beeinflusst werden kann, wenn genug Lichtarbeiter beten und zusammenarbeiten, um die Schwingung in ihrem größeren Umfeld zu erhöhen. Die Wellen aus Licht und Liebe, die von dieser Gruppe ausgehen, werden zu Leuchtfeuern für andere, die sich durch die Dunkelheit der eigenen Angst, Furcht und Disharmonie kämpfen. Wenn sich genug von euch im Licht vereinen, wird die Kraft eurer Gedanken mit Gaias eigenen elektromagnetischen Frequenzen in Resonanz gehen, denn auch sie strahlt Bewusstsein aus, in wogenden Wellen reiner Energie. Der Körper eurer Solaren Gottheit sendet den gaianischen Impuls hinaus in die Weiten der Galaxis.

Das Herz der Göttin schlägt den Rhythmus.

Nun seht ihr, warum wir euch immer wieder daran erinnern, wie sehr jeder eurer Gedanken das Ganze beeinflusst und warum es so absolut wichtig ist, dass ihr alle lernt, inmitten der Veränderungen, die um euch herum stattfinden, zentriert, ruhig und friedlich zu bleiben. Eure Zentriertheit schwingt als eine bestimmte Frequenz mit und breitet sich wellenförmig auf dem kosmischen Meer aus, und eure

Mitmenschen können auf diesen Wellen ins Licht »surfen«. Wenn ihr euch auf diese Weise miteinander verbindet, spürt ihr die Energien der anderen dort draußen auf den Ozeanen des kosmischen Geistes. Ihr verbreitet das Licht der Liebe hinaus in andere Dimensionen und auf andere Ebenen, dorthin, wo die Lichtwesen vieler Welten die Strahlkraft eures Herzensgesangs erleben. Ihr erschafft eine friedliche, harmonische Realität, in der alles im Gleichgewicht ist, und diese Schwingung dehnt sich endlos nach außen in den Himmel und ebenso nach innen aus, bis hinunter zu den subatomaren Partikeln, die die Grundstruktur eures Seins bilden.

Aber was wäre, wenn derjenige, der solche Schwingungen aussendet, dunkle Absichten verfolgt? Nehmen wir an, eine oder mehrere Personen, die andere zu ihrem persönlichen oder politischen Vorteil kontrollieren und manipulieren wollen, würden einen mentalen Störeinfluss erzeugen, eine Frequenz, die bestimmte gewünschte chemische Veränderungen im Körper des Empfängers hervorrufen soll? Da es Licht gibt ... gibt es auch Dunkelheit. Es sollte euch nicht überraschen, dass das Wissen über die Gehirnfunktionen und die Empfänglichkeit des Verstandes auch denen zur Verfügung steht, die sich lieber im Schatten verbergen. Auch sie können, indem sie mit anderen in Resonanz gehen, deren Reaktionen telepathisch beeinflussen. Was wäre, wenn man ein äußeres Element einführen würde, das in euren Gehirnen Reaktionen von extremer Angst und Frustration auslöst ... von Wut oder Schrecken ... und euch, in Resonanz zu diesen Emotionswellen, in einem ständigen Zustand von Disharmonie und Angst gefangen hält?

Wir versichern euch, dass diese Form der Beeinflussung großer Teile der Bevölkerung auf eurem Planeten schon immer stattgefunden hat: durch die Lichtarbeiterinnen und Lichtarbeiter, die auf eurem Frequenzband Liebe ausstrahlen, aber auch durch die Dunklen, die euch Wellen der Angst und Unwissenheit senden. Solche telepathischen Manipulationen wurden einst durch die Dunkle Priesterschaft von Atlantis praktiziert, und in ebensolchem Maße werden sie heute von der Geheimregierung des einundzwanzigsten Jahrhunderts angewendet. Bekannt als »Mind Control« oder »Psychotronische Kriegsführung«, ist dieser subversive Aspekt der Gedankenmanipulation eine sehr reale Entwicklung in der militärischen Forschung. Tatsächlich wenden die Regierungen diese Technologien seit der ersten Zündung der Atombombe viel dreister und unverhohlener an. Sie hatten ihre totale Macht über alles Leben auf eurer Welt bekräftigt und hörten auf, sich allzu große Sorgen darüber zu machen, wie die Menschheit auf ihre Allmachtsbekundungen reagieren würde.

Wenn ihr euch ausführlicher über die möglichen Anwendungen der Technologie der Gedankenmanipulation informieren wollt, werdet ihr feststellen, dass darüber inzwischen viel Material verfügbar ist. Die Mutigen unter euch, jene, die es wagen, die Autorität der Regierung in Frage zu stellen, haben zu dem Thema Bücher und detaillierte Berichte veröffentlicht … Aber seid vorsichtig, denn es ist für die Neugierigen ein gefährliches Gebiet.

Man will nicht, dass ihr solche Fragen stellt.

Eine der kostengünstigsten Möglichkeiten, die menschliche Gehirnaktivität zu verändern und neurochemische Reaktionen bei ganzen Menschengruppen zu stimulieren, ist die Verwendung unhörbarer elektromagnetischer Pulsationen – extrem niederfrequenter Wellen –, mit denen gezielt bestimmte Gebäude oder Zonen bestrahlt werden. Vielleicht erinnert ihr euch an eine Geschichte, die kurz in den Medien auftauchte, über ein niederfrequentes Funksignal, das vom russischen Staat heimlich auf die US-Botschaft in Moskau abgestrahlt wurde. Diese Frequenz, von den Amerikanern als »Woodpecker« (Specht) bezeichnet, floss wie eine Meeresströmung, die verschiedene Teile und Elemente aus dem Meer mit sich führt, in das Gebäude hinein.

Wir weisen euch hier darauf hin, dass in den Spitzen und Tälern jeder Wellenformation andere Aspekte verborgen sein können, die sich sozusagen an die Welle andocken und unbemerkt auf ihr reiten. Ein elektromagnetischer Störimpuls, verborgen im Wellenband einer harmlosen Sendung, könnte so auf der mentalen Ebene gesendet und empfangen werden. Diese invasive Technologie war dem US-Geheimdienst zum Zeitpunkt ihres Einsatzes in Russland noch unbekannt. Obwohl die amerikanischen Agenten eine Form der externen Störung vermuteten, wussten sie einfach nicht, wonach sie suchen oder wie sie die elektromagnetische Beeinflussung auf der richtigen Frequenzebene abfangen sollten.

Tatsächlich berichteten viele Mitarbeiter der Botschaft, dass sie unter verschiedenen Graden von Unwohlsein und emotionalem Stress litten, aber für eine Weile konnte niemand verstehen, warum so viele Mitarbeiter krank wurden. Es dauerte einige Zeit, bis die Amerikaner herausfanden, dass ein Störimpuls in ihre Gehirne übertragen wurde, der chemische Reaktionen in den Neuronen bewirkte, wodurch mentale, emotionale und körperliche Reaktionen ausgelöst wurden.

Die Sowjets wussten, was sie taten. Sie verstanden, dass man mit bestimmten elektromagnetischen Einflüssen Gesundheit und seelische Harmonie der Menschen beeinträchtigen kann. Die Störung des natürlichen Pulses der Erde, eures heimatlichen Resonanzkörpers, kann eure innere musikalische Klaviatur verändern und Dissonanzen auf allen Ebenen erzeugen. Sie kann euer Chakra-System durcheinanderbringen, Körperrhythmen stören, neurochemische Reaktionen im Gehirn hervorrufen und eure DNA verändern. Das, ihr Lieben, sind die primären Absichten jener, die für diese elektromagnetischen Manipulationen auf dem Planeten Erde verantwortlich sind.

Diese einst, im Kalten Krieg, von den Sowjets gegen die US-Botschaft eingesetzte Geheimwaffe ist inzwischen längst Schnee von gestern und harmlos im Vergleich zu dem, was gegenwärtig entwickelt wird – und doch ist sie ein anschauliches Beispiel dafür, wie technologische Gedankenmanipulation eingesetzt werden kann. Wenn ihr weiter nachforschen wollen, durchsucht Medienberichte aus den 1970er Jahren, um bestätigende Informationen über die Woodpecker-Affäre zu finden. Ihr könnt auch andere Technologien zur Stimmungsmanipulation aufdecken, die an Tieren und Menschen getestet werden … im Namen der »Wissenschaft«. Das geschieht überall um euch herum. Die Geschichte ist in den Archiven vergraben, aber ihr könnt sie an die Oberfläche bringen, wenn ihr bereit seid, die Tarnung aufzudecken und darunter zu graben.

Hütet euch aber davor, im Internet nach solch kontroversen Informationen zu suchen und euch dabei auf eine Weise zu exponieren, die nicht in eurem Interesse ist. Ihr müsst vorsichtig vorgehen, wenn ihr die Machenschaften der Machtelite untersucht, um euch nicht unnötig in Gefahr zu bringen.

Verschiedene Wege führen oft zum gleichen Ziel.

> ⁘ <

Störende elektromagnetische Frequenzen, subliminale, das heißt unterschwellig in Klängen oder Musik versteckte Botschaften und andere Formen der Bewusstseinsmanipulation wurden in Atlantis von der Dunklen Priesterschaft eingesetzt, als sie – unterstützt von den Anunnaki – die lichten Kräfte verdrängten und danach trachteten, die Bevölkerung völlig unter ihre Kontrolle zu bringen und zu beherrschen. Es waren damals viele Absichten im Spiel: von den Zielen der sich eigennützig in die irdischen Angelegenheiten einmischenden Anunnaki bis zu den Machtgelüsten jener Priester, die sich dazu entschieden, rein egozentrische Motive zu verfolgen. Haltet euch bitte vor Augen, dass dies eine allmähliche Entwicklung war … so subtil, dass die Menschen die gesellschaftlichen Veränderungen anfangs kaum bemerkten, und als sie endlich durchschauten, was gespielt wurde, war es längst zu spät, um das Ruder noch herumzureißen.

Zu einem früheren Zeitpunkt während des dritten Zyklus von Atlantis, lange bevor die dunklen Mächte dort eingriffen, begannen die Bürger, sich in komplexen kommunalen Strukturen zu organisieren, ähnlich wie ihr in eurer modernen Welt. Sie schufen Gesetze und wählten Regierungschefs, etablierten Handel und kommerziellen Austausch innerhalb und außerhalb ihrer Grenzen, legten fest, welche soziale Verhaltensweisen als akzeptabel galten, und praktizierten aufwendige spirituelle Rituale.

Wie bei vielen nachfolgenden Zivilisationen stand die Anbetung Ras, des Strahlenden, eurer Sonnengottheit, im Mittelpunkt ihrer religiösen Praxis. So war es während der gesamten Menschheitsgeschichte, denn als Sternensaat habt ihr stets auf die Sonne als Quelle eures Lebens und Wohlergehens geblickt. Ra war also immer schon die am meisten verehrte Gottheit auf Erden, und ebenso auch bei anderen Zivilisationen, von denen ihr noch keine bewusste Kenntnis habt. Die alten Erdtempel waren alle nach Osten ausgerichtet, auch die von Atlantis, in Erwartung von Ras Erscheinen am Horizont, denn die Alten waren in dieser Hinsicht weitaus bewusster, als ihr es heute seid.

Jeder neue Sonnenaufgang war eine Bekräftigung des Lebens und der Verbundenheit mit der Sonnengottheit. Der Einbruch der Nacht war immer eine Zeit der stillen Besinnung und des Wartens, eine Zeit, um die unzähligen anderen Sternsysteme am Firmament zu betrachten … und für manche von euch: sich zu **erinnern**. Die Hohepriesterschaft, Nachkommen der Priesterinnen des frühen Atlantis, wurde nach und nach zu einer politischen Macht, die den Staat überwachte und lenkte, sich um die spirituellen und praktischen Bedürfnisse der Gesellschaft kümmerte. Die Teilnahme am Gebet war Pflicht. Die Priester riefen ihre Untertanen viermal täglich zum Gebet: bei Sonnenaufgang, am Mittag, bei Sonnenuntergang und in der Mitte der Nacht. Dabei wurden folgende solare Aspekte berücksichtigt: das Erscheinen Ras, das volle Licht des Mittags, und Ras Verschwinden; dann, in der Nacht, das Warten auf die Rückkehr des göttlichen Lichts.

Mit ihrem uralten Verständnis für die Natur der Kristalle (gelehrt von den legendären Yzhnüni-Kristallwesen und überliefert über die Jahrtausende) sowie bei dem Reichtum an Mineralien, die es auf diesem Kontinent gab, war es nur natürlich, dass die Atlanter für ihre Meditationen und Rituale Kristalle einsetzten. Mit der Zeit lernten sie, die subtilen Realitätsverschiebungen zu erkennen, die auftraten, wenn sie sich zum Gebet versammelten. Sie lernten, wie Kristalle ihre Gedanken verstärkten und ihnen halfen, sich in lichtvolle Zustände der Anbetung und Ehrfurcht zu versetzen. Mit wachsender Erfahrung entdeckten sie schließlich, wie sie ein gewünschtes materielles Resultat durch die mentale Kraft des Einen Geistes physisch manifestieren konnten.

In relativ kurzer Zeit, vergleichbar mit eurem eigenen Sprung von den Kerzen bis zu den Lasern, entwickelten sie eine Technologie, die wir als »Gedankenlicht-Generatoren« bezeichnen. Ein System dieser unterirdischen Kristallenergie-Stationen existierte in allen Siedlungszentren auf dem Kontinent. Das sind jene Apparaturen, die unser Channelmedium manchmal im Traum sieht, während dem, was in seinen früheren Schriften als »wiederkehrender Traum« bezeichnet wird.

Jeder Kristallturm bestand aus einer großen pyramiden- oder kegelförmigen Spule aus Oreichalkos, auf der riesige Quarzkugeln positioniert wurden. Quarz war dabei die Komponente, mit der das menschliche Bewusstsein interagierte. Er wurde unter Laborbedingungen gezüchtet, damit die in den Generatoren verwendeten Exemplare von reinster Qualität waren. Während dieses Prozesses wurden in jede der heranwachsenden Kristallmatrizen Goldfäden eingebettet, geformt wie das *Jod* (die Grundform des hebräischen Alphabets). Sie dienten als Leiter für den telepathischen Gedankenfluss zwischen den Mitgliedern des Kollektivs, so wie dieser heilige Buchstabe in den alten hebräischen Texten bis heute den Gelehrten als Verbindung zum Göttlichen Geist dient.

Die Aktivierung der Gedankenlicht-Generatoren geschah bei einem vorgeschriebenen Ritual, das an jedem Morgen stattfand – dem Auftauchen des Ra. Im Mittelpunkt stand eine Visualisierungsmeditation der gesamten Bevölkerung, bei der alle Bürger von Atlantis angeleitet wurden, ihre Gedanken zu fokussieren und in die Generatoren zu projizieren, mit der spezifischen Absicht, die elektromagnetischen Frequenzen des Kollektivs zu speichern und zu verstärken und diese Quelle in eine Form physischer Energie umzuwandeln. Der Prozess beinhaltete auch die Verbindung mit Gaia, um ein Resonanzniveau zu erreichen, das kraftvolle Energiestöße durch die Spulen nach oben senden würde, um sich auf diese Weise mit dem kollektiven Bewusstsein zu vereinen.

Im Ergebnis manifestierte sich der Prozess als »Erleuchtung« auf vielen Ebenen. Damit wurde freie Energie in solcher Menge verfügbar gemacht, dass es für die Atlanter zu keiner Zeit notwendig war, die Ressourcen der Erde auszubeuten. Niemals bauten sie Abgase und Giftmüll erzeugende Kraftwerke oder schädigten in anderer Weise die Umwelt. Kein Baum wurde gefällt, kein Meer oder anderes Gewässer wurde verunreinigt und der Erde wurden keine Bodenschätze entrissen. Und niemals war die Quelle der interaktiven Energien der Erde und ihrer Wesen »Eigentum« einiger weniger, denn es war das All, das diese Energie manifestierte, das heißt, alle machten sie gemeinsam verfügbar, und alle durften sie frei nutzen.

Als jedoch der Einfluss der dunklen Seite in der Priesterschaft zunahm, setzte ein Wandel ein: Auf die idyllische Ära der Einheit folgte eine Zeit der Trennung und des Ego-Bewusstseins. Einzelne Mitglieder der Priesterelite erkannten die persönlichen Vorteile, die sie aus ihrer Stellung ziehen konnten, und die Anunnaki sorgten durch gezielte Eingriffe dafür, dass dieses Verhalten bei den Eliten immer mehr die Regel wurde. Wer skrupellos der Macht diente, wurde entsprechend belohnt. Der Schwerpunkt wurde auf die Bedürfnisse des Individuums gelegt, und das persönliche Verlangen wurde stimuliert, so dass das Eine Herz, das spirituelle Zusammenwirken aller, bald nur noch eine Legende aus alten Zeiten war.

> ·:· <

Wir denken, wir konnten euch inzwischen verdeutlichen, dass die Anunnaki, die Krieger Nibirus, enorme Mengen an Energie benötigen, um ihre endlose Reise durch den galaktischen Winter zu überleben, und dass ihre primäre Quelle für diese Energie euer geliebter Planet Erde ist.

Diese Tatsache hatte viele hunderttausend Jahre lang enorme Auswirkungen auf die irdische Realität. Als die Anunnaki während der letzten Generation von Atlantis zurückkehrten, erwies sich die Situation für sie als besonders fruchtbar, denn sie fanden eine Zivilisation vor, die über die Mühsal des Abbaus der irdischen Rohstoffe hinausgewachsen war und stattdessen gelernt hatte, Gaias überreiche Energie durch die Kraft des menschlichen Geistes anzuzapfen. Als die Anunnaki das beobachteten, gelangten sie zu dem Schluss, dass die Entwicklung des menschlichen Bewusstseins einen Stand erreicht hatte, der es ihnen leicht machen würde, den gesamten Planeten unter ihre Herrschaft zu zwingen. Sie sahen die atlantische Zivilisation als die perfekte Blaupause für Pläne, wie sie alle bewussten Wesen auf dem Planeten dahingehend manipulieren konnten, ihre Bedürfnisse zu erfüllen und sie mit unbegrenzter Energie zu versorgen. Sie gingen davon aus, dass sie dieses Ziel schließlich erreichen würden, indem sie Technologien der Bewusstseinsmanipulation einführten, um den Geist und die Seele Gaias und der Menschheit zu »benutzen«.

Die Dunkle Priesterschaft wuchs an Zahl und Stärke, und das Pendel schwang zur dunklen Seite.

Wie heutige Wissenschaftler bei der Technologie der Gehirnwellenmodifikation wurden die Alchemisten der damaligen Zeit angewiesen, mit der Quelle dieser Energie zu experimentieren: dem kollektiven Bewusstsein der Bürger von Atlantis. Sie sollten Wege finden, die Fähigkeiten der Kristallgeneratoren dramatisch zu verstärken, aber zuerst mussten sie die Bevölkerung so manipulieren, dass sie bereitwillig für die persönlichen, **eigennützigen** Interessen der Mächtigen arbeitete. Das Ritual der Energieversorgung der Generatoren war nicht länger ein Akt der Liebe und Gemeinschaft, sondern wurde zu einem Akt von Gehorsam und Pflichterfüllung.

Die Methode beinhaltete die Übertragung eines sehr langsamen elektromagnetischen Impulses durch die Kristallgenerator-Netzwerke, die die wichtigsten Städte des Kontinents miteinander verbanden. Dieser unterschwellige, für das menschliche Ohr unhörbare Ton stimulierte neurochemische Reaktionen, die irrationale geistige Zustände hervorriefen, vor allem **Unterwerfung**. Wie der »Woodpecker« der Sowjets so viele Jahrtausende später surfte dieser heimliche Reisende unerkannt auf den Gehirnwellen des kollektiven Bewusstseins der Atlanter.

Ihr wisst um die Wirkung, die stetig tropfendes Wasser in einem stillen Raum auf die menschliche Psyche haben kann. Diese Form der Folter wurde in jüngerer Zeit als eine Form der Bestrafung eingesetzt, die das ihr ausgesetzte Opfer schließlich in den Wahnsinn trieb. Es sollte euch nicht überraschen, dass eine ähnliche Anwendung von unhörbaren Impulsen bereits in Atlantis existierte oder dass sie heute wieder genutzt wird. Ihr müsst nur die Informationen sichten, die euch zur Verfügung stehen, und euch auf das einstimmen, was um euch herum vor sich geht.

Wenn ihr euren Verstand, eure Ohren und Augen öffnet, könnt ihr nicht anders, als zu verstehen … und viele von euch werden sich daran erinnern, was damals in Atlantis geschah.

Bedenkt, dass auch Gaia ihre natürliche Frequenz hat, eine, die mit allen Lebensformen in und auf ihrem Körper in Resonanz steht. Erweitert einmal euer Bewusstsein auf die globale Ebene und überlegt, ob es nicht durchaus möglich wäre, auch auf den großen Körper der Erde manipulierte Frequenzen auszustrahlen, die ihn in gleicher Weise aus dem Gleichgewicht bringen, wie es mit euren Körpern geschieht? Ist es zu weit hergeholt zu glauben, dass dies bereits jetzt geschieht … oder haltet ihr diese Idee für Science-fiction? Dann fragen wir euch: Was könnte ethisch unvorstellbarer sein als die immer wieder stattfindende Zündung von Atomsprengköpfen in euren Meeren durch eure Regierungen, die man euch im Namen der »nationalen Verteidigung« als Test verschiedener nuklearer Arsenale verkauft – als könnte der Erfolg der einen Bombe den Erfolg der anderen garantieren? Und was ist mit der systematischen Tötung der Delfinwesen und Großwale, jener Geschöpfe also, deren Aufgabe es ist, für harmonische Frequenzen in den Ozeanen zu sorgen? Und dann sind da noch die Satelliten, deren Zahl im äußeren Erdkörper ständig zunimmt, was wisst ihr über sie?

Fragt euch doch einmal, ob dort im Erdorbit nicht vielleicht ebenfalls absichtlich Störimpulse ausgestrahlt werden, die Gaias Frequenzen beeinträchtigen, um dadurch den gesamten Planeten im Ungleichgewicht zu halten? Auch über das Internet erreichen euch elektromagnetische Frequenzen, die euch massiv beeinflussen, und viele von euch haben bereits das Gefühl, dass diese Internet-Frequenzen regelrecht »süchtig« machen. So diabolisch das alles klingen mag, die Destabilisierung der Erde und ihrer Lebensformen ist zum großen Teil beabsichtigt. Es ist alles Teil eines »Masterplans«.

Würdet ihr eure politischen Anführer immer noch verehren und ihnen gehorchen, wenn es keinen Streit oder keine Krisen gäbe, vor denen sie euch retten sollen?

Wir empfinden es als vollkommen paradox, wenn die Zerstörung Gaias als natürliche Folge des menschlichen Fortschritts angesehen wird. Das kann man einfach nicht gleichsetzen. Und doch ist die globale Umweltzerstörung durchaus real, während ihr in das neue Jahrtausend wirbelt, hineingezogen in den Vortex. Seid daher viel weniger skeptisch, was die Möglichkeit angeht, dass diese Regierungen derzeit Schockwellen in die Erde schicken, um absichtlich Erdbeben, Flutwellen und ökologische Katastrophen aus Gründen auszulösen, in denen sich die niedrige Schwingung der Herrschenden widerspiegelt.

Ein Grund für diese Aktivitäten ist die Erkenntnis der Mächtigen, dass sie Gaia entlasten müssen, um selbst überleben zu können, und deshalb glauben sie, dass massenhaft Menschen eliminiert werden müssen. Ein anderer Grund ist ihre Absicht, die elektromagnetischen Frequenzen des Planeten zu kontrollieren, aus Gründen, die wir euch noch näher erläutern werden. Ein weiterer ist ihr Wunsch, euch in Angst und im Überlebensmodus zu halten, damit ihr euch isoliert und ohnmächtig fühlt, euch weiterhin versklaven lasst und vor euren geheimen Herren buckelt: der Anunnaki-Machtelite und ihren irdischen Abkömmlingen.

Über allem steht jedoch die Entschlossenheit dieser Machtelite, die geophysikalischen Energien des Planeten auszubeuten und für etwas zu nutzen, das nichts anderes als eine Wiederholung jenes Fehlers sein wird, den einst schon die Atlanter begingen.

Ein Großteil der Zerstörung, die euch umgibt, resultiert aus ihrer törichten Manipulation der Erdenergien, denn sie sind immer auf der Suche nach Möglichkeiten, Gaia für ihre eigenen Interessen nutzbar zu machen. In ihrer kurzsichtigen Vision von Reichtum, Macht und Kontrolle haben sie den Körper Gaias aufgesprengt, verbrannt, vergiftet, angebohrt und unbarmherzig weggemeißelt … sie nehmen, nehmen, nehmen. Sie haben die Erde zubetoniert und Gaias Lebenskraft erstickt. Sie haben euch in ihren manipulativen Netzen gefangen, euch elektronisch beeinflusst, eure Gedanken und Emotionen manipuliert, indem sie euer animalisches Selbst in ihren Schwingungskäfigen gefangen hielten.

Und jetzt, wo man hoffen könnte, dass sie gerade an der gegenwärtigen katastrophalen Entwicklung erkennen, dass sie so, wie sie handeln, letztlich nur verlieren können, setzen sie auch noch in immer größerem Umfang **HAARP** ein!

7

HAARP UND DAS AURAFELD DER ERDE

Erinnert euch, was wir über Resonanz und Gedankenwellen gesagt haben, und lasst uns dies nun zu einem Konzept erweitern, das darauf abzielt, die fundamentalen Schwingungen der Erde tatsächlich zu messen und sich mit ihnen zu synchronisieren – die Idee, Resonanz mit eurer Planetengottheit als Ganzes zu erreichen. Auch sie schwingt in bestimmten Frequenzen und erzeugt chemische Reaktionen in ihren »Neuronen«, und auch sie reagiert und interagiert mit dem kollektiven Bewusstsein aller Erdenwesen und mit ihren Schwestergottheiten im Kosmos. Vergesst nicht, dass alle bewussten Wesen auf, in und über der Erde eine Reflexion dieser Schwingung sind, so wie jede Zelle in eurem Körper eine Reflexion von euch ist … wie jedes subatomare Teilchen die Zelle reflektiert und so weiter … bis in alle Unendlichkeit.

Folgt man dieser »kosmischen« Argumentation, sollte es plausibel erscheinen, dass, wenn Resonanz auf einer so unerschöpflichen Bandbreite von Schwingungen erreichbar ist, die Essenz des physischen Seins der Erde potenziell verändert oder manipuliert werden kann, um einem bestimmten Zweck zu dienen. Das müsste bedeuten, dass jedes lebende Element und jede biologische Komponente der Erde (Reflexionen des größeren Körpers) dann gleichermaßen betroffen wäre … und genau so ist es tatsächlich.

Als Beispiel nehmen wir ein einfaches Weinglas … den »Kelch«. Fährt man mit dem Finger um den äußeren Rand, wird dadurch das Bewusstsein – oder die Energie – in dem Glas aktiviert und eine Reaktion auf subatomarer Ebene bewirkt.

Wendet man die richtige Formel von Druck, Geschwindigkeit und bewusstem Denken (Absicht) auf diese Handlung an, kann man das Glas dazu bringen, einen Klang (eine elektromagnetische Frequenz) auszusenden, in der sich die relativen Proportionen, die Dichte und die Abmessungen des Glases widerspiegeln: seine physikalische Natur. Wenn man diesen Wunsch hat, könnte man dabei jene Schwingung treffen (die völlige Resonanz mit den physikalischen Eigenschaften des Glases), die das Weinglas in Stücke zerspringen lässt, womit seine physische, materielle Gestalt verändert wäre.

Physiker können wissenschaftlich erklären, wie Schall, der durch eine Schwingungsfrequenz erzeugt wird, eine scheinbar feste Struktur dazu bringen kann, ihre Form zu verändern. Durch eure Beobachtung der Wirkungen von Energie wisst ihr, dass dies wahr ist, und doch stellt es in gewisser Weise eure Grundüberzeugungen über die Natur der Materie in Frage, insbesondere über das, was ihr für »unbelebte« materielle Substanz haltet.

Trotz der Fortschritte, die eure Zivilisation mit Ultraschall und verwandten Technologien gemacht hat, neigt ihr dazu, das Konzept der Schallwellen und der Art, wie sie Materie verändern können, für etwas sehr Nebulöses zu halten, das ihr irgendwo an den äußeren Grenzen des Glaubwürdigen ansiedelt.

Vielleicht ist es für euch noch schwieriger, euch vorzustellen, dass dieses einfache Beispiel für den gesamten Erdkörper gilt, genauso wie für sämtliche Individuen im gesamten materiellen Universum. Jeder (ob mit dunkler oder lichtvoller Absicht), der entschlossen ist, eine Veränderung im Energiekörper eines Planeten oder im Energiefeld eines Individuums zu bewirken, hat damit durchaus

Aussicht auf Erfolg … vorausgesetzt, die dafür nötige magische Schwelle, die Resonanz, wird erreicht.

Denkt einmal darüber nach, wie weitreichend die Konsequenzen einer solchen Hypothese sind – dass die Erde (der Makrokosmos) oder jeder Mensch (der Mikrokosmos) eine Art kosmisches Weinglas ist, das zum Klingen gebracht oder zerbrochen werden kann, wenn die richtige Schwingungsformel erreicht wird. Dann versteht ihr vielleicht, wie wichtig es ist, dass solches technologisches und spirituelles Wissen niemals in die falschen Hände gelangt.

Leider verfolgten die Alchemisten von Atlán das Ziel der Nutzbarmachung der gaianischen Kraft. Sie strebten also nach Kontrolle über die unberechenbaren geophysikalischen Energien des Planeten. Und das ist auch heute wieder der ultimative Wunsch eurer modernen Wissenschaftler – die im Dienst der Machtelite stehen. Ihr physikalisches Wissen übersteigt das ihrer Vorgänger bei Weitem, auch wenn die Alten die elektromagnetischen Eigenschaften der Erde, die elementaren Energien und die Kraft des menschlichen Geistes weitaus besser verstanden und beherrschten. Wir sagen euch, diese heutige Sorte von Wissenschaftlern hat so absolut fokussierte Absichten, dass ihre Beherrschung der zerstörerischen Kräfte, die sie entfesseln und über euch hereinbrechen lassen können, die irregeleiteten Bemühungen der Dunklen Priesterschaft noch um Lichtjahre übertrifft.

Darin liegt die Gefahr … denn, wie ihr nur zu gut wisst, **hängt es von der dahinterstehenden fokussierten Absicht ab, wie wirkungsvoll ein Gedanke oder eine Handlung ist**. Das ist die Grundlage jeglicher Manifestation und somit das, worauf ihr, die Lichtarbeiter Gaias, am besten eure Energie verwenden solltet. In diesen Landschaften – den fruchtbaren Feldern eurer Vorstellungskraft – erschafft die Linse des Geistes die physische Welt, die ihr immer noch bewohnt, und von eurem Fokus hängt ab, wie ihr euch in ihr bewegt. Wenn ihr gemeinsam, mit vereinten Kräften, eure Gedanken und die Liebe fokussiert, die ihr in all euren Handlungen und Äußerungen zum Ausdruck bringt, könnt ihr so die polaren dunklen Kräfte und finsteren Absichten von euch abprallen lassen und neutralisieren.

Angesichts dessen, was wir euch über den Aufstieg und Fall menschlicher Zivilisationen erzählt haben, sollte es euch nicht überraschen, dass ihr nun, im Zenit eurer so enorm angestiegenen, aber aus dem Ruder laufenden technologischen Fähigkeiten, die evolutionäre Schwelle erreicht, an der ihr alles niederreißen und neu beginnen werdet. Doch diesmal ist es anders als damals, als auf Grund von ähnlichen Entwicklungen Atlantis im Meer versank. Bei der jetzigen evolutionären Wende im planetarischen und menschlichen Geschehen ist die »Geheimregierung« nur noch einen Schritt davon entfernt, Gaias Energie für ihre Zwecke zu nutzen – eine Kraft, die so gewaltig ist, dass ihr als kleine, individuelle Einheiten des größeren kosmischen Wesens euch das kaum vorstellen könnt. Diesmal haben sie wirklich ihre Finger am Puls der Erdmutter, und (wir wiederholen) sie verfügen über die fokussierte Absicht, die erforderlich ist, um genau dieses Ergebnis zu erreichen.

Jetzt, mitten in den Anfängen eures Aufstiegs aus der dritten Dimension, ist die Machtelite entschlossen, den mental-emotional-physischen Körper des Planeten so zu verändern, dass euer Aufstieg dadurch nicht unerheblich beeinträchtig werden könnte. Sie stehen dramatisch nahe davor, dort Erfolg zu haben, wo sie damals in Atlantis versagten. Dieser Wendepunkt, den ihr gerade erlebt, markiert wie keiner zuvor den Zusammenprall extremer polarer Kräfte, und jetzt, in dieser Phase der irdischen Evolution, wird dieser Konflikt zur Auflösung gelangen.

Diese Phase ist anders als alle vorherigen in den Jahrmillionen von Gaias Existenz im materiellen Universum, denn dies ist der **Aufstieg**. Der Planet – und mit ihm der gesamte kosmische Bereich, in den er eingebettet ist – hat sich zu diesem Punkt spirituellen Fortschritts hin entwickelt, und die dunklen Mächte wissen, dass die Zeit ihrer Herrschaft abläuft.

Die Erde bewegt sich durch die Astralschnüre eurer Solaren Gottheit und in die vierte Dimension. Es steht in der Akasha-Chronik, geschaut in der Nicht-Zeit. Dennoch kann durch eine Manipulation von Gaias Schwingungskörper dieser Vorgang auf eine Art und Weise beeinflusst werden, die unvorstellbare Zerstörung und Leiden für alle Lebensformen auf der Oberfläche und auch in der inneren Welt der Erde erzeugen könnte.

Nie sind die Polaritäten von Licht und Dunkelheit stärker als jetzt aufeinandergeprallt, und ihr alle beginnt die Beschleunigung zu spüren. Ihr werdet gezogen, geschoben, betäubt, aktiviert, manipuliert und unterstützt wie nie zuvor. Sich daran zu erinnern, dass es nichts zu befürchten gibt, wird euch helfen, in der dunklen Nacht der Anunnaki und ihrer irdischen Diener unerschrocken zu bleiben. Vergesst nie, dass die Dunkelheit umso mehr erhellt wird, je größer euer kollektives Licht ist. Ihr, die liebenden Wesen Gaias, seid gekommen, um das Licht, das jetzt – in diesem Augenblick – benötigt wird, fest im Erdenraum zu verankern, und auf diese Aufgabe bereitet ihr euch jetzt vor, auf der persönlichen wie auf der planetaren Ebene. Wir und andere von der Galaktischen Föderation sind bei euch. Wir sind gekommen, um euch mit den Informationen zu versorgen, die man vor euch geheim hielt, so dass ihr nun im Licht der Erkenntnis handeln und voranschreiten könnt.

Im Folgenden möchten wir noch ein wenig näher auf jene negativen Kräfte eingehen, die daran arbeiten, die Frequenz der Erde zu ändern. Wir möchten euch erläutern, was ihre Aktivitäten für euch auf der persönlichen, planetaren und galaktischen Ebene bedeuten können. Experimente, ähnlich jenen, die einst zum Untergang von Atlantis führten, werden seit vielen Jahren in einem militärischen Laborkomplex in Alaska ausgeführt – dem Sitz des High Frequency Active Auroral Research Program oder Projekt HAARP. Die Testbereiche der experimentellen HAARP-Anlage beherbergen ein ausgeklügeltes Labyrinth von Antennen, das entwickelt wurde, um unvorstellbare Pegel von High-End-Radiofrequenzen in die ionosphärische Schicht des Ätherkörpers der Erde zu übertragen und damit die obere Atmosphäre künstlich aufzuheizen – aus Gründen, die für euch wie Science-fiction klingen werden. Verständlicherweise. Gibt es irgendeine mögliche vernünftige Erklärung, warum man absichtlich die natürlichen Energiefelder der Erde stört – zu einem Zeitpunkt, an dem die untere Atmosphäre – die Ozonschicht – bereits in Auflösung begriffen ist? Doch leider ist es alles andere als eine Fiktion, ihr Lieben. Dies ist die Realität im Hier und Jetzt eures physischen Lebens – und sie ereignet sich seit vielen Jahren.

Das dunkle Atlantis taucht wieder auf.

Denkt daran, dass in eurer Welt viele Schichten der Kontrolle und Desinformation am Werk sind. Die dunkle Hierarchie, die derzeit über die Erde herrscht, wird von den Anunnaki stimuliert, den Vorfahren der heutigen Machtelite und Geheimregierung. Sie, die unsichtbaren Makler der Macht, legen die Spielregeln fest. Sie setzen die Spieler auf die entsprechenden Positionen des Schachbretts eurer Welt – einer Landschaft, die in imaginäre Grenzen (Länder) unterteilt ist, die so wirken, als wären sie voneinander getrennte Machtbereiche, um das Spiel interessanter und kontrollierbarer zu machen.

Die Regierungschefs, die ihr auf der politischen Bühne erlebt, um die militärischen, wirtschaftlichen und politischen Strategien eurer Staaten zu lenken, sind lediglich Spielfiguren – **und das wissen sie nur zu gut**. Sie verstehen genug von der strukturellen Natur der geheimen Herrschaft, um zu tun, was ihnen gesagt wird … um zu tun, wozu ihnen die Geheimelite die Privilegien illusorischer Macht gewährt. Im Gegenzug für ihren Gehorsam dürfen sie ihre unsäglichen Ego-Gelüste befriedigen, die intensive Stimulation ihrer unteren Chakra-Energiezentren, und erhalten einen kleinen Platz in den Geschichtsbüchern der Neuzeit.

Diejenigen, die es tatsächlich wagen, eine Veränderung herbeizuführen, weil sie erkennen, dass es eine geheime Machtstruktur gibt, der sie zu dienen haben, werden eliminiert. Das sind die ermordeten Friedenspolitiker, die Entwaffneten und Entehrten, die sich für Freiheit, die friedliche Beilegung globaler Konflikte und die Beseitigung menschlichen Leids einsetzen. Mutig in ihrer Vision und von entschlossener Willenskraft, sind sie Nonkonformisten, die sich weigern, »Teamplayer« auf dem Spielbrett der Macht zu sein. Sie rufen euch dazu auf, eure wahre Größe zu entdecken, und erinnern euch daran, über welches Potenzial ihr in Wahrheit verfügt … und worauf ihr ein Anrecht habt. Sie appellieren an alles »Edle«, das euch auszeichnet, und stärken euer Bewusstsein dafür, dass Liebe, Freiheit und Wahrheit euer Geburtsrecht sind. Im Wesentlichen ermutigen sie euch, gegen das Dogma und die Hierarchie von Herrschaftssystemen zu rebellieren und regen euch an, euch zu vereinen. Sie weisen euch den Weg aus den dunklen Tunneln hinaus ins Licht.

Angesichts dessen, was wir euch über die Architekten der Macht erzählt haben, sollte klar sein, warum die klugen Stimmen unter euch als »gefährlich« bezeichnet und alsbald zum Schweigen gebracht werden. Aber verzweifelt nicht über den Verlust eurer Helden. Das ist ein karmischer Pakt, den sie akzeptiert haben, bevor sie inkarnierten. Lasst euch von der vermeintlichen Tragik nicht entmutigen, bedauert ihren Tod nicht, denn diese Helden bringen euch Führung aus anderen Dimensionen. Sie hinterlassen ihre Spuren und Inspirationen für die Menschheit, während sie auf anderen Ebenen weiter für euch arbeiten, und diese Spuren sind wichtig, denn sie sind eure Hoffnung.

Seit vielen Jahrtausenden mussten auf der Erde zahllose Lichtarbeiter im Schatten arbeiten, um nicht von den Mächtigen verfolgt zu werden – das ist eine Tatsache, die in euren Geschichtsbüchern und weit darüber hinaus festgehalten ist. Aber jetzt, in dieser Zeit des revolutionären Aufbruchs in eurem Sonnensystem, treten immer mehr von euch offen in Erscheinung und arbeiten zum Wohle des Ganzen. Nichts kann euch aufhalten … Es sei denn, ihr vergesst, den anderen zu umarmen und aus diesem Gefühl der Einheit heraus alles egozentrische Bewusstsein loszulassen und mit eurer fokussierten Absicht das Licht zu verbreiten.

Was die Hierarchie und ihre Befehlskette betrifft, so beobachten wir, dass ausgewählte Militärs und in staatlichem Auftrag arbeitende Wissenschaftler oft direkte Verbindungen zur planetaren Geheimregierung haben, unter Umgehung der (ohnehin relativ ohnmächtigen) politischen Repräsentationsfiguren in den einzelnen Ländern. Diese Schlüsselkräfte geben dann ihre Befehle an die zweite Ebene weiter. Bei dieser zweiten Riege handelt es sich um gut ausgebildete überlebens- und machtorientierte Individuen, die tatsächlich an die Notwendigkeit von Waffen und Überwachung gegen den allgegenwärtigen »Feind« glauben, und daran, dass sie die Interessen ihres »Vaterlandes« oder ihrer »Nation« vertreten, ohne zu wissen, dass es in Wahrheit nur die eine Weltregierung im Hintergrund gibt.

Die Pro-HAARP-Propaganda dieser Militärs der zweiten Ebene preist das Projekt als ein weltweit relevantes, wissenschaftliches Unterfangen an, das ein besseres Verständnis der Erdatmosphäre und der globalen Erderwärmung ermöglichen soll, und die Leute auf dieser Ebene der Hierarchie glauben das aufrichtig. Mit ihrem Kenntnisstand halten sie es für ein Projekt, dessen Grundlage sehr reale Sorgen über ionosphärische Störungen und deren potenziell schädliche Auswirkungen auf globale militärische Verteidigungs- und Überwachungssatelliten sind. Das ist ihr »Job«. Sie sind darauf trainiert, Briefings entgegenzunehmen und Befehle zu befolgen, ohne Fragen zu stellen.

Allerdings wird von den Militärs der obersten Führungsebene verschwiegen, dass eine geheime Anwendung des HAARP-Projekts dieses zur ultimativen Waffe macht – eine, die den gesamten Planeten in die Knie zwingen kann. Und diese geheime Anwendung ist längst erfolgt. Vollständig aktiviert ermöglicht HAARP, weltweit das Wetter zu manipulieren, die globale Kommunikation zu kontrollieren und die ganze Welt zu überwachen. Außerdem kann mit Hilfe von HAARP das elektromagnetische Gitter der Anunnaki wiederhergestellt werden und damit die totale Herrschaft über die menschliche Persönlichkeit, die durch Veränderungen des atmosphärischen Drucks, Mangel an Sonnenlicht und veränderte elektromagnetische Frequenzen sehr leicht zu beeinflussen ist.

Geophysikalische Kriegsführung – die Nutzung der Energien der Erde zu militärischen Zwecken – bietet das Potenzial, das Klima an bestimmten Punkten des Planeten gezielt zu verändern und die Meeresströmungen zu beeinflussen, Kommunikationssysteme zu stören und die Bevölkerungen ganzer Länder mental zu betäuben. So teuflisch das klingen mag, ist es wirklich noch schockierender als die Erschaffung und den Einsatz der Atombombe? Vergesst nie, dass die nukleare Verwüstung von den Propheten der Neuen Weltordnung erst vor so kurzer Zeit entfesselt wurde, dass die Ältesten unter euch sich noch persönlich daran erinnern.

Es überrascht nicht, dass die Massenmedien diesen heiklen Bereich eurer Erinnerung selten aufrühren, denn bei dieser Angelegenheit (Atomangriff auf die sogenannten Feinde der »freien« Welt) waren die »Guten« die Schurken … und das ist nicht die Art von Erkenntnis, die die Mächtigen in eurem Gruppenbewusstsein stimulieren wollen. Die minimale Berichterstattung und Darstellung der Rache der Vereinigten Staaten an den Menschen von Hiroshima und Nagasaki im Vergleich zum medialen Umgang mit den Nazi-Verbrechen zeigt euch, dass es so ist. Hier ist die »Geheimregierung« am Werk. Die Wahrheit wird verschleiert, zum »Selbstschutz« der Mächtigen, zur Rechtfertigung jeglichen Machtmissbrauchs. Es ist Propaganda, die euch eingetrichtert wird – von den Architekten des immerwährenden Krieges gegen die Unschuldigen der Erde.

Doch nicht einmal die obersten Militärs waren in die Wahrheit über HAARP – seine ganze Ungeheuerlichkeit – eingeweiht. Selbst ihnen wurde kein Einblick gewährt, denn anders als der innere Kreis der Machtelite gehörten sie nicht zur Anunnaki-Abstammungslinie.

Sie haben es trotzdem herausbekommen …

> ∴ <

Was genau ist die Ionosphäre, und warum solltet ihr, die Bewohner Gaias, besorgt sein wegen dem, was dort draußen, hunderte Kilometer über der Erdoberfläche, stattfindet?

Die äußere Schicht des Erdfeldes, in einer Höhe von etwa fünfundfünfzig bis achthundert Kilometer über der Erdoberfläche, besteht aus positiv und negativ geladenen Teilchen, in euren wissenschaftlichen Begriffen als Ionen und Protonen bekannt, bei denen es sich um Manifestationen der Emanationen eurer Sonne handelt, die im gesamten ausgedehnten Körper eures Sonnensystems vorhanden sind. Es lässt sich am besten als Plasma beschreiben, einer im materiellen Universum häufig anzutreffenden Energieform, die als Schutzschild gegen die Infrarotstrahlen eurer Sonnengottheit dient, indem sie die Menge an Wärmeenergie reguliert, die euren Planeten erreicht.

Diese Plasmaschicht des Erdkörpers ist für die kommerzielle und militärische Telekommunikation von besonderem Interesse, da sie Funksignale reflektieren oder absorbieren kann. Sie kann sie auch verstärken und verzerren. Diese äußere Ebene der sich gegenseitig durchdringenden Schichten der Atmosphäre schirmt die Erde vor Strahlung, schädlichen Frequenzen und anderen tödlichen Emanationen aus dem Weltraum ab.

Wir glauben jedoch, dass ihr höchster Zweck für die Lebensformen der Erde und besonders für euch, Sternensaat des Universums, darin besteht, die Art von Energiebombardement aus dem tiefen Weltraum zu filtern, die Mutationen in der DNA aller Lebewesen auf dem Planeten verursachen kann … und nur das in die physische Sphäre der Erde eindringen zu lassen, was für die Evolution eures Planeten angemessen ist.

Als ökologisch besorgte Bürger des Planeten Erde seid ihr euch sehr wohl bewusst, dass Industrieemissionen, Autoabgase und andere Abfallprodukte die Ozonschicht ernsthaft geschädigt haben. Die Löcher oder Risse in dieser Schicht der schützenden Energieschilde der Erde sind wissenschaftlich nachgewiesen und kartografiert worden (obwohl man euch die Wahrheit über den Ernst der Lage immer noch vorenthält). In diesen wachsenden Regionen des Ozonabbaus seid ihr ultraviolettem Licht von gefährlicher Intensität ausgesetzt (UVA- und kürzere, schädlichere UVB-Strahlung), das direkt bis zum Erdboden durchdringt, was einen hohen Preis von der Biosphäre und allen Lebewesen auf eurer Welt fordert.

Wir sehen in riesigen Zonen eurer Meere eine Verarmung des Phytoplanktons, dieser sauerstoffproduzierenden Lebensformen am unteren Ende der Nahrungskette der Ozeane.

Das müsste eigentlich eines der dringendsten ökologischen Anliegen auf dem Planeten Erde sein, wird aber kaum öffentlich thematisiert. Dabei ist es entscheidend für das Überleben eurer Meere … wie auch der Atmosphäre über euch. Wenn die Erde ihre Atmosphäre behalten soll, muss das Gleichgewicht zwischen Meer, Erde und Himmel wiederhergestellt werden. Eure Verseuchung der Atmosphäre mit fossilen Brennstoffen und die Vergiftung der Ozeane müssen korrigiert werden. **Jetzt.**

Die Veränderung der Ionosphäre ist noch verheerender als die UV-Strahlung, denn sie ist der Schutzschild eurer Atmosphäre. Diese Schicht beschirmt und nährt den physischen Körper Gaias und ist in jedem Sinne des Wortes ein integraler Bestandteil ihres Gleichgewichts. Die Zerstörung der Ionosphäre (nicht das Aufreißen der Ozonschicht) ist aktuell die **größte Bedrohung** für euch. Ein Riss dort – der sprichwörtliche letzte Tropfen, der das Fass zum Überlaufen bringt – könnte eine biologische und chemische Kettenreaktion auslösen, die eure gesamte Spezies, mit Ausnahme eurer unterirdischen Zivilisationen, vom Antlitz der Erde tilgen wird.

Wie ihr alle ist auch Gaia – die lebendige Gottheit – ein Wesen mit vielen Dimensionen, Aspekten und Qualitäten, die sich auf der physischen, emotionalen, mentalen und astralen Ebene manifestieren. Ihre Aura, die »Atmosphäre«, besteht (wie euer Aurafeld) aus verschiedenen »Schichten«, die sich gegenseitig durchdringen und miteinander interagieren, wodurch ihre Wirkung mit der menschlichen Aura vergleichbar ist. Eure Wissenschaftler haben die Aura der Erde erforscht, analysiert und in bestimmte Schichten unterteilt (obwohl es gar keine klar trennbaren Teile gibt). Dazu gehören die Ozonschicht, die Atmosphäre und die obere Atmosphäre oder Ionosphäre. Die Wissenschaftler sträuben sich noch, die Existenz der menschlichen Aura ebenfalls anzuerkennen, während die Bewussten unter euch verstehen, dass diese Aspekte als Mental-, Emotional- und Astralkörper wahrgenommen werden können – obwohl das Ganze in Wahrheit viel komplexer ist. Das Bewusstsein – die Unermesslichkeit der Existenz – entzieht sich endlichen Beschreibungen und festen Begriffen, aber wir sind gezwungen, sie zu verwenden, damit wir unsere Theorien erläutern und in Begriffen zu euch sprechen können, die euch vertraut sind.

Die Körper Gaias (ihr Aurafeld) reichen Hunderte von Kilometern über ihre physischen Grenzen hinaus, und es ist diese Ebene, auf der die bedeutendsten Veränderungen stattfinden. So wie euer Wissen um das menschliche Aurafeld euch erkennen lässt, dass Krankheit und Disharmonie ihren Ursprung im Aurakörper haben, gilt dies auch für die Erde, eure Solare Gottheit und alle anderen bewussten Entitäten, aus denen das Universum besteht. Das ist die Grundlage der physischen Realität. Es ist notwendig, dass ihr dieses Hauptgesetz der Existenz versteht, bevor wir euch die Natur der Erdresonanz angemessen beschreiben und erläutern können, wie Disharmonie im Aurafeld Gaias (von den unteren Schichten der Atmosphäre bis zu ihren äußeren Grenzen – der Ionosphäre) zu gewaltigen Umwälzungen auf der Oberfläche und innerhalb des physischen Körpers der Erde führen kann.

Deshalb bitten wir euch, aufbauend auf dem, was wir euch über elektromagnetische Frequenzen und Resonanzwellen erzählt haben, euch eine Waffe vorzustellen, die stark genug ist, um die gesamte globale Zivilisation – den Planeten selbst – in den Abgrund zu reißen. Dann werdet ihr verstehen, warum Bomben und herkömmliche Waffenarsenale für das Militär so antiquiert sind wie Tintenfässer und Federkiele für eure moderne Computergeneration.

Stellt euch vor, was erreicht werden könnte, wenn die wissenschaftlich-militärische Gemeinschaft mit dem gesamten Planeten in Resonanz treten könnte … um die Erde in einem metaphorischen Sinne dazu zu benutzen, Glas zum Zerspringen zu bringen! Wir deuten hier an, dass das, was sich in Alaska zusammenbraut, genau ein solcher Plan ist – die Idee, das Aurafeld der Erde, die Ionosphäre, mit genügend Gigawatt einer High-End-Radiofrequenz zu sprengen, um euer ätherisches Wesen zu verändern: eure mentalen, emotionalen und physischen Körper! Auch ihr, die Geschöpfe der Erde, werdet damit verändert, denn ihr seid das Spiegelbild der Göttin und unterliegt den gleichen Gesetzen, denen auch sie unterworfen ist.

Wir haben euch bereits auf diese Möglichkeit hingewiesen: »*Was wäre, wenn derjenige, der solche Schwingungen aussendet, dunkle Absichten verfolgt? Nehmen wir an, eine oder mehrere Personen, die andere zu ihrem persönlichen oder politischen Vorteil kontrollieren und manipulieren wollen, würden einen mentalen Störeinfluss erzeugen, eine Frequenz, die bestimmte gewünschte chemische Veränderungen im Körper des Empfängers hervorrufen soll?*«

Noch immer sind viele oberste Militärchefs Marionetten der Machtelite und glauben, dass sie an der perfekten Waffe arbeiten, die die enorme Kraft Gaias gegen den schwer greifbaren »Feind« nutzen soll, genauso wie sie die Bevölkerung unter Kontrolle halten soll. Und das ist, auf dieser Ebene, wahr, denn es gibt hier vielschichtige Aktivitäten und Absichten. Sie sind dabei, die Waffe der Waffen zu perfektionieren, und sie haben Recht, wenn sie glauben, dass ihre verdeckte und unterschwellige Kontrolle über euch enorm verstärkt wird, aber das ist nichts im Vergleich zu dem, was passieren wird, wenn sie sich an der ionosphärischen Schutzschicht von Gaias Aurafeld zu schaffen machen.

Hört jetzt gut zu.

Alle Zerstörungswaffen, von denen man derzeit weiß, dass sie in eurer Welt existieren – die nuklearen Arsenale, chemische und biologische Waffen, hochentwickelte Luft- und Raumfahrzeuge und »intelligente« Raketen – werden völlig überflüssig, wenn HAARP im vollen Umfang in den Einsatz gelangt. Ihr macht euch keine Vorstellung davon, welche Kräfte entfesselt werden, wenn sie ihr mittlerweile weltweites Netzwerk aus Antennenparks zu voller Leistung hochfahren. Der Aufbau dieser elektromagnetischen Emissionen, der Frequenz, die mit Gaias *Wam* in Resonanz geht, ist der Auslöser, der dann, um erneut dieses Bild zu verwenden, das Glas zum Zerspringen bringen wird.

Unvorstellbare Umwälzungen innerhalb und über der Erde werden dadurch ausgelöst, und alles Leben auf eurer Oberflächenwelt wird schweren Belastungen ausgesetzt sein. Mehr noch, wir wiederholen: Es könnte euren Aufstieg massiv behindern – eure Passage durch den Vortex, wie wir ihn in einer unserer vorherigen Botschaften beschrieben haben.

Zum Glück haben sich auf der Erde, über und unter ihr, unzählige positive Lichtkräfte zusammengeschlossen, von denen die Galaktische Allianz und wir nur ein Teil sind. Sie werden es unmöglich machen, dass die dunklen Kräfte das volle Potential von HAARP nutzen können. Aber noch tobt die Auseinandersetzung darüber, und ihr solltet wissen, dass die Menschheit gerade die erbittertsten Kämpfe seit ihrem Bestehen erlebt.

Genug von euch haben bereits darüber recherchiert, welche Stürme eure Welt gerade erlebt, und ihre Informationen an die Wahrheitssucher weitergegeben, damit ihr wisst, was auf euch zu kommt. Euch erwartet eine großartige, wundervolle Welt in der Neuen Zeit. Doch noch immer wollen die dunklen Kräfte nicht weichen, HAARP ist nur ein Aspekt davon. Auch wenn die meisten von euch noch nicht einmal davon gehört haben, gibt es diese Antennenwälder in England, Finnland, Norwegen, Australien, Japan, der Ukraine, Indien, China und an anderen Orten – und sie sind in einem teuflischen Netzwerk zur Zerstörung und versuchten Bevölkerungskontrolle weltweit miteinander verwoben. Globales Bewusstsein für das Projekt – die Aufmerksamkeit einer besorgten Bevölkerung – würde den Fortschritt der Angriffe erschweren, die derzeit in der Atmosphäre und im Untergrund durchgeführt werden. Deshalb müsst ihr über HAARP Bescheid wissen. Nur dann könnt ihr verstehen, auf welche Weise die Geheimregierung beabsichtigt, Gaias Energie besonders stark zu manipulieren, genau wie das einst ihre atlantischen Vorfahren versuchten.

Ihr müsst wissen, was durch HAARP entfesselt wird. Ihr müsst wissen, Kinder der Sterne, welche gefährlichen Pläne wieder einmal für den Planeten Erde entworfen wurden, so wie damals ... in den dunklen letzten Tagen von Atlantis.

In der abgelegenen Tundra Alaskas begann es, als Militärwissenschaftler bereits vor mehr als drei Jahrzehnten die Fähigkeit entwickelten, die ionosphärische Schicht der Atmosphäre eures Planeten mit dem zu beschießen, was (in eurer Terminologie) als einhundert Milliarden Watt an High-End-Radiofrequenzen gemessen werden kann. Unbemerkt vom größten Teil der Weltbevölkerung haben sie seitdem daran weitergearbeitet.

Das Projekt hat als primäres Ziel die absichtliche Erwärmung der Ionosphäre (ähnlich wie die Mikrowelle euer Essen erwärmt), und es ist beabsichtigt, die ionischen Partikel in der oberen Atmosphäre zu stimulieren, um bestimmte elektromagnetische Reaktionen zu manipulieren – Reaktionen, die für die Mächtigen von besonderem Interesse sind und von denen die Anunnaki glauben, dass sie für die Zukunft von Nibiru von entscheidender Bedeutung sind.

Die Anfänge der Auswirkung von HAARP auf eure Welt sind euch schon vor langer Zeit demonstriert worden. Wir beziehen uns hier besonders auf den Erdkalender von 1997/1998, als die HAARP-Leistung erstmals substanziell erhöht wurde und die Temperatur in der Ionosphäre abnormal anstieg. Gaia reagierte mit einer Gewalt, die sich in Form von Hurrikans, Überschwemmungen, Tornados, Dürre und Pestilenz über die Erde ergoss. Die »freie« Wissenschaftsgemeinde, uninformiert über die verdeckten Entwicklungen in Alaska, erklärte diese beispiellose Katastrophe mit dem »El-Niño-Effekt«, den die menschliche Bevölkerung im Großen und Ganzen als natürliches Phänomen akzeptiert.

Es stimmt: Das, was eure Wissenschaftler als El-Niño-Effekt identifiziert haben, existiert schon lange als geophysikalisches Phänomen. Das leugnen wir keineswegs. Vielmehr beobachten wir, dass sich seine Kraft und in der Folge seine Manifestationen durch die menschengemachten Störungen des Aurakörpers der Erde verschlimmert haben – durch die globale Erwärmung, giftige Emissionen, chemische und bakterielle Gifte in der Landwirtschaft, negative Gedanken des kollektiven menschlichen Bewusstseins, die wachsende Kraft der HAARP-Bombardierung der oberen Erdatmosphäre.

Es gibt weitere Anzeichen ... seltsame Vorfälle, die nicht mehr als »natürlich« hinwegerklärt werden können.

Ihr erlebt neuerdings, dass Blitze aus wolkenlosem Himmel herabschießen – und beängstigende und »unerklärliche« Stromausfälle und andere schädliche Effekte verursachen. Wie aus dem Nichts fallen plötzlich große Eisbrocken vom Himmel und krachen mit unheimlicher Wucht auf die Straßen eurer Städte.

Die Sensibleren unter euch fühlen sich beunruhigend »elektrisiert«, als würde ein subtiler Strom vom Scheitel bis in die Fußsohlen fließen. Das passiert in bestimmten Gebieten Nordamerikas und gehört zu den Fähigkeiten von HAARP: Seine Strahlen können über bestimmten geografischen Gebieten die Kundalini-Energie, die aus euren unteren Chakren aufsteigt, stören und ablenken, und zwar über die Nebenkanäle eurer natürlichen Meridiane: die Energieleitbahnen Ida und Pingala. Damit sorgt die Geheimregierung dafür, dass ihr innerlich blockiert seid und in euren unteren Chakren steckenbleibt ... und ist nicht genau das die Absicht jener, die über euch herrschen wollen?

Für die HAARP-Wissenschaftler – die Administratoren auf höchster Ebene – seid ihr Labortiere, und eure Käfige (die manipulierten elektromagnetischen Kraftfelder von Gaia) sind weitaus wichtiger als die einzelnen Menschen und andere Lebensformen, die unter den Auswirkungen leiden, den seltsamen Störungen und Beschwerden, die sozusagen auf einen Druckkochtopf in der oberen Atmosphäre der Erde zurückzuführen sind. Und das sind nur die Anfänge ... sofern es den positiven Lichtkräften nicht gelingt, die verzweifelten Bemühungen der Geheimregierung hinter den Kulissen ein Ende zu setzen ...

Wir bitten euch, gründlich über das nachzudenken, was wir euch jetzt gleich mitteilen werden. Bevor ihr darauf reagiert, solltet ihr euch zentrieren und in einen Zustand innerer Ruhe versetzen. Wir möchten euch die Provokation liefern, die euch dazu anspornen wird, Fragen zu formulieren, genauer hinzuschauen, offizielle Erklärungen anzuzweifeln und öffentlich Stellung zu beziehen. Wir wollen euch nicht in Unruhe versetzen, sondern euch stimulieren, denn es ist jetzt von größter Bedeutung, dass ihr sehr wach und aufmerksam wahrnehmt, was um euch herum geschieht. Das ist notwendig, wenn ihr wirklich Veränderungen in eurer Welt bewirken und als bewusste Wesen an der dynamischen Evolution eurer Gesellschaft, eurer Welt und der Galaxis teilnehmen wollt.

Vor allem aber geht es um eure **Befreiung**.

> ⁘ <

Von unserer höheren Warte aus erkennen wir, dass der wahre Zweck von HAARP noch viel weitreichender ist als das, was wir euch bisher geschildert haben. Und das, Bürger des Planeten Erde, wollen wir mit euch teilen, indem wir euch ausführlich über die Auswirkungen dieser tödlichen Technologie informieren.

Wir wiederholen, dass die Geheimregierung fest entschlossen ist, in dieser Zeit des revolutionären Wandels im Bewusstsein Gaias jene Schwingungsfrequenz zu identifizieren, mit der sie die Erde, das Wesen, wie ein Glas zum Klingen bringen kann, so dass der Planet beginnt, seine musikalischen Emissionen auszusenden – jene elektromagnetische Schwingung, die seine *Wam-* oder Seelennote ist. So fantastisch es klingt, sie versuchen tatsächlich, mit Gaia in Resonanz zu kommen und die enormen, unergründlichen Energien, die mit einer solchen Kraft freigesetzt würden, für viel mehr zu nutzen als für globale Herrschaft und bloße Manipulation des menschlichen Geistes.

Wir vermuten, dass hinter dem Projekt die Absicht der von den Anunnaki abstammenden Machtelite steht, diese enorme geophysikalische Kraft durch technologische Beherrschung der elektromagnetischen Frequenzen des Planeten zu kontrollieren und damit alle Lebensformen zu beherrschen – absolute Herrschaft über den Planeten Erde zu erlangen.

Sie glauben, dass sie, sobald sie den elektromagnetischen Herzschlag, die Schwingungen der Gedankenwellen und den Seelengesang des Planeten Erde bestimmt haben, tatsächlich in der Lage sein werden, eine Resonanz zwischen der Erde und Nibiru herzustellen – eine kosmische Verbindung, die so intensiv ist, dass die beiden planetaren Wesen durch die Nicht-Zeit ihrer Existenz unabänderlich miteinander verbunden werden können.

Warum? Es ist ihr widernatürlicher Plan, eine so mächtige Schwingungsverbindung zu schaffen, dass die Erde Nibiru von seinem galaktischen Kurs wegsteuern und durch den kalten Raum und durch die astralen Tunnel eurer Solaren Gottheit mit sich ziehen wird, während das gesamte System aufsteigt. Und ihr Plan ist gefährlich nahe daran, in die Tat umgesetzt zu werden. Das ist keineswegs so unmöglich, wie es für euch Oberflächenbewohner eines planetaren Himmelskörpers im materiellen Raum klingen mag. Ist nämlich die Erfahrung der Individualität (die Illusion des Getrenntseins) einmal überwunden, erscheint auch die Vorstellung von einzelnen, voneinander getrennten Himmelskörpern äußerst begrenzt. In *Alles Was Ist* gibt es keine wirkliche Trennung, denn alles ist durch Schwingungen miteinander verbunden und aufeinander bezogen. Obwohl also das Gerede von der Vernetzung von Planeten auf die meisten von euch geradezu lächerlich wirken mag, bestätigen wir, dass es absolut möglich ist, in diesen Begriffen zu denken und solche gewaltigen kosmischen Vorhaben voranzutreiben.

Die Menschheit hat, angeleitet von den Anunnaki, inzwischen diese Phase der Entwicklung erreicht. Wir erinnern euch daran, dass es seit jener fernen Zeit der himmlischen Verschiebung, als sie aus dem Sirius-System hinaus in die kalten Weiten des Weltraums geschleudert wurden, das Ziel der Nibirer war, eine neue stellare Heimat zu finden. Es sollte euch daher nicht überraschen, dass sie jetzt, während des Aufstiegs eurer Solaren Gottheit in die vierte Dimension, alle Register ziehen. Für sie heißt es: jetzt oder nie.

In der Spätzeit von Atlantis versuchten die Anunnaki-Herrscher, genau eine solche Form der Energieverbindung zwischen den beiden Planeten herzustellen – eine Sinfonie, die sie schon lange zuvor orchestriert hatten. Es war dieser Aspekt des Herumexperimentierens mit den Urkräften der Erde, der damals den Untergang eines ganzen Kontinents, Flutwellen und Überschwemmungen fast überall auf eurer Welt und die lange, dunkle Phase eines sonnenlosen planetaren Winters verursachte. Hätte den Atlantern damals jene Technologie zur Verfügung gestanden, die heute in der HAARP-Anlage eingesetzt wird, wären die Resultate höchstwahrscheinlich ganz, ganz anders ausgefallen.

> ·:· <

Was wäre denn, wenn dieses unfassbare Szenario tatsächlich eintreten würde: eine planetarische Anbindung Nibirus an Gaia? Was würde das für die Erdbewohner bedeuten: die Menschen, Tiere und Pflanzenwesen?

Es ist wichtig, dass ihr den karmischen Prozess versteht. Nibiru, der Wanderer, hat einst entschieden, sich viel langsamer zu entwickeln als die planetaren Wesen eurer Solaren Gottheit. Dieser Planet kann den Aufstieg nicht erreichen, indem er es sich einfach macht und auf der Wellenlänge der Erde mitsurft, denn darum geht es hier ja schließlich. Wir alle kommen hierher, um »die Arbeit zu tun«. Nicht einmal die großen himmlischen Wesen sind eine Ausnahme im göttlichen Plan. Es gibt bei unserer Rückkehr zu *Alles Was Ist* keine Abkürzungen. Das ist der Weg und die Herrlichkeit des Geistes.

Nichtsdestoweniger ist es besser, HAARP stillzulegen, ehe die Wissenschaftler mit ihren stümperhaften Experimenten (ihrem geistlosen Missbrauch der Erdenergien) weitere Störungen im Aurakörper eures Planeten verursachen. Während sich eure Solare Gottheit auf ihren Aufstieg vorbereitet, werden Stürme, Sonneneruptionen und Explosionen auf der ionosphärischen Ebene von

Gaias äußerem Wesen verarbeitet, und diese Ereignisse sind wesentliche Aspekte der Verwandlung des Planeten, und ebenso auch eurer Verwandlung. Sie sind die lebenswichtigen Manifestationen der Materie, während sie Transmutation erfährt – Reflexionen der bewussten Gottheit –, und es darf keine Einmischung durch die frevelhaften Techniker der Anunnaki-Herrschaft geben.

Eure Rebellion kann die Abschaltung der Sendeanlagen bewirken … aber es muss durch friedlichen Widerstand geschehen, oder die Marionetten der dunklen Kräfte werden den Vorwand finden, den sie brauchen, um euch zu vernichten. Euer kollektiver Geist – das fokussierte Bewusstsein der Vielen – kann die auf euch einprasselnde Energie ablenken und auf allen Ebenen jede erdenkliche Disharmonie heilen. Eure Stärke liegt in eurer Klarheit, Einheit und Absicht. Strebt nach diesen Eigenschaften. Strebt danach, das Verborgene zu enthüllen, und sprecht diese Wahrheit jederzeit offen aus gegenüber allen, die sie hören können.

Über das elektronische Rauschen und Brummen der Kontrollgeräte der Geheimregierung hinweg versucht die Göttin, den Puls des Einen Herzens zu hören – die Stimme eurer Seelen. Ihr müsst schneller sein als je zuvor, denn es ist eine Minute vor Mitternacht, und es geht alles andere als friedlich zu auf dem Planeten Erde.

8

TESLA, DER ALCHEMIST VON ATLÁN

Diejenigen von euch, die über die Technologie der freien Energie informiert sind, über deren Fortschritte und darüber, wie dieses Wissen von den Mächtigen unterdrückt wird, haben gewiss schon erwartet, dass wir irgendwann in unserer gechannelten Botschaft auf Nikola Tesla (1856-1943) zu sprechen kommen werden. Andere haben vielleicht noch nie von diesem Physiker und Erfinder gehört, dessen revolutionäre Beiträge auf dem Gebiet der physikalischen Wissenschaft die Grundlage für einen großen Teil der Technologien des einundzwanzigsten Jahrhunderts bilden. Er wurde in der Geschichtsschreibung weitgehend ignoriert, ausgeschlossen aus den Mainstream-Mythen, die eure wissenschaftlichen und technologischen Fortschritte umranken. Und doch hat er, der einst Alchemist in Atlantis war, eindrucksvolle Spuren hinterlassen, deren Einfluss auf eure Welt erst jetzt wirklich erkannt wird.

In dieser Zeit des absoluten technologischen und industriellen Wahns ist es nur natürlich, dass die Ökologen unter euch sich für Teslas alternative Methoden interessieren, denen er seinen Genie-Status verdankt. In der Tat bestand seine ursprüngliche Absicht darin, der Menschheit frei verfügbare Energie bereitzustellen, eine humanitäre Mission mit edelsten Absichten, was ihn zu einem Helden von jenem Kaliber macht, wie ihr sie in dieser Welt der dunklen Krieger herbeisehnt.

Wenn man recherchiert, was Tesla alles entdeckte und erfand, kann man nur staunen, welche Pionierarbeit auf dem Gebiet eurer modernen Anwendungen des Elektromagnetismus ein einzelner Mensch zu leisten in der Lage war und wie er zudem zeitgenössische und zukünftige Wissenschaftler über das Potenzial der durch die Menschheit nutzbaren planetaren und kosmischen Energien aufklärte. Wäre er nicht von damaligen Großkonzernen (Agenten der Geheimregierung) sabotiert worden, weil sie die Energieversorgung eures Planeten monopolisieren wollten, hätten euch die ökologischen Krisen erspart bleiben können, die Folge der Ausbeutung der Ressourcen eures Planeten sind. Und noch etwas: Wäre Tesla nicht ebenfalls von denselben machthungrigen Spielern im Hintergrund manipuliert worden, hätte er vermutlich niemals seinen ursprünglichen Weg verlassen, hätte sich nie der dunklen Seite seiner Genialität zugewandt. Auch das ist Karma, das sich als eine von vielen wahrscheinlichen Realitäten abspielt, welche sich die Seele auf vielen Ebenen erschafft – innerhalb und jenseits der physischen Welt.

Nichtsdestoweniger, in einer Zeit, in der ihr die Atmosphäre, die Ozeane und die Böden eures Planeten mit der weltweiten Verschwendung von fossilen Rohstoffen und der Freisetzung von radioaktiver Strahlung zerstört, kann Teslas Engagement für die Bereitstellung kostenloser, sauberer Energie leicht als ein edles Bestreben ausgelegt werden. Seid jedoch vorsichtig in eurer Bewertung dieses Menschen, denn der Druck, dem er in seinem Leben ausgesetzt war, sein unerlöstes Ego-Bewusstsein und gewisse karmische Muster sabotierten seine ursprünglichen guten Absichten. Wenn ihr euch eingehender mit Nikola Teslas Lebenswerk beschäftigt, werdet ihr, so glauben wir, erkennen, dass seine Erfindungen weitaus destruktiver waren, als ihr derzeit denkt. Außerdem weisen wir euch darauf hin, dass die Auswirkungen seiner Experimente eine Menge mit dem Dilemma zu tun haben, mit dem ihr alle gegenwärtig auf dem Planeten Erde konfrontiert seid.

Als Nikola Tesla sich Mitte des neunzehnten Jahrhunderts in jener physischen Form verkörperte, in der ihr ihn kennt, steckten eure wissenschaftlichen und technischen Fähigkeiten noch in den Kinderschuhen. Doch ihr machtet rasante Fortschritte, während eure Wissenschaft und die spirituellen geistigen Kräfte um die Aufrechterhaltung des Gleichgewichts rangen und das Pendel mal in die eine, dann in die andere Richtung ausschlug und so den Rhythmus der menschlichen Evolution vorgab. Tesla war es bestimmt, euch in andere Bewusstseinsdimensionen hinein zu katapultieren und dieses Gleichgewicht zu stören, denn seine Prägung stammte aus der »Zukunft« und der »Vergangenheit« … aus der Nicht-Zeit aller Erfahrung.

Dieser Mann war kein gewöhnlicher Sterblicher. Er kam aus einer Galaxie weit jenseits eurer aktuellen Vorstellung von »Entfernung« und »Zeit«, und zum ersten Mal verkörperte er sich während der Ära der letzten Generation von Atlantis in menschlicher Gestalt. Wir sagen euch, dass Tesla während der Letzten Generation unter den Menschen von Atlantis wandelte, aber selbst eindeutig **außerirdischer Herkunft** war. Wir bestätigen weiterhin, dass seine Assimilation in die Atlantis-Kultur zum großen Teil von den Anunnaki koordiniert wurde, und zwar zu Zwecken, die denen nicht unähnlich sind, die in unserer vorherigen Durchgabe erläutert wurden. Er hat nie die Mühsal der Inkarnation durchgemacht. Er trat einfach in den Körper eines Priesters der Dunklen Bruderschaft ein. Dieser Priester war glücklich, sein physisches Wesen hierfür zur Verfügung stellen zu können – begierig darauf, von seinen fehlgeleiteten Loyalitäten und dunklen Überzeugungen befreit zu werden.

Er – *Akkaeneset, Hüter der Energie* – wurde von der herrschenden Elite der Anunnaki mit dem hohen Amt des Chef-Alchemisten von Atlán betraut. Der außerirdische Zeitreisende fand ein technologisch hochentwickeltes Volk vor, dessen Nutzung der Kristalltechnologie eine bedeutende Entwicklungsphase erreicht hatte. Er beobachtete, dass die Atlanter die »Herrschaft des Geistes über die Materie« gemeistert und die Fähigkeit erlangt hatten, menschliche Gehirnwellen zu bündeln und zu lenken und damit die Energie zu erzeugen, die sie zur Beleuchtung ihrer Städte und für den Betrieb des Großteils ihrer Technologie benötigten. Obwohl nach seinen Maßstäben rudimentär, waren die Gedankenlicht-Generatoren Elemente einer visionären Gesellschaft, von der er wusste, dass sie für weitaus anspruchsvollere Anwendungen ihrer eigenen Erfindungen bereit war. Also führte er mit seiner Einmischung die Dunkle Priesterschaft weiter auf den Weg der Herrschaft über die Bevölkerung und nährte damit gleichzeitig den Wunsch der Anunnaki nach Versklavung der gesamten Menschheit.

Bevor die Dunkle Priesterschaft ihre Kampagne der Gedankenmanipulation gegen die Menschen in Atlantis begann, diente das Netzwerk der Geistlicht-Generatoren ausschließlich lichtvollen Absichten. Es bildete die entscheidende Schnittstelle zwischen der menschlichen Intelligenz und den Elementarkräften des Planeten. So konnten sie vereint für den höheren Zweck des Fortschritts der Menschheit wirken. Um wirklich ermessen zu können, welche Bedeutung dieses Netzwerk hatte, müsst ihr wissen, wie die Menschen das Kristallnetzwerk mit Energie versorgten, indem sie ihre Absicht fokussierten, gespeichertes Bewusstsein in physische Energie umzuwandeln.

Obwohl von vielen immer noch als »Magie« wahrgenommen, ist die Manifestation von Gedanken als physische Ausdrucksform in eurer Realität so alltäglich, dass ihr sie die meiste Zeit über einfach überseht. Dann ist da noch die Frage des Fokus, denn der Großteil der modernen menschlichen Kultur beruht auf ständigen Ablenkungen, weshalb eure Energien oft arg zerstreut sind. Doch sicherlich kennt ihr diesen wunderbaren Moment, wenn ihr so klar auf ein Ergebnis fokussiert seid, dass nichts eure Vision trübt und ihr feststellt, dass sich das gewünschte Resultat fast augenblicklich vor euren Augen manifestiert. Ihr erkennt eure Fähigkeiten vielleicht am besten in einfachen Handlungen, wenn euer Bedürfnis oder euer Wunsch so groß ist, dass ihr euch nur auf ein bestimmtes Ergebnis konzentrieren könnt, wie zum Beispiel einen dringend benötigten Parkplatz für euer Auto zu finden, oder dass jemand in letzter Minute bei einer Veranstaltung mit einer begrenzten Anzahl von Plätzen absagt, an der ihr unbedingt teilnehmen müsst.

Stellt euch vor, dass eine ganze Bevölkerung, die gelernt hat, diszipliniert eine gemeinsame Absicht zu fokussieren, mit vereinten Kräften ein Ziel anstrebt!

Die Atlanter der letzten Generation fanden ihre Stärke als zivilisiertes Volk in ihrer überragenden Fähigkeit, einen gemeinsamen höchsten Wunsch zur Manifestation zu bringen: mit den grenzenlosen Energien des Planeten und ihrem kollektiven Bewusstsein dem großen Ganzen zu dienen. Die Herzzentren der Bevölkerung waren während dieser morgendlichen Stunden des Rituals weit geöffnet, und ihre Hingabe an das Wohl der gesamten Gemeinschaft war bedingungslos. Zweifellos entwickelt ihr jetzt, wo euer Aufstieg aus der materiellen Realität begonnen hat, ein viel tieferes Bewusstsein dafür, wie groß die Macht der Gedanken über die Materie ist. Gewiss fällt es euch nun immer leichter, euch die ehrfurchtgebietende schöpferische Kraft des Einen Geistes und das Potenzial eurer Vereinigung vorzustellen.

Wir versichern euch, dass die Fähigkeit der Atlanter, die Kristallgeneratoren mit der Kraft ihrer fokussierten Absicht zu energetisieren, für sie so natürlich war wie für euch das Umlegen eines Schalters. In jedem Haus und an jeder Arbeitsstelle gab es einen zentralen Kristall der Anbetung. Alle Tempelanlagen waren um einen großen ellipsoiden Quarz in ihrer Mitte angeordnet. In allen Versammlungsorten und Ruhezonen gab es Bereiche, wo mit Kristallen meditiert werden konnte. Ganze Städte hingen von dieser Beständigkeit des Denkens und der Konzentration ab, denn die von diesen Städten benötigte freie Energie wurde auf solche Weise generiert. Es war eine Zivilisation, in der eine nahezu ideale Form der Zusammenarbeit vorherrschte, den Kräften der Natur Respekt gezollt und mit Hingabe die himmlischen Gottheiten verehrt wurden – die Gottheiten aus der Familie Ras (euer Sonnensystem) und noch viele andere jenseits davon.

Ihr könnt euch vorstellen, warum die dunkle Seite dort fruchtbaren Boden vorfand, um Angst und negative Energien zu säen und zu ernten, die dann schließlich die goldenen Länder der Urmenschheit immer mehr erfassten. Die Menschen von Atlantis waren unschuldig, aber fähig, ihre Absichten zu fokussieren, und sie wussten auf vielen Ebenen, wie man die Erdenergien nutzbar macht. Sie waren die perfekte Beute ... Nahrung für die hungrigen Wesen des Planeten Nibiru.

Zurück zu den Gedankenlicht-Generatoren: Wir bitten euch, gründlich über die Kraft des kollektiven Bewusstseins nachzudenken, und zwar unter Berücksichtigung der Tatsache, dass dieses Bewusstsein damals ganz darauf ausgerichtet war, dem großen Ganzen zu dienen.

Macht euch klar, wie unermesslich diese elektromagnetische geistige Frequenz ist, wenn sie fokussiert mit den Urkräften Gaias vereinigt wird. Könnt ihr euch vorstellen, wie man damals diese intensive gemeinsame menschliche Anstrengung in die Kristalle kanalisierte, um mittels elektrischer Aufladung der Oreichalkos-Spulen in den Generatoren die Energiekanäle über der Erde zu energetisieren und zum Leuchten zu bringen?

Erlebt ihr nicht heute erneut die gleichen Prozesse in veränderter Gestalt? Denkt an eure Arbeit mit den »allmächtigen« Computern, die buchstäblich eure Welt steuern. Auch sie basieren auf Silikaten, und obwohl ihr euch eurer direkten Beteiligung an ihnen weniger bewusst seid, ermächtigt und energetisiert ihr eure Computer über euer kollektives Bewusstsein. Nur ist es so, dass die Atlanter dies bewusst taten, während es bei euch auf einer unterbewussten Ebene des Gruppenbewusstseins geschieht – einer Ebene, die stark von der geheimen Machtelite beeinflusst wird. Indem ihr eure Macht an die Computer abgebt, überlasst ihr die Kontrolle den Manipulatoren des Massenbewusstseins. Ihr überantwortet ihnen die Lenkung eures Verstandes, eures Körpers – sogar eurer Seele.

Darüber hinaus liefert ihr eure planetarische Heimat den Beherrschern der Technologie aus, und inzwischen seht ihr überall, was diese Auslieferung anrichtet.

Die Internetsucht der Menschheit des einundzwanzigsten Jahrhunderts entmachtet euch völlig, und wie in Atlantis haben die dunklen Mächte euer Kollektiv infiltriert und nutzen dieses Medium, um euch und eure Kinder zu manipulieren.

Diese Technologie ist, ebenso wie seinerzeit das Netzwerk der Geistlicht-Generatoren, ein äußerst effektives Steuerungswerkzeug. Dennoch gibt es einen auffälligen Unterschied. Während Computer und Fernseher auf künstlichen Realitäten beruhen und das Massenbewusstsein auf weit gefährlichere Weise beeinflussen, als es in Atlantis der Fall war, waren die Geistlicht-Generatoren Instrumente des kollektiven Bewusstseins. Das heißt, bevor die dunklen Kräfte sich einmischten, dienten die Generatoren dem höchsten Zweck: dem Wohl des Ganzen. Das war bei den modernen Technologien nie der Fall. Sie sind immer schon Werkzeuge der Machtelite gewesen und gegen euch eingesetzt worden. Es ist wichtig, dass ihr diesen Unterschied erkennt, denn die meisten von euch beten Computertechnik und Internet regelrecht an und verschließen die Augen vor ihren zerstörerischen Auswirkungen. Und sie haben noch nicht verstanden, wie sehr diese Technik euch entmenschlicht.

Ihr steht kurz davor, eure Welt der Herrschaft der Roboter zu unterwerfen ... das ist die nächste Phase. Stellt euch eine Welt vor, die von Künstlicher Intelligenz regiert wird, wie sie sich bereits zu manifestieren begonnen hat, und ihr werdet erkennen, dass das euer Untergang sein würde.

Die Großartigkeit des Menschseins wäre für immer verloren, denn alles, was schön und gerecht an euch ist, würde von den mechanischen Göttern, die ihr anbetet, verdrängt werden.

Wir, die wir Euch als große Quellen der Liebe und intensiver Emotionen betrachten – als die Träumer des Universums –, können gar nicht begreifen, wie ihr eure Menschlichkeit so bereitwillig hergeben könnt, und doch verstehen wir, wie ihr manipuliert werdet, genau das zu tun. Es ist eine Widerspiegelung dessen, was euch als angeblich »natürliche« Entwicklung eurer Spezies verkauft wird, wie unnatürlich es auch sein mag.

Bedenkt, dass die Wissenschaft unvermeidlich danach strebt, alle bisherigen Errungenschaften zu übertreffen. Es liegt in der Natur der Intelligenz, auf dem aufzubauen, was sie bereits erworben hat. Das drückt sich als allgemeine Erfahrung in dem Gefühl aus: »Wenn wir dies können, dann können wir sicher auch das andere.« Lernen ist ein Aufbauprozess der Aneignung, den alle intelligenten Wesen irgendwann durchlaufen, um so mehr in gesellschaftlichen Strukturen, wo man miteinander interagiert und auf dem wachsenden Wissen der anderen aufbaut. Ob dieser Prozess sich mehr der Dunkelheit oder dem Licht zuneigt, hängt größtenteils von den Bewusstseinsstufen ab, die in der Umgebung eines Menschen während des physischen Lebens präsent sind – also während der Zeit, die seine Seele in der »Schule« verbringt. Lassen wir dabei nicht außer Acht, dass es Einflüsse von außerhalb oder jenseits der physischen Realität gibt, denn es gibt unzählige Aspekte des durchdringenden Bewusstseins (direkte und indirekte Intervention), die die wahrscheinlichen Ergebnisse beeinflussen können.

Akkaeneset war fasziniert von den weitreichenden Möglichkeiten des bei den Atlantern bereits vorhandenen Know-hows, während die Dunkle Priesterschaft in erster Linie daran interessiert war, die Kontrolle über die Gesellschaft zu erlangen. Als ehemaliger Meister der physikalischen Gesetze des materiellen Universums experimentierte er mit niederfrequenten Emissionen, die in die Spulen und Kristalle des unterirdischen Energiesystems übertragen wurden. Er wollte die Wirkung der verschiedenen Frequenzen auf die Bevölkerung studieren und aufzeichnen. Sein Ziel bestand darin, den Frequenzbereich zu ermitteln, bei dem die Bevölkerung sich am effektivsten dazu stimulieren ließ, mit ihrer Bewusstseinsenergie geophysikalische Reaktionen zu erzeugen und verstärken ... dort, in den unterirdischen Kammern, die am Rand der Städte gebaut worden waren.

Mit bestimmten Frequenzen dieser bewusstseinsverändernden Emissionen ließen sich, wie er beobachtete, bei einer sehr großen Anzahl von Menschen Depressionen oder Verzweiflung hervorrufen. In diesen Fällen produzierten die Geistlicht-Generatoren nicht mehr genug Energie zur Beleuchtung der Städte. Andere Bereiche des elektromagnetischen Spektrums konnten bei den Menschen Wut und sexuelle Leidenschaft provozieren, Reaktionen, die dazu führten, dass riesige Energieschübe in den Spulen freigesetzt wurden und das Leitungsnetzwerk der Atlanter überlasteten. Der Alchemist, der noch nie ein körperliches Leben wie dieses kennengelernt hatte, empfand das Erleben menschlicher Emotionen als unterhaltsam und wunderte sich darüber, wie er mit seinen Manipulationen auch den Energiefluss des großen planetarischen Erdwesens beeinflussen konnte.

Akkaenesets Forschungen verhalfen der Dunklen Priesterschaft zu wachsender Macht über die atlantische Gesellschaft, und die Atlanter gerieten während ihrer Gebete und Andachten immer stärker unter diesen Einfluss. Wir glauben, dass es keinen größeren Machtmissbrauch gibt als die dreiste und vorsätzliche Sabotage der spirituellen Erfahrung eines souveränen Individuums. Eine finstere Absicht kann es nicht geben. In diesen Momenten, wenn ihr euer Kronenchakra öffnet, um im Licht des obersten Schöpfers zu baden, seid ihr wie Vögel im Flug – ihr schwebt jenseits eurer physikalischen Grenzen und wisst um eure Göttlichkeit. In diese Verbindung zum Göttlichen einzugreifen, kann nur als totale und absichtliche Einmischung in das spirituelle Erwachen eines souveränen Wesens aufgefasst werden … und das verstößt gegen sämtliche Prinzipien der Schöpfung.

Durch die Fortschritte, die in Akkaenesets unterirdischen Laboren erzielt wurden, gelang es den Dunklen, den elektromagnetischen Code der menschlichen Emotionen zu knacken – eine Serie von Frequenzen, durch die sich gewünschte emotionale Reaktionen hervorrufen lassen, mit denen der menschliche Geist kontrolliert oder gar zerstört werden kann. Sie entwickelten eine Methode, um die Menschen im unterbewussten Bereich an die Emotionen der unteren Chakren zu binden, das heißt, an Angst, Wut und Sexualität, mit dem ausdrücklichen Ziel, damit die von der Dunklen Priesterschaft für ihre Ziele benötigten Energieflüsse zu stärken und zu intensivieren. In der Zwischenzeit war Akkaeneset zunehmend fasziniert von der Interaktion der Erde mit dem Verstand und den Emotionen der Menschen. Er wurde geradezu besessen von dem Wunsch, die menschlichen Emotionen und Gaias wundervolle Kräfte bis zur Belastungsgrenze zu treiben.

Dabei muss man wissen, dass die Anunnaki auf der Erde schon damals eine planetare Verbindung mit Nibiru planten. Sie glaubten, dass Akkaeneset über die notwendigen Fähigkeiten verfügte, um einen Weg zu finden, wie sich eine Resonanz zwischen Nibiru und der Erde herstellen ließ, die es ermöglichte, Nibiru für immer in das Sonnensystem hineinzuziehen. Sie räumten ihm absolute Macht ein, damit er für sie dieses Ziel verwirklichte, und so genoss er totale Freiheit, Reichtum und Vergnügungen. Und natürlich hatte er völlig freie Hand, die Menschen von Atlantis nach Belieben zu manipulieren und ihre etablierte Technologie sowie ihren Geist auszunutzen, um das ultimative Ziel zu erreichen, Nibiru in eine dauerhafte Umlaufbahn um die Sonne zu ziehen.

Das Experimentieren mit den geophysikalischen Kräften der Erde fand also schon lange vor eurer modernen Zeit statt … lange bevor die heutige Machtelite ihre zerstörerischen Antennen in Alaska installierte. Der Eine, Akkaeneset, kehrte daraufhin auf der Erde das Unterste nach oben und erschuf Technologien, die weit über das hinausgingen, was ihr heute kennt oder euch vorstellen könnt. Er führte wichtige Experimente mit der Schwerkraft durch, entwickelte eine Technologie, mit der Menschen und Dinge unsichtbar gemacht werden konnten, und erforschte die Elektrizität. Er und sein Team ließen für die Priesterschaft Luft- und Raumfahrzeuge bauen, die Reisen über große Distanzen ermöglichten. Es gab Sonnenschiffe, Zeitmaschinen und viel stärkere Laserstrahlen, als ihr sie heute nutzt. Der bedeutendste Aspekt seines Wandelns unter euren Vorfahren war jedoch ein anderer.

Als Zeitreisender brachte der Alchemist ein eurer Erdenzeit so weit vorauseilendes Wissen in den 3D-Rahmen, dass er damit ein Loch in das lineare Zeitkonstrukt eurer Realität riss. Er zog die Menschheit gewissermaßen aus der linearen Zeit heraus und ermöglichte eurer Spezies Einblicke in die vierdimensionale Realität. Ironischerweise schenkte er auf diese Weise, während er der Priesterschaft Wege und Mittel zur Verfügung stellte, um das Bewusstsein eurer Vorfahren zu manipulieren, der Menschheit gleichzeitig eine Vision davon, was jenseits der Beschränkungen der dritten Dimension liegt. Das war die duale Natur seiner Anwesenheit unter euch. Es war sein größter Beitrag für die Menschheit.

Da wir immer wieder von der Nicht-Zeit sprechen, bedenkt bitte, dass ihr euch, wenn ihr Technologien wiederentdeckt, die bereits vor 13.000 Jahren in den unterirdischen Laboren und Kraftwerken von Atlán existierten, gleichzeitig vorwärts und rückwärts bewegt. Diese Vorstellung mag euch jetzt fremd erscheinen, aber ihr werdet sie in naher Zukunft viel besser verstehen.

Ihr durchbrecht gerade viele Barrieren: Die Zeit verformt sich, und Risse in der dreidimensionalen Realität werden nun vermehrt auftreten, während euer Aufstieg voranschreitet.

Akkaenesets Wiedererscheinen in der physischen Realität war vor allem eine Seelensuche, um die enorme karmische Schuld aufzulösen, die er durch sein von dunklen Absichten bestimmts Leben in Atlantis auf sich geladen hatte. Als Chef-Alchemist von Atlán war er nicht nur direkt an den Experimenten beteiligt, die zur Zerstörung dieser Realität führten. Er war der geistige Urheber des damaligen verhängnisvollen Fehlers, der zum Untergang von Atlantis führte – sein Schöpfer. Und daran erinnerte er sich. Sein Herumpfuschen an den geophysikalischen Kräften der Erde und die Blockade der menschlichen emotionalen Felder bewirkten, dass buchstäblich eine Sicherung in den neuralen Netzwerken Gaias durchbrannte. Das war die Ursache für den Untergang von Atlantis und die darauf folgenden weltweiten Verwüstungen: Der Planet Erde war kurzgeschlossen und sein zentrales Nervensystem ausgeschaltet worden. Doch Gaia schüttelte diesen störenden Einfluss ab und holte sich ihre Macht zurück.

Nach der Katastrophe, die er in jenem Leben angerichtet hatte, entschied sich Akkaenesets Seele, sich erst zu einem Zeitpunkt wieder auf der Erde zu verkörpern, wenn sich ihm die Gelegenheit bot, seine karmische Schuld abzutragen, indem er das gestörte Gleichgewicht wiederherstellte. Dieser Zeitpunkt kam 1856 – an einem wichtigen Wendepunkt für die Menschheit, dem Beginn des Industriezeitalters. Nikola Tesla verließ den Schoß der Mutter, ging durch das Portal und wurde geboren, wobei er sein angeborenes Wissen über die Funktionsweise des Kosmos und eine ziemlich klare Erinnerung an seine atlantischen Missetaten in die neue Inkarnation mitbrachte.

Als junger Mann widmete er fast seine gesamte Energie dem Studium des Austauschs und der Interaktion von Elektrizität und Magnetismus und der Frage, wie diese Kräfte durch die Macht des Geistes bewusst gelenkt und nutzbar gemacht werden konnten. Ist das ein Wunder? Er widmete sich der Aufgabe, die Menschheit mit der ehrfurchtgebietenden Gewalt dieser gegensätzlichen und sich ergänzenden Kräfte vertraut zu machen und kehrte in die physische Form zurück, um euch eine uralte Lektion zu vermitteln – euch zu zeigen, wie ihr die Kräfte Gaias nutzen könnt, um dem Licht zu dienen, statt die Dunkelheit zu verstärken. Das war seine karmische Bestimmung.

Wie ihr wisst, ist es, um Karma aufzulösen, oft notwendig, sich erneut mit den Versuchungen und Prüfungen aus früheren Inkarnationen auseinanderzusetzen, und diese sind oft viel größer und viel schwieriger zu überwinden als die Probleme des jetzigen Lebens. Im Fall von Akkaeneset gingen die guten Absichten eines Seelenheilungs-Karmas schließlich durch den Druck des Erdenlebens und die unerträgliche Last des übermenschlichen Genies verloren.

Wir bestätigen, dass Akkaenesets frühe Jahre als Nikola Tesla in der Tat dem Ziel gewidmet waren, freie Energie auf den gesamten Planeten zu bringen und so der Menschheit an einem weiteren Wendepunkt ihres Aufstiegsweges zu dienen. Als Student der Physik träumte er auch davon, das Wetter zu beeinflussen, um den Menschen zu helfen, die unter Dürre, unerträglicher Hitze und Kälte und anderen klimatischen Härten litten. Als junger Erfinder träumte er von globaler Kommunikation, um die Völker der Welt einander näher zu bringen, und stellte sich sogar vor, durch die Zeit – in die Zukunft und die Vergangenheit – zu reisen, um die Erfahrungen der Menschheit im 3D-Theater zu erweitern. Vor allem aber träumte er davon, die geophysikalischen Kräfte der Erde nutzbar zu machen, aus Gründen, die in den kühlen, dunklen Gewässern seines Unterbewusstseins lagen.

Wie der Adept Albert Einstein (1879-1955) war Tesla bestrebt, die Menschheit mit einer Technologie zu beschenken, mit der sie sich die Kräfte der Natur nutzbar machen konnte, damit Hunger und Leid für immer der Vergangenheit angehörten. Seine ursprüngliche Absicht war es, das Licht der universellen Weisheit in die physische Welt der Menschheit zu bringen und die Menschen mit einer Macht auszustatten, von der er glaubte, sie würde zum Wohl aller Kulturen und Nationen auf eurem Planeten genutzt werden.

Leider entsprach sein Plan, allen Menschen weltweit freie Energie zugänglich zu machen, nicht dem Masterplan der Machtelite, deren Marketingstrategie für den Planeten Erde schon immer auf einer weit weniger altruistischen Grundlage fußte. Den Planeten aus Profitgründen auszubeuten und die Rassen zu zwingen, diese gestohlenen Ressourcen zu konsumieren, um zu überleben, war der Plan, den die Anunnaki vom Anbeginn ihrer Herrschaft der Menschheit auferlegt hatten – viele, viele Jahrtausende vor dem Beginn eurer offiziellen Geschichtsschreibung.

Trotz seiner anfänglich edlen, hohen Absichten bestanden bei dem Menschen Nikola Tesla leider immer noch ungelöste Ego-Probleme. Das machte ihn anfällig für Manipulationen durch die Machtelite, denn das ist es, womit sie die Menschen ködert: unaufgelöste Ego-Motivationen. Tesla wusste, dass die Nutzbarmachung dieser gewaltigen physikalischen Kräfte die globale Realität der Erde für immer verändern würde. Tragischerweise wurde seine extradimensionale höhere Vision von Gaias geophysikalischem Potenzial als Quelle freier Energie für alle Menschen von den großen Konzernen abgelehnt, denen die Ressourcen der Erde gehörten und die bereits sehr gut daran verdienten, euch Energie zu verkaufen. Sie führten eine heftige Kampagne gegen ihn und diskreditierten seine Ideen so sehr, dass er mit seinen Behauptungen, es sei möglich, die gesamte Menschheit mit freier Energie zu versorgen, zum Gespött der wissenschaftlichen Welt wurde.

Desillusioniert wandte sich Tesla mit all seiner Genialität wieder der dunklen Seite zu. Bald wurde er von den Wächtern der Machtelite, der Marionetten-Militärführung, kontaktiert. Sie monopolisierten seine Arbeit durch umfangreiche finanzielle Zuschüsse und Zugang zu technischer Infrastruktur, die nur sie ihm zur Verfügung stellen konnten. Das war natürlich Teil des Plans, ihn einfach aus der Öffentlichkeit zu entfernen, wo er genug Aufmerksamkeit hätte auf sich ziehen können, um die Pläne der Geheimregierung zu stören. Man brachte ihn in eine Laborumgebung, wo er einerseits unter ihrer Kontrolle stand, andererseits aber alle Freiheiten hatte, seine innovativen Energiemaschinen für das US-Militär und mit diesem kooperierende Privatunternehmen zu entwickeln. Er wurde tätig für den Militärisch-Industriellen Komplex.

So kam es, dass seine Energien umgelenkt und seine Absichten sabotiert wurden, denn die Machtelite hatte niemals vor, die Menschheit mit einer solchen frei verfügbaren Ressource zu beschenken. Nikola Tesla erlag seinem Bedürfnis nach Anerkennung und überantwortete sein Wissen den dunklen Kräften des Militärs. Seine früheren Visionen von freier Energie für die gesamte Menschheit und die Befreiung von der linearen Zeit wurden schließlich durch Entwürfe zur Steuerung von Geräten ersetzt, die er auf Grundlage seiner Erinnerungen an Atlantis schuf, Erinnerungen, die er in dieses Leben mitgebracht hatte, um noch einmal mit dieser karmischen Wahl konfrontiert zu werden.

Während dieser Zeit verkündete er, einen »Todesstrahl« von solcher Stärke perfektioniert zu haben, dass man damit Tausende Flugzeuge vom Himmel holen oder ganze Bataillone feindlicher Soldaten töten könne. Damit meinte er tatsächlich eine erneute Anwendung jener Technologie, durch die Atlantis im Meer versunken, die Erde bis in ihren Kern erschüttert und ihr Aurafeld bis in die äußeren Schichten der Atmosphäre destabilisiert worden war.

Tesla aktivierte seinen »Todesstrahl«-Apparat um die Jahrhundertwende. Damit verursachte er in einer abgelegenen Region in Sibirien eine so gewaltige Explosion, dass ihre Zerstörungskraft sogar die späteren Atombombenabwürfe übertraf. Dieses historische Ereignis wurde als Absturz eines Meteors oder eines Kometen erklärt, der auf der Erde einschlug, aber bei den Zerstörungen in der Tunguska-Region handelte es sich in Wahrheit um die Manifestation einer verrückten Erfindung des Alchemisten.

Jene Seele, die als Nikola Tesla inkarnierte, hatte also wieder einmal die Macht anstelle der Liebe gewählt. Sie entschied sich für das individuelle Ego statt für das Eine Herz … und diese Wahl veränderte das Schicksal des Planeten Erde für immer. Wie in Atlantis sollte das Wissen um diese Macht die Existenz aller Wesen auf dem Planeten prägen – ja, sogar die Existenz des Planeten selbst.

Was unsere Analyse von HAARP und seinen wahren Zweck angeht, möchten wir daran erinnern, dass aus Teslas späteren Jahren folgendes Zitat von ihm überliefert ist: »Eines Tages wird Energie auf einen anderen Planeten übertragen werden.« Aber er verschwieg seine Erinnerung an den Plan der Anunnaki, seinen »Resonanzzünder« zu optimieren und dafür zu benutzen, Nibiru dauerhaft im Sonnensystem zu verankern, so wie es die neuen Konstrukteure des atlantischen »Todesstrahls« – die HAARP-Techniker – mit ihren weltweit vernetzten Antennenparks versuchen.

Ob er dort jetzt wohl wieder wandelt – im schmutzigen Schnee des Armageddon?

9

RA

Inmitten ihrer vielen Manipulationen an den göttlichen Himmelskörpern, an der Menschheit, den geophysikalischen Kräften der Erde und der Musik der Schöpfung selbst hat Ras Transmutationsrevolution enorme und unvorhergesehene Störungen in den unmittelbaren Aktivitäten und Zukunftsplänen der Geheimregierung verursacht – Pläne, die sich um den Aufstiegsprozess eurer Sonne, den Austritt der Erde aus der materiellen Realität und das Schicksal Nibirus drehen.

Eure Spezies weiß sehr wenig über die Sonne, was paradox ist, wenn man bedenkt, dass Ra eine so entscheidende Rolle bei den kosmischen Ereignissen spielte, die einst zum Aufblühen des Lebens auf der Erde führten – der eigentlichen Geburt des Planeten! Wenn ihr die verbliebenen schriftlichen Aufzeichnungen der alten Astronomen und Astrologen untersucht, würdet ihr erkennen, dass eure Vorfahren viel stärker von der Natur der Sonne fasziniert waren als von den Planeten eures Sonnensystems, dem Mond oder den fernen Sternen am Nachthimmel.

Es ist, als hätte eure eifrige Beschäftigung mit immer neuen Planeten, ihren Monden und dem Asteroidengürtel eure Aufmerksamkeit vom Zentralgestirn eurer himmlischen Heimat für eine sehr lange Zeit abgelenkt – **bis heute.**

Für uns, die wir euch aus der »Ferne« beobachten, scheint es, dass die Sonne für euch einfach zu selbstverständlich ist, ihr zu sehr mit euren »irdischen« Sorgen beschäftigt seid oder es euch vielleicht zu komplex ist, euch näher mit ihr zu beschäftigen. Oder ihr empfindet eure Sonne Ra einfach als viel zu weit weg, um ihr besondere Aufmerksamkeit zu schenken.

Die heutige irdische Gesellschaft als Ganzes hat die emotionale Verbindung durchtrennt, die eure Ahnen zu eurer Sonnengottheit hegten. Ihr habt aufgegeben, was einst eine intuitive Wertschätzung der Göttlichkeit eures Sterns war. Nur die indigenen Völker, jene, die das alte Wissen bewahren, verehren die Sonne noch auf diese Weise. Daher können wir mit Sicherheit sagen, dass ihr die Sonne weit weniger schätzt, als es bei den späten Atlantern der Fall war, deren gesamte Kultur um ihre zentrale Vorstellung vom Lichtträger Ra – ihrem himmlischen »Vater« – kreiste.

In der Tat hat die religiöse Indoktrination des letzten Jahrtausends euch eingeredet, die Verehrung der Himmelskörper als »göttliche Wesen« wären heidnische Rituale und Hexerei. Wer von euch dennoch an diesem Glauben festhielt, wurde mit brutaler Gewalt zur Unterwerfung gezwungen – oder auf dem Scheiterhaufen verbrannt. In der Zwischenzeit gingen die großen Bücher über astrologische Weisheit und Himmelsmagie entweder in Flammen auf oder wurden in den unzugänglichen Bibliotheken der religiösen Autoritäten begraben, als gehöre dieses Wissen ihnen und sie hätten das Recht, es zu unterdrücken und euch vorzuenthalten.

Nichtsdestoweniger ist es wichtig, dass ihr Ra als den Schlüssel zu eurem Aufstieg erkennt, denn es ist die Sonne, welche die Reise durch ihre Astralschnüre initiiert. Die Sonne wird euch in die nächste Dimension hinaufziehen. Der Körper der Gottheit (bestehend aus den Planeten, Monden und himmlischen Bruchstücken, die zusammen mit euch die Sonne umkreisen) bewegt sich als Aspekt des solaren Aufstiegs – so wie ihr, die ihr Gaias Erwachen seid, als ein Aspekt ihrer Reise aus dem materiellen Universum in die vierte Dimension aufsteigt. Deshalb müsst ihr wissen, dass ihr sicher durch diesen

Prozess geführt werdet, während Ra eure gesamte kosmische Familie aktiv auf die Reise durch die Astralschnüre seiner Transmutation in noch höhere Bewusstseinsebenen vorbereitet.

Die Erde und ihre Schwesterplaneten sind für die Sonne, was ihr für Gaia seid – Bewusstseinseinheiten dieses größeren Wesens. Alles steht in kosmometrischer Proportion zueinander, und jedes Stück des multidimensionalen Puzzles passt perfekt in das andere. Gemeinsam wirbeln sie in den höchsten Vortex hinein, der euch aus der Dichte des materiellen Reiches in die höheren Dimensionen zieht.

Ihr seht also, dass ihr ein sehr kleiner Teil eines sehr großen galaktisches Ereignisses seid.

Die Sonne ist jetzt in ihre intensivste Phase der Transformation eingetreten, ebenso wie die Erde, ihre Schwestergötter, ihr, die Tiere, die Pflanzen und die Felsen Gaias. In der Phase des eigentlichen Aufstiegs beschleunigt sie in einer Weise, die schon bald alles übersteigen wird, was eure Wissenschaftler in logischer und technischer Terminologie beobachten oder aufzeichnen können. Ra macht enorme Verschiebungen in seinen Energiefeldern durch und wirft mehr und mehr von seinem materiellen Körper ab (die Partikel und Teile seiner atomaren Essenz). Er stößt gewaltige Sonneneruptionen aus, die eine erhöhte Strahlung bis in die Weiten des Sonnensystems und darüber hinaus in den Weltraum schleudern.

Das ist Metamorphose, das Abwerfen von Quantensummen gespeicherter Energie in Vorbereitung auf die bevorstehende Erfahrung des Übergangs und der Transmutation der Form.

Dieses Stadium manifestiert sich in Form außergewöhnlicher solarer Phänomene. Sie werden von fernen Zivilisationen beobachtet und von euren Regierungen, von den »freien« Wissenschaftlern ebenso wie von den Amateur-Astronomen unter euch studiert, die sich (wie wir) auf das sich verändernde Gewebe eurer Galaxis konzentrieren.

Immer mehr von euch stimmen sich auf die Erfahrung des Auftauchens von Ra auf der psychischen, geistigen Ebene ein, denn ihr werdet mit den kosmischen Wellen beschallt, die diesen Aspekt eures evolutionären Fortschritts ermöglichen. Es gibt viele Grade der geistigen Einstimmung und unterschiedliche Zeiten, in denen ihr »aufblüht«, weshalb einige von euch kühn vorwärts springen, während andere nur ganz vorsichtig von den bewährten Pfaden des analytischen Denkens abweichen und ein paar Schritte hinaus in den Raum des inneren Wissens wagen.

Für diejenigen, die ihre intuitiven Fähigkeiten erst noch entdecken und entwickeln müssen, gibt es auch außerhalb der geheimen Labore mehr als genug Bilder und Daten, die überzeugend beweisen, dass sich im großen kosmischen Rahmen aufregende Dinge ereignen. Dank der 1995 von eurer Weltraumbehörde gestarteten Raumsonde SOHO (*Sonnen- und Heliosphären-Observatorium*) und inzwischen auch zahlreicher anderer leistungsstarker Teleskopsysteme in aller Welt werden Bilder von Sonneneruptionen, magnetischen Stürmen, Sonnenflecken, Energiewirbeln und ausströmendem Plasma heute der Öffentlichkeit zugänglich gemacht. Sie liefern euch beeindruckende Aufnahmen vom Temperament der Sonne und ihren Manifestationen, während die Techniker der Macht die Schwingungscodes eurer Sonnengottheit aufzeichnen.

Genug freie Wissenschaftler haben inzwischen Zugang zu Instrumenten, mit denen sie die kosmischen Ereignisse beobachten können (wie begrenzt die Kapazität dieser Technologie auch noch sein mag), so dass die Regierungen gezwungen sind, einige ihrer geheimen Daten über »ungewöhnliches« Verhalten der Sonne zu veröffentlichen. Derzeit werden aufwendige Studien über die stärker und häufiger gewordenen Sonneneruptionen, die immer intensivere Sonnenstrahlung und andere der Wissenschaft bedenklich erscheinende Phänomene durchgeführt. Ursache dafür sind die Verschiebung der Energien Ras und die Auswirkungen davon auf die Erde und den Rest des Sonnensystems. Wir versichern euch, dass eure Wissenschaftler – sowohl diejenigen, die daran arbeiten, euren Horizont zu erweitern, als auch jene, die versuchen, ihn einzuschränken – mit Ehrfurcht und Sorge die eruptive Kette der immer heftigeren und faszinierenderen Sonnenereignisse beobachten. Wir versichern euch, dass das, was gerade als »intensive Sonnenaktivität« gilt, nichts weiter als ein Zischen ist, verglichen mit dem, was noch geschehen wird. Es markiert den Beginn einer solaren Extravaganz, an die sich nicht einmal die Nibirer – ferne Beobachter des sirianischen Aufstiegs – erinnern können.

Dies ist eine noch nie dagewesene Zeit. Ihr werdet jetzt Zeuge von immer mehr Ausbrüchen, und zwar in einer Art »Echtzeit«-Perspektive, dank verbesserter bildgebender Verfahren eurer Computersysteme. Genaue Bilder der kontinuierlichen Explosionen und Feuerwerke dieser hyperaktiven Phase der Sonnenaktivität stehen euch ganz unkompliziert zur Verfügung. Das ist ein sehr positiver Aspekt eurer Technologie.

Wie ein prächtiges Feuerwerk schießen riesige Plasmazungen aus der Sonne heraus und kehren dann, den Magnetfeldlinien ihrer massiven Form folgend, in ihren Kernkörper zurück, um große Schleifen aus gasförmigem Plasmafeuer zu bilden.

Sonneneruptionen schleudern enorme Strahlungsmengen ins All. Sonnenflecken erscheinen nun viel häufiger. Der Sonnenwind, der sich durch das Sonnensystem bewegt, bläst mit größerer Intensität als jemals zuvor.

Da draußen muss etwas wirklich Ungewöhnliches vor sich gehen, nicht wahr?

> ⁘ <

Die Machtelite beobachtet und erforscht diese himmlischen Feuerspiele mit gebührender Beunruhigung. Während Ra heftige Sonnenstürme auswirft, die in ihrer Intensität und Häufigkeit beispiellos sind, überwacht die Geheimregierung aufmerksam, welche Auswirkungen für die Erde drohen. Sie beobachtet nervös und unsicher, wie sich all diese solaren Extravaganzen auf ihre Geheimen Weltraumprogramme auswirken werden, auf die Satellitenkommunikation, auf ihre Überwachungssysteme und, nicht zu vergessen, auf das **HAARP-Projekt.**

Wir beobachten, wie ihr den heiligen Raum um euren Planeten immer mehr mit Satelliten verstopft. Das soll den »Privilegierten« nicht nur die Bilder, sondern auch die Schwingungsdaten liefern, um analysieren und erforschen zu können, was jenseits und vor euch liegt. Viel mehr, als ihr euch vorstellt, sind die Geheimregierung und ihre Wissenschaftler gegenwärtig mit der Beobachtung der Sonnenaktivität und der Interaktion der Sonne mit der Ionosphäre beschäftigt, denn sie sind hochgradig besorgt, inwieweit ihre Überlebensstrategie durch die dramatischen solaren Veränderungen beeinträchtigt oder gefährdet werden könnte.

Aus diesem Grund verbirgt die Machtelite wichtige Informationen über die Schwankungen der Sonnenaktivität und deren Auswirkungen auf den Menschen und die globale Umwelt vor euch. Sie zieht es vor, euch – den Finanziers ihrer Experimente – jeglichen Zugang zu ihren Beobachtungsergebnissen und chemischen Analysen der Atmosphäre zu verweigern, auch wenn dort gerade viele Veränderungen stattfinden, wegen derer sie in großer Sorge sind. Aber das verheimlichen sie euch weitgehend. Bedenkt, welche Auswirkungen unkontrollierbare Sonneneruptionen auf ihr ohnehin schwächelndes Gitternetz haben, das ihnen dazu dient, eure spirituelle Kraft zu behindern, aber auch auf die weltweiten Kommunikationssysteme, auf ihre geheimen Überwachungs- und Manipulationstechnologien ... Wenn ihr euch das klarmacht, werdet ihr vielleicht begreifen, wieso die Geheimregierung sich in den letzten Jahrzehnten schon fast so intensiv mit der Sonne beschäftigt hat wie einst eure atlantischen Vorfahren, und warum sie sich so krampfhaft bemüht, ihre für sie selbst höchst alarmierenden Erkenntnisse vor euch zu verbergen.

Ra zwingt ihre Wissenschaftlerteams, fieberhaft nach Lösungen zu suchen. Diese heftigen Sonneneruptionen sind anders als alles, was je schriftlich aufgezeichnet wurde, und sie verstärken sich genau zu einer Zeit, in der die Ingenieure der Machtelite dabei sind, die natürlichen Schutzschilde der Erde zu zerstören – dramatisch beschleunigt durch die immer geschickteren HAARP-Eingriffe in die Ionosphäre. Die verstärkte Sonnenaktivität gefährdet auch die Satelliten und Raumsonden der Machtelite, ebenso wie ihre geheimen Außenposten auf Mond und Mars. Man kann also sagen, dass dieses außergewöhnliche Verhalten der Sonne sich genau zu diesem entscheidenden Zeitpunkt intensiviert – wie eine letzte, höchst abschreckende Warnung an die geheime Machtelite, dass sie ihren Plan für die unnatürliche Verankerung Nibirus im Sonnensystem aufgeben soll.

Aus unserer Sicht ist Ras ekstatisches Feuer von unbeschreiblicher Schönheit. Ein himmlisches Spektakel von nie dagewesener Brillanz. Es ist Geist, der sich entfaltet – Göttlichkeit in Bewegung. Hier nimmt die Dominanz des Lichts über die Dunkelheit materielle Form an. Nehmt es als Bestätigung (falls ihr das noch braucht) der ewigen Weisheit des Urschöpfers … als Manifestation der Gotteskraft, die das Universum bewegt. Ihr habt das Privileg, nun Zeugen der universellen Prinzipien von Ursache und Wirkung zu werden, der aufsteigenden Natur des Geistes und der Entfaltung der himmlischen Evolution in den Räumen der dreidimensionalen Realität.

Für die Wesen vom Sirius, die sich verpflichtet haben, euch in dieser Zeit des Übergangs beizustehen, ist es eine seltene Gelegenheit, die Intensität extremer Emotionen zu erleben, denn wir sind nicht wie ihr. Wir sind nicht zu einer solchen Bandbreite von Emotionen fähig … doch **das** können wir fühlen.

Wir spüren das Feuer.

> ∴ <

Lasst uns nun die Transformationen analysieren, die in Ras Körper stattfinden. Ihr verfügt inzwischen über die erforderliche Technologie, um die wechselnden Energien der Sonne zu messen.

Wie schon gesagt, gibt Ra durch die Sonneneruptionen aufgestaute Energie aus seinem Aurafeld ab, indem er sie physikalisch freisetzt. Das wird im gesamten Körper des Sonnensystems als

Große Erneuerung erlebt … als Befreiung von Belastungen, die sich während Äonen ansammelten.

Für den pragmatischen Wissenschaftler handelt es sich um himmlische Atomexplosionen, die euren Planeten einem verstärkten Bombardement durch kosmische Strahlen, Gammastrahlen, Röntgenstrahlen, Infrarotstrahlen, ultraviolette Strahlen und Mikrowellen aussetzen sowie durch andere Strahlen bis zu den Radiowellen am unteren Ende des elektromagnetischen Spektrums.

Bei der Freisetzung dieser aufgestauten Energie werden die Planeten eures Sonnensystems von erhöhter Sonnenenergie getroffen – wie auch die Erde. Euer Wissen über die Interaktionen der verschiedenen Himmelskörper im solaren System sollte für euch Anlass sein, einmal darüber nachzudenken, wie diese Dynamiken eure Schwesterplaneten beeinflussen und wie die Veränderungen die Stimmungen, Energien und Schwingungen der Menschen und Tiere auf der Erde beeinflussen. Und natürlich wirkt es sich auch auf die Gesteine und Mineralien aus. Sie bewahren in ihrer Essenz die ältesten aller irdischen Erinnerungen und haben vom Beginn der Erdzeit an Ras wechselnde Energien kontinuierlich aufgezeichnet.

Jupiter, der Große Befreier, spielt in dieser Phase eine besonders wichtige Rolle für die Menschheit. Viele von euch fühlen sich stark mit der Jupiter-Schwingung verbunden und waren deshalb von der Metamorphose dieses Planeten damals im Jahr 1994 tief betroffen. Zu jener Zeit verursachte das schwere Weltraumbombardement, dem Jupiter ausgesetzt war, eine kosmische Welle, die sich über Gaia ergoss, und die dafür Empfänglichen unter euch spürten die Verschiebung, den damit verbundenen Übergang.

Wir betrachten diese kosmischen Wellen als Auslöser eurer Transmutationserfahrung und gehen davon aus, dass das, was auf diese Weise von der Sonne und den Planeten zu euch kommt, ein natürlicher Bestandteil eures Entwicklungsprozesses ist.

Die Propaganda will euch glauben machen, dass die stärker werdende Strahlung der Sonne schädlich für euch ist. Doch wir sagen euch, dass die unmittelbarste Gefahr für euch keineswegs von der Sonne ausgeht. Ungleich gefährlicher ist die Ionosphären-Aufheizung durch HAARP und damit einhergehende technologische Manipulationen, zu denen auch Chemtrails, genveränderte Nahrungsmittel und pharmazeutische Angriffe auf den Menschen gehören. Die Störungen der ionosphärischen Schicht verursachen allerdings eine Verzerrung der solaren Energie, die euren Planeten erreicht.

Und hier kommen die NASA und die meist geheimen Partnerorganisationen des Militärisch-Industriellen Komplexes ins Spiel, die auf die Eroberung und Beherrschung des Weltraums aus sind. Wir haben bereits angedeutet, dass die Erfinder der Satellitenkommunikationssysteme, die euren Planeten umgeben, alles andere als begeistert sind vom dramatischen Anstieg der Strahlung und diesen kolossalen Sonneneruptionen. Sie beeinträchtigen die Apparaturen, mit denen sie euch überwachen. Sie schädigen die Funknetze und stören die Antigravitationstechnologien des Geheimen Weltraumprogramms der Machtelite. Zudem werden deren Einrichtungen auf Mond und Mars arg in Mitleidenschaft gezogen – das Gitternetz der Anunnaki wird gestört.

Darüber hinaus können Überspannungen in den Funkfrequenzen leicht die Instrumente der emotionalen Massenmanipulation irritieren und unterbrechen, die zur Beeinflussung der Weltbevölkerung eingesetzt werden. Subliminale Tonspuren im Internet werden deaktiviert, also jene Mechanismen, die eine drogenähnliche Abhängigkeit vom Internet und apathische, zwanghafte Verhaltensweisen bei Kindern erzeugen.

In Anbetracht dessen, was wir euch über elektromagnetische Frequenzen und ihre Nutzung zur Manipulation eurer Stimmungen und Gefühle gesagt haben, sollte es euch einleuchten, dass die erhöhte Energieabgabe der Sonne unmittelbar dazu beiträgt, die künstlichen Kontrollmechanismen, denen ihr ausgesetzt seid, zu durchbrechen. Das ist eine äußerst wichtige Überlegung, denn so versteht ihr, dass eure Sonnengottheit dabei ist, die elektromagnetischen Ketten aufzusprengen, die man euch angelegt hat. Auf welche Weise das geschieht, sollte euch inzwischen klar sein.

Diese Theorie wird durch Berichte bestätigt, wonach NASA-Forschungsteams dank der Inbetriebnahme von SOHO in der Lage sind, Schallwellenemissionen aus dem Sonnenkern zu registrieren und aufzuzeichnen. Das ist angesichts unserer vorherigen Diskussionen über Klang- und Frequenzresonanz höchst bedeutsam, denn sie legen nahe, dass diese Teams die Seelenmusik von Ra studieren und versuchen, sie aufzuzeichnen – natürlich, um herauszufinden, wie diese Musik **manipuliert** werden kann, was sie schon mit der herkömmlichen Musik taten, als sie den Kammerton A 1939 im Schutz des ausbrechenden Zweiten Weltkriegs künstlich einheitlich auf 440 Hertz festlegten. (440 Hertz war im Ersten Weltkrieg von Militärforschern als demoralisierende Frequenz entdeckt worden.) Sie behaupten, dass SOHO durch Messung der Schallwellen, die vom Zentrum der Sonne zu ihrem äußeren Körper ausstrahlen, die Regionen des Sonnenkörpers lokalisieren kann, in denen die meisten Eruptionen auftreten, und dass sich so auch die Regionen in der Sonne identifizieren lassen, in denen die auffälligsten Frequenzvariationen entstehen. Schon vor vielen Jahren hat SOHO auf die gleiche Weise subtile Veränderungen in der physikalischen Form der Sonne festgestellt …

Wenn ihr euch für derartige Informationen öffnet, werdet ihr erkennen, dass unsere galaktische Perspektive, aus der wir die aktuellen Ereignisse im materiellen Universum betrachten, gar nicht so »weit hergeholt« ist, wie es euch zuweilen erscheinen mag. Die Schallwellen aufzuzeichnen, die vom Zentrum der Sonne ausgehen, und diese Daten gründlich auszuwerten, ist ein beeindruckendes Unterfangen.

Fragt ihr euch, warum die Regierungsteams sich mit diesem Aspekt der Sonnenforschung beschäftigen? Man muss die Fantasie nicht allzu sehr strapazieren, um sich vorzustellen, was das gewünschte Ergebnis derartiger Forschungen sein könnte.

Wir glauben, dass das SOHO-Projekt dazu dienen kann, unsere Lehren über Klang und himmlische Harmonien, planetarische Resonanz und die Anwendung von Klangfrequenzen als Mittel zur Veränderung von Materie und menschlichen Emotionsfeldern zu bestätigen. Und sei es nur, indem es euch eine solide Grundlage liefert, von der aus ihr tiefergehende Recherchen darüber anstellen könnt, warum die Geheimregierung so sehr von der Beschäftigung mit den himmlischen Klängen besessen ist.

Natürlich gibt es dabei etwas, was eure Wissenschaft unweigerlich übersieht: den spirituellen Aspekt. Sie leugnet, das Materie und Energie Bewusstsein besitzen. Sie betrachtet die Sonne oder irgendein anderes planetarisches Wesen nicht als eine beseelte, sich seiner selbst bewusste Entität, die denkt, fühlt, agiert und reagiert. Beim Messen, Analysieren und Aufzeichnen der sich verändernden Felder der Sonne ziehen die Regierungsteams nicht einen Moment lang in Betracht, dass es sich um eine **Gottheit** handelt. Eure strahlende Sonne, großes glühendes Feuer, explodiert in spiritueller Ekstase, in Erwartung dessen, was vor ihr liegt und was die Wissenschaftler nicht messen können – denn weder verstehen sie, was das Göttliche ist, noch glauben sie daran.

Vertraut daher der Sonne. Sie ist eine hochentwickelte Manifestation von *Alles Was Ist*, ein voll bewusstes Lichtwesen. Sie ist sich der universellen Kräfte des Wandels und des Widerstands bewusst, und sie hilft bei eurer Evolution und Gaias Wiedergeburt.

Einige von euch warten noch auf den Messias, andere fragen sich, ob überhaupt ein Erlöser erscheinen wird oder ob Außerirdische euch retten werden. Bald schon werdet ihr die Vollkommenheit des göttlichen Plans erkennen. Ihr werdet erkennen, dass alles, was jetzt geschieht, einfach die Manifestation von Bewusstsein ist, das nach Höherem strebt. Das wird eure Angst vor dem Unbekannten auflösen und euch das freudige Licht der Erkenntnis bringen. Ihr werdet den Strahl des Geistes auf eure dunkelsten Ängste richten und erkennen, dass sie nur Schatten eines Schleiers waren, der nun für immer von euch abfällt.

Schaut auf eure Sonne, und ihr werdet den wahren Plan der kosmischen Intervention erkennen. Vielleicht ist es jetzt an der Zeit, dass ihr die Gottheit mit neuer Ehrfurcht seht und den gewaltigen Einfluss feiert, den sie mit ihren Emanationen auf die Evolution des blaugrünen Planeten hatte. Vielleicht ist der Augenblick gekommen, an dem ihr den Sonnenaufgang ganz neu betrachtet – mit dem Wissen, was er für euch bedeutet, mit dem Wissen, dass dieser große leuchtende Körper bewusst den Weg für eure Evolution bereitet und die Hindernisse wegräumt, die euch von den vermeintlich Mächtigen mit den finsteren Absichten in den Weg gelegt werden.

Die Regierungsteams würden, wenn sie könnten, sogar das Licht der Sonne blockieren, so groß ist ihr Wunsch, euch abzuschrecken. Entsprechende Pläne haben sie bereits lautstark über die Massenmedien propagiert. Ihre unheimlichen chemischen Wolkenbänder breiten sich indessen weiter über euch aus, über den Städten und urbanen Regionen, wo viele Menschen versammelt sind. Eine massive Operation ist am Laufen, umspannt den gesamten Globus und wird aktiv durchgeführt, direkt über euren Köpfen!

Wann, so fragen wir uns, werdet ihr bemerken, dass der klare blaue Himmel der Erde trüb und grau geworden ist?

> ⁛ <

Die Frage der *Chemtrails*, das absichtliche Versprühen wolkenbildender Chemikalien über Zielgebieten auf eurer Welt, dringt allmählich ins öffentliche Bewusstsein. Obwohl die Regierungen diese offen gegen die eigenen Bürgerinnen und Bürger gerichteten Aktivitäten dreist leugnen, werden doch längst viele von euch aus erster Hand Zeugen der Sprühaktionen an eurem Himmel. Andere aufmerksame Individuen haben die Flugzeuge, die Chemtrails versprühen, fotografiert, und immer mehr von euch teilen nun die Informationen über eure alternativen Medien und bei öffentlichen Versammlungen, da eure Angst, offen eure Stimme gegen die Machtelite zu erheben, immer mehr schwindet.

Wir loben euch für euren Mut, eure Vision und eure Freiheitsliebe, denn dies sind die höheren Aspekte eures **Menschseins**.

Nicht alle Seelen, die in die physische Dimension kommen, wählen den aufopferungsvollen Weg einer lebenslangen Suche nach Wahrheit und Gerechtigkeit. Ihr seid die geistigen Krieger des neuen Jahrtausends, und ihr wisst, dass ihr in dieser Inkarnation eine schwierige Aufgabe gewählt habt, da das Eintreten für die menschliche Rasse und alle Lebewesen eurer Welt euch zu einem Ärgernis für die Mächtigen macht.

Lasst ihr euch durch die Androhung von Repressalien von eurem Weg abbringen oder besteht ihr fest entschlossen darauf, den wahren Heilungsprozess der Menschheit zu fördern und die Mauern des Mainstream-Widerstandes niederzureißen?

Denkt immer daran, dass ihr euch Sicherheit und Schutz schafft, indem ihr euch zum Kollektiv vereint. Eure schiere Anzahl und eure fokussierte Absicht sind die entscheidenden Faktoren, mit denen ihr bewirken könnt, dass das Pendel der Macht zurück zu den Menschen schwingt. Vor allem müsst ihr bereit sein, euch der Angst zu stellen, statt euch vor ihr zu verstecken. Dann werdet ihr die Hindernisse überwinden, die euch in den Weg gelegt wurden. Vereint bewegt ihr euch als unaufhaltsame Kraft vorwärts, denn die Macht der menschlichen Entschlossenheit ist unbegrenzt, wenn ihr für das Wohl der Allgemeinheit arbeitet.

Wir glauben, nie war es dringlicher als heute, dass die Menschheit endlich erwacht, und wir erinnern euch daran, dass ihr die Trompeter seid, die für eure ganze Spezies den Weckruf erschallen lassen müssen. Eure Rebellion und euer globaler Aufschrei sind notwendig, um all jene zu erreichen, die noch nicht bereit – oder bewusst genug – sind, um an eurer Seite zu kämpfen.

Denjenigen unter euch, die noch nicht über die Chemtrails Bescheid wissen, versichern wir, dass es sich dabei um ein weiteres Verbrechen an der Menschheit handelt: Diese gitterförmigen Wolkennetze an eurem Himmel werden absichtlich erzeugt, und sie sind tödlich. Schaut dort hinauf und beobachtet, was geschieht, statt eure sorgenvollen Köpfe in den Sand der hoffnungslosen Resignation zu stecken.

Mit dem massiven Versprühen hochgiftiger Substanzen in der unteren Atmosphäre verfolgt die Machtelite mehrere Ziele. Einer steht in direktem Zusammenhang mit der globalen Kampagne, die darauf abzielt, die Weltbevölkerung zu reduzieren, indem künstlich geschaffene Superstämme toxischer Erreger freigesetzt werden, um Menschen gezielt krank zu machen und zu töten. Es ist schlicht und einfach so, dass sie in den letzten siebzig Jahren in ihren unterirdischen Laboren Superviren erschaffen haben, und jetzt glauben sie, dass es an der Zeit ist, diese im großen Stil einzusetzen.

Habt ihr euch nicht schon lange gefragt, ob man die tödlichen Superviren, die im Untergrund zusammengebraut wurden, nicht eines Tages auf eure Welt loslassen wird? Oder habt ihr euch glauben machen lassen, die biologische Kriegsführung würde niemals Teil eurer Realität werden? Wir erinnern euch an die AIDS- und Ebola-Viren, labortechnisch hergestellte Superstämme, die ursprünglich für die »unerwünschten« und »entbehrlichen« Teile der Weltbevölkerung vorgesehen waren, sich dann aber weltweit verbreitet haben. Andere künstlich erschaffene Krankheiten wurden in abgelegenen Gegenden an der dortigen Bevölkerung getestet, und jetzt dürft ihr sehen, dass für die breite Öffentlichkeit Erreger aus den unterirdischen Geheimlaboren an die Erdoberfläche gebracht wurden.

Das Ausrotten der »unerwünschten Elemente« der Gesellschaft ist nicht mehr das primäre Ziel der Experten für biologische Kriegsführung. Ebensowenig geht es um neue Möglichkeiten, »den Feind« zu vernichten, wie überzeugend man euch solche unmenschlichen Rechtfertigungen für das Töten von Menschen bisher auch verkauft haben mag.

Nein, was hinter dem aktuellen biologischen Krieg gegen die Menschheit steckt, ist eine gut geplante weltweite Kampagne, die das unkontrollierte Bevölkerungswachstum zum Stillstand bringen und gleichzeitig die Überlebensbedingungen derjenigen, welche die Ausrottung überleben, umgestalten soll.

Das soll nach dem Wunsch der Machtelite darin gipfeln, dass riesige Bevölkerungsgruppen nur noch ums nackte Überleben kämpfen, um Nahrung und die ultimative Ressource: Wasser. In der Dritten Welt hatte es begonnen, so weit weg, dass Hunger und Leid euch nicht beim Abendessen störten oder aus eurer Komfortzone scheuchten. Jetzt hat es alle erreicht – weltweit.

Irgendwie habt ihr geglaubt, dass so etwas bei euch in den wohlhabenden Nationen niemals geschehen würde.

Dass eure eigenen Regierungen euch mit tödlichen biochemischen, viralen und bakteriellen Erregern angreifen könnten, ist etwas, das selbst jetzt noch viele Menschen niemals auch nur als entfernte Möglichkeit akzeptieren werden. Doch es geschieht gerade in diesem Moment. Unter euren Augen. Und es betrifft euch alle. Diese Tatsache verschwindet nicht dadurch, dass ihr sie leugnet.

Eure Angst und eure Weigerung, solche potenziellen Handlungen der Mächtigen auch nur für möglich zu halten, ändern nichts am Ergebnis. Erst wenn ihr euch dieser Dinge bewusst werdet und euch öffentlich dagegen empört, euch dagegen auflehnt, erst wenn ihr gemeinsam eure Stimme erhebt, könnt ihr die Kampfpiloten zurück in ihre Hangars schicken.

Wenn ihr Beweise braucht, geht hin und sammelt sie. Zeigt ihnen auch die Beweise für das unnatürliche Sterben. Stoßt sie mit der Nase auf die Zusammenhänge, die niemand leugnen kann. Und die gallertartigen Fäden des giftigen Fallouts von den Chemtrails … Sie kleben an den Blättern und Blüten in euren Gärten, an euren Hauswänden und Dächern.

Sie kleben auch an euren Lungen und Zellwänden.

> ⁘ <

Näher auf den Aspekt des Versprühens von Chemikalien in der Atmosphäre einzugehen, ist hier nicht unser Ziel. Es ist nur eine der vielen Verschwörungen gegen euch, die seit geraumer Zeit überall in den alternativen Medien öffentlich gemacht werden, und es gibt auch schon die ersten aufklärenden Informationen darüber in den Massenmedien.

Im Moment ist es relevanter, dass wir das primäre Motiv hinter den Chemtrails verstehen, die Schaffung von temporären, künstlichen Barrieren, um sich gegen die zunehmende Sonneneinstrahlung abzuschirmen, während die Ionosphären-Aufheizer bestimmte Regionen der äußeren Erdatmosphäre manipulieren. Dabei ist es wichtig, dass ihr begreift, wie die Erzeugung dieser Cirruswolken ähnelnden Wolkenschichten Teil eines umfangreichen Programms sind, durch das, in Zusammenarbeit mit HAARP als Dreh- und Angelpunkt, die natürlichen Frequenzen der Erde manipuliert werden sollen … mit furchtbaren Folgen.

Das alles hängt unmittelbar zusammen.

Da diese törichten Ingenieure des Untergangs ihre unerbittliche Manipulation der Ionosphäre fortsetzen und hochenergetische Ladungen in den Schutzschirm des äußeren Erdkörpers schicken, werden schädliche Strahlungen der Sonne nicht mehr ausreichend gefiltert oder in den Weltraum zurückgeworfen. Die massive Strahlung, die durch die Ionosphäre strömt, zerstört das Gleichgewicht, das einst in der kosmischen Beziehung zwischen Sonne und Erde herrschte.

Die Geheimregierung weiß, dass sie euch damit an den Rand einer Katastrophe bringt, und sie ist sich bewusst, dass sie selbst inzwischen genauso gefährdet ist wie ihr. Doch ihr alles verzehrender Drang, den Resonanzpunkt zu erreichen, überlagert ihre Bedenken bezüglich der Schwächung des Schutzschirms und der Zerstörung der Erdaura. Sie experimentieren wie wild, geblendet von ihrer besessenen Suche, denn sie glauben, sie hätten nun endlich den Königsweg gefunden, um ihr ultimatives Ziel zu erreichen – gerade jetzt, wo die »Zeit« für sie immer knapper wird.

Der gesunde Menschenverstand wird sie nicht abhalten. Obwohl sie sich der Folgen dieses sinnlosen Eingriffs in die Souveränität der Erde bewusst sind, preschen sie rücksichtslos voran, heben die Decke der Ionosphäre an und setzen auf die Fähigkeit des Planeten, den Kräften des Kosmos lange genug standzuhalten, dass sie ihr verzweifeltes Ziel doch noch erreichen können.

Eine ihrer unzureichenden Strategien, den Planeten vor übermäßiger Sonnenstrahlung zu schützen, während sie die natürliche Barriere grillen, sind die Dunst induzierenden Muster, die Sie nun in den Himmel über eure Städte und Landschaften sprühen. Dieser Chemiecocktail soll wie ein reflektierender Schirm gegen die Strahlung wirken und einige der gefährlicheren Strahlen zerstreuen und ablenken, die infolge des Herumpfuschens an der Ionosphäre jetzt in die Aura der Erde eindringen.

Die seltsamen Muster, die über euch in den Himmel gezeichnet werden (Zahlen, Gitter und x-förmige Strukturen), dienen als Zielmarkierungen für ihre Satellitenüberwachungsgeräte und zeigen mit unheimlicher Präzision die Quadranten an, wohin die Gigawattstöße ihrer Atmosphären-Kocher gelenkt werden sollen.

Erkennt ihr allmählich das Gesamtbild?

Nun … angesichts dessen, was wir euch über HAARP und die bewusst herbeigeführte Veränderung der ionosphärischen Schicht der Erdatmosphäre durch die Geheimregierung erzählt haben, ist es da ein Wunder, dass es aktuell eine wahre Flut von wissenschaftlichen Studien über die mögliche beispiellose Zunahme von Sonneneruptionen gibt?

Bedenkt, was die Hyperaktivität der Sonne jetzt, an diesem für den Erfolg des Plans der Anunnaki entscheidenden Punkt, bedeuten könnte. Angesichts dessen, was in Bezug auf die Sonnenkraft und ihre Manifestationen bevorsteht, wird offensichtlich, dass sich für die Mächtigen das Blatt zu wenden droht. Liest man die himmlischen Botschaften, erkennt man Anzeichen dafür, dass ihr verzweifelter Überlebensplan schon bald in sich zusammenbrechen wird.

Die Satellitennetzwerke und Überwachungsgeräte, die jetzt im erdnahen Weltraum und auf der Erdoberfläche von ihnen ausgebreitet werden wie ein Spinnennetz, reagieren äußerst anfällig auf Schwankungen der Sonnenaktivität, und die Satelliten können durch Sonneneruptionen leicht aus der Umlaufbahn geschleudert werden. Verdeckte Aktivitäten auf Mond und Mars werden in Mitleidenschaft gezogen. Auch die menschlichen Kolonien im Weltraum werden die nun bald zusätzlich durch das Sonnensystem strömende Strahlung nicht überleben. In der Tat wird das gesamte Geheime Weltraumprogramm der Dunkelmächte in den letzten Tagen des Aufstiegs vermutlich komplett funktionsuntüchtig werden. Das ist eine wichtige Information für alle, die sich die Frage stellen: »Wie kann die Geheimregierung gestoppt werden?«

Wie wir bereits andeuteten, würde die Deaktivierung dieser Technologien auch ihre Methoden zur Bewusstseinskontrolle unwirksam machen, denn eine Störung der Funkübertragungen würde alle manipulativen Funk- und Radioübertragungen unterbrechen. Wäre es nicht ironisch, wenn die Sonne, die große Gottheit des Lichts, die euch von den Mächtigen aufgezwungenen Herrschaftsfrequenzen einfach so umschalten würde, dass sie von nun an den menschlichen Geist fördern und stärken – statt ihn zu behindern?

Ihr solltet wissen, dass ein Teil der schädlichen elektromagnetischen Frequenzen, die von den HAARP-Anlagen in die Ionosphäre gestrahlt werden, auf die Abschirmung treffen und in die untere Atmosphäre der Erde zurückprallen. Wenn diese ELF-Wellen zu euch zurückreflektiert werden, durchdringen sie euren Körper, das Wasser und den Boden. Sie schädigen die Tiere, die Pflanzen und das Mineralreich eurer Welt.

Sie dringen tief in den Untergrund ein und sorgen für Beeinträchtigungen **auf allen Ebenen**.

Seid versichert, dass die verheerenden Tests, die in eurer äußeren Atmosphäre durchgeführt werden, nicht dem mächtig anschwellenden Sonnenwind standhalten können, der bald durch eure Ionosphäre wehen wird. Die Gefahr dieser verrückten Vorgänge zu einer Zeit, in der Ra so außergewöhnliche Schwingungen im Sonnensystem entfesselt, ist für die Lebensformen eures Planeten weitaus größer, als die Mächtigen ahnen, denn sie sind sich der Auswirkungen der himmlischen Manipulationen nicht bewusst und wissen nichts über die übergeordneten Kraftfelder der Sonne. Dennoch läuft HAARP unaufhörlich weiter, denn die Uhren der Geheimregierung zählen die verbleibenden Stunden, bevor ihr euch aus ihrem Griff befreien könnt und ihre Hoffnungen, Nibiru zu retten, ihnen mit euch entgleiten werden.

Es ist nicht undenkbar, dass die Entfesselung solcher Kräfte einen jähen Rückfluss der Energien verursachen könnte. Dann würde ein elektromagnetischer Impuls mit der Kraft von zehn Millionen Blitzen in die HAARP-Anlagen einschlagen. Eine solche Katastrophe könnte große Landstriche um ihre Standorte herum massiv verändern. Für die ursprüngliche Anlage in Alaska könnte es bedeuten, dass alles Leben dort ausgelöscht würde und die Erdgeografie bis zum kanadischen Hochland im Osten, den westlichen Eislandschaften Sibiriens und den Meeren und Gletschermassen dazwischen sich dramatisch veränderte.

Das wäre dann mit dem wahren Schicksal von Atlantis vergleichbar.

Die Alchemisten aus Akkaenesets Team, von den Anunnaki dazu ermächtigt, alle Möglichkeiten zu erforschen, die sich aus der Nutzbarmachung der geophysikalischen Eigenschaften der Erde ergeben könnten, entwickelten die Theorie, dass das Erreichen des Resonanzpunktes Gaias es ermöglichen würde, Nibiru (damals gerade in der Phase der Durchquerung eures Sonnensystems befindlich) einzufangen und in eine feste Umlaufbahn um Ra zu lenken. Die Idee wurde im Wesentlichen von Akkaeneset, dem Zeitreisenden, entworfen und in den Laboren ausgearbeitet. Seine Beobachtungen und Experimente mit den Gedankenlicht-Generatoren der Atlanter und deren Interaktion mit dem Bewusstsein der Erde überzeugten ihn, dass auch Planeten, deren Schwingungen eigentlich nicht miteinander harmonierten, zur energetischen Kommunikation angeregt werden können.

Akkaeneset stellte sich eine Art medial erzeugtes Band zwischen Nibiru und der Erde vor, eine künstlich erzeugte Resonanz, mit der die physikalische Unwahrscheinlichkeit überwunden werden sollte, einen so massiven Himmelskörper über so unglaubliche Entfernungen umzulenken.

Die Anunnaki glaubten, sie hätten die Antwort auf ihr existenzielles Dilemma gefunden. Sie hielten Akkaenesets Plan für durchführbar. Sie entwickelten das Konzept, Nibiru mit Hilfe einer Art von multidimensionalem Seil heranzuziehen und in eine feste Umlaufbahn zu bringen. Dafür musste es nur gelingen, die Erde dazu zu bringen, in Resonanz mit ihrem Heimatplaneten zu gehen.

Zum Glück funktionierte das damals nicht, und es funktioniert auch jetzt nicht.

Die atlantischen Ingenieure belasteten die Erde bis zum Äußersten. Dadurch lösten sie genau eine solche Energieumkehr aus. Verheerende, von ihren Resonanzzündern entfesselte Himmelskräfte entluden sich auf dem Planeten. In Sekundenschnelle wurde dadurch die gesamte atlantische Zivilisation ausgelöscht.

Atlantis starb – aber nicht die Hoffnungen der Anunnaki, die diese Erfahrung mit den entfesselten Energien als Bestätigung deuteten, dass ihr Experiment, stark verbessert und verfeinert, funktionieren könnte.

Das ist das wahre Plan hinter HAARP und all der unterstützenden Technologie – Nibiru soll herbeigeschleppt und fest in eurem Sonnensystem verankert werden, gerade rechtzeitig, damit der Planet der Anunnaki mit den solaren Planeten in die nächste Dimension aufsteigen kann. Und nun, 13.000 Erdenjahre später, steht ihr kurz davor, aus dem materiellen Bereich herauszugleiten und damit auf ewig für sie außer Reichweite zu sein. Also versuchen sie verzweifelt, es doch noch zu schaffen. Sie wollen sich an euch festklammern, mit euch durch den Tunnel gezogen werden … um zu überleben.

Nachdem sie Hunderttausende von Jahren an die Erde gebunden waren, wissen sie nicht mehr, wie sie ohne euch existieren sollen. Sie glauben nicht, dass sie es können. Sie wollen euch nicht loslassen. Und doch würde ihr Überlebensplan euch zerstören, wenn er verwirklicht würde. Sie sind tief in die menschliche Geschichte verstrickt – ein karmischer Knoten, der sie seit Anbeginn an euch bindet.

Nun müsst ihr euch fragen: Könnt ihr, Saat der Lichtwesen des Universums, den dunklen Kriegern vergeben?

Es ist wichtig für eure spirituelle Entwicklung, dass ihr keinen Groll und keine Wut in euren Seelen tragt, während ihr euch auf das Licht eurer höheren Erfahrung zubewegt.

Während ihr versucht, euch über die extreme Dualität und den polaren Konflikt eurer bestehenden Realität hinaus zu bewegen, achtet darauf, euch nicht im Opferbewusstsein zu verfangen, denn alle diese Kräfte, von denen wir hier zu euch sprechen, bringen euch zu der Schwelle eures Aufstiegs. Die Anunnaki, ihre Nachkommen und politischen Strippenzieher leisten euch eigentlich gute Dienste, denn im Laufe eurer Geschichte habt ihr in der Interaktion mit ihnen viel über Gehorsam versus Souveränität, Ego-Bewusstsein versus Herzzentriertheit und vor allem über die befreiende Natur der Vergebung gelernt.

Und Vergebung dürfte zu eurer wichtigsten Herausforderung werden, während ihr euch dem neuen Horizont nähert, denn sie ist eine der größten Lebenslektionen überhaupt.

Was die Anunnaki betrifft … Versetzt euch einmal für einen Moment in sie hinein. Sie haben einen so weiten Weg zurückgelegt, sind ihrem Ziel so nahe gekommen und dennoch weiterhin im »Nirgendwo« gefangen. Sie klammern sich fest und rutschen doch immer weiter ab, kommen der Grauzone der Nichtexistenz immer näher. Indem sie sich an euch klammern, ersticken sie euch – die ihr doch ihre einzige Hoffnung seid.

Und jetzt, wo ihr Ziel zum Greifen nah ist, wirft die Sonne sie aus der Bahn und lässt alles zusammenbrechen.

Das hilft euch zu verstehen, warum die Anunnaki so handeln. Es kann euch helfen, eure Angstmechanismen und eure Wut aufzulösen, die Nahrung, von der sie sich ernähren.

Eure Liebe ist der Schlüssel zu eurer Befreiung.

Liebe ist ewig und allgegenwärtig.

10

UNTERIRDISCHE WELTEN

Lasst uns den Untergrund der Erde nicht ignorieren, denn es gibt viel über das Darunter eurer Welt zu erzählen und so viel, was ihr über die evolutionären Fortschritte wissen müsst, die sich dort unten ereignet haben. Es gibt viele Schichten, viele Welten jenseits eures Sichtfeldes. Vieles wird auch dort absichtlich verborgen, weit weg von den forschenden Augen der Neugierigen, und viel mehr als das bloße Wissen über die geheimen unterirdischen Städte und Basen der Regierung beginnt jetzt an die Oberfläche zu kommen, da eure freudig erregte Solare Gottheit den Pfad des Aufstiegs der Menschheit beleuchtet … und Atlantis in eurer Erinnerung aufsteigt.

Wenn ihr über die äußeren Grenzen eurer »bekannten« Welt hinausgeht, entdeckt ihr überall Leben, für das die biologischen Formeln des irdischen wissenschaftlichen Establishments einfach nicht gelten. Das Leben findet immer seinen Weg. Das ist der Wille des Urschöpfers, der selbst unter den unwahrscheinlichsten Bedingungen im Universum Leben entstehen lässt. Für uns, die wir alle Funken des Göttlichen sind, besteht das Wunder darin, Teil von allem zu sein und gleichzeitig selbst das »All«, also Alles zu sein!

Konservative Biologen halten starr an ihrer Überzeugung fest, dass Leben, wenn es auch nur ein wenig komplexer als seine elementarsten Formen ist, nicht ohne ein gewisses Maß an Sonnenlicht existieren kann – was die Möglichkeit ausschließt, dass Lebewesen im Untergrund überleben könnten. Sie beschränken den grenzenlosen biologischen Pool der Erde auf die Lebensräume der Oberflächenwelt – als ihr unendliches lebendes Labor – und haben doch immer noch Millionen von Arten nicht entdeckt, denn so groß ist die biologische Vielfalt auf eurem Planeten.

In der schwarzen Finsternis des Marianengrabens, so weit unter dem Meeresspiegel, dass das Sonnenlicht seine tintenschwarzen Tiefen nicht durchdringen kann, gedeihen ungestört Hunderttausende von spektakulären Arten – die meisten davon warten noch auf ihre Entdeckung durch euch. Dennoch bestehen die meisten etablierten Denker immer noch auf der Existenz von sichtbarem Licht als absolute Voraussetzung für die Existenz von Leben auf der Erde … und gar gleich jenseits von ihr.

Wir möchten mit Nachdruck darauf hinweisen, dass die bloße Abwesenheit des sichtbaren Lichts Ras die Anwesenheit von Leben keineswegs ausschließt, und wir finden, dass für euch die Zeit gekommen ist, dieses Vorurteil hinter euch zu lassen.

Es genügt, die Tiefen eurer großen Ozeane zu erforschen, um zu wissen, dass in der Tat einzigartige und bisher unentdeckte Lebensformen in den sonnenlosen Bereichen des Planeten Erde existieren und sich fortpflanzen. Denkt daran, dass sichtbares Licht nur einen Bruchteil des elektromagnetischen Spektrums ausmacht. Und so machen auch die Lebensformen, die dieses Licht benötigen, nur einen Bruchteil aller Lebewesen aus, die den materiellen Raum bevölkern. Andere gedeihen durch Emanationen an den oberen und unteren Enden des elektromagnetischen Spektrums. Das sind die biologischen Lebensformen des »unsichtbaren« Lichts.

Es gibt keine Grenze für die Fülle des Lebens in all seinen unzähligen Formen. Nur eure gezügelte Vorstellungskraft hindert euch daran, zu erkennen, dass es überall Leben im Überfluss gibt: unter und über eurer Oberflächenwelt; in den Äthern; in den dichten Felsen und Mineralien; draußen im Weltraum; in der Dunkelheit und im Licht. So viele Ausprägungen ...

Diejenigen von euch, die sich weigern, auch nur die Möglichkeit von Leben im Untergrund oder auf den Planeten ferner Galaxien in Betracht zu ziehen, glauben unseres Erachtens nach in einem unendlichen Universum an Endlichkeit. Der Versuch, die Wunder der Schöpfung in eine voreingenommene Formel vermeintlich korrekter Erdbiologie zu pressen, oder zu glauben, dass in einem Universum mit Milliarden von Sternen ein einzelner Planet, der einen einzelnen Stern umkreist, die einzig vorstellbaren Voraussetzungen für die Existenz von Leben aufweisen könnte, ist eine doch recht selbstbezogene und kurzsichtige Perspektive.

Wir Wesen von anderen Welten finden es ganz unglaublich, dass eure Spezies das Offensichtliche leugnet – dass die chemischen Elemente, aus denen *Alles Was Ist* besteht, sowie der bewusste Funke, der sie »entzündet«, nicht nur auf eurem Planeten, sondern überall im Universum existieren und sich in einer unendlichen Reihe von Kombinationen bilden, um die großartige Vielfalt des Lebens, die Natur des Kosmos, zu erschaffen.

Trotz dieser unermesslichen Vielfalt haben alle Lebensformen etwas gemeinsam: Sie sind bewusste Manifestationen des ursprünglichen Gedankens des Schöpfers. Diesen Aspekt dürfen wir bei der Erforschung anderer Welten, Wesen und Zivilisationen niemals außer Acht lassen, sondern müssen ihn unbedingt berücksichtigen, wenn wir untersuchen, wie der Austausch zwischen uns das Universum und auch unsere individuelle Erfahrung beeinflusst.

Immer noch leugnet die Menschheit sämtliche Möglichkeiten, die außerhalb der von den Biologen anerkannten Formeln liegen – jener »wissenschaftlichen« Analysen, mit denen sie die Wunder des obersten Schöpfers sezieren. Ständig versucht eure Wissenschaft, die Grenzen der Biodiversität Gaias zu definieren. Und doch werden fast täglich neue Arten entdeckt, in den Tiefen der Ozeane, in den Wüsten, in den Dschungeln, im Ewigen Eis. Sich immer wieder anzupassen, immer neue Wege des Überlebens zu finden, immer wieder den Grenzen des dogmatischen Denkens zu trotzen: Das ist die Natur des Lebens auf Erden und im Himmel!

Auch müsst ihr wissen, dass, während sich die Zeit für euch zunehmend verzerrt, durch die Risse im dreidimensionalen Gerüst prähistorische Kreaturen, vermeintlich ausgestorbene Bakterienarten und Mutanten aus der sogenannten »Zukunft« in eure Realität eindringen. Diese werden bald nicht länger nur Legenden, Mythen und Science-fiction sein, sondern ins Zentrum eurer Erfahrungen und Entdeckungen rücken. Und dann wird man sie im Namen der wissenschaftlichen Analyse aufspießen, verbrennen und »anatomisieren«.

Wir sagen euch, dass auf allen Ebenen der Existenz Leben überreich vorhanden ist: in jeder Umgebung, in der einen oder anderen Form … in simultaner Zeit. Das materielle Universum wimmelt davon, und die multidimensionalen Welten sind reines Bewusstsein. Es ist über, um und unter euch. Es ist im Inneren.

Und obwohl der größte Teil der Menschheit immer noch glaubt, euer Planet wäre die einzige Insel des Lebens im Kosmos – und ihr somit die Meister des Universums –, versichern wir euch, dass ihr von den unzähligen Milliarden denkender, bewusster Kreaturen, die mit euch dieses Universum bewohnen, nicht unbedingt als Meister wahrgenommen und anerkannt werdet: weder auf und in der Erde, noch im gesamten multidimensionalen Universum und in den Äthern.

Deshalb bitten wir euch, zumindest die Möglichkeit anzuerkennen, dass es auch in der Unterwelt Leben geben könnte, wo ihr euch bisher vielleicht nur Schleim und höllische Gespenster vorgestellt habt … oder nichts weiter als dampfendes Gestein und dunstige leere Höhlen. Vielleicht ist mal eine Schlange oder Echse durch eure Vorstellungen von dieser unbekannten Welt in der Tiefe gekrochen, aber nur wenige von euch akzeptieren bereitwillig die Idee, dass in der sonnenarmen Welt unter der Erdoberfläche moderne Gesellschaften denkender, produktiver und hochentwickelter Wesen gedeihen könnten.

Und doch ist es so.

Seit zahllosen Jahrtausenden beherbergen die inneren Ebenen eures Planeten ganze Kolonien von bemerkenswerten Spezies, und einige davon sind eure lange vergessenen menschlichen Vorfahren aus Atlantis.

Der größte Teil der Einheimischen lebte in den dicht besiedelten Küstenregionen des atlantischen Kontinents. Sie starben in der letzten großen Eiszeit, als der zweite Zyklus endete. Jedoch überlebte eine beträchtliche Anzahl der Bergbewohner. Sie flüchteten in die Wärme von Gaias innerem Körper – denn auf dem Kontinent von Atlantis gab es zahlreiche Höhlen, die tief in die inneren Landschaften eures Planeten führten.

Wie bei vielen Wesen im gesamten Kosmos waren die Wanderungen eurer Urahnen in die »Höhlenländer« anfangs als vorübergehender Rückzug gedacht – um dort unten geschützt die katastrophalen Ereignisse auf der Planetenoberfläche zu überstehen. Sie vertrauten darauf, dass sie dort Schutz und einen Weg zum Überleben finden würden, denn die Eiszeit hatte das Land draußen absolut unwirtlich werden lassen. Dort erwartete die Menschen der sichere Tod, so dass ihnen im Grunde keine andere Wahl blieb als die Flucht in die Tiefe. Als sie jedoch nach innen reisten, wurde vielen von ihnen schon bald klar, dass sie auf ein unterirdisches Paradies gestoßen waren – als wäre das Leben unter den oft harten Bedingungen an der Planetenoberfläche lediglich eine Art Prüfung gewesen. Die hatten sie bestanden und waren nun in gewissem Sinne »in den Himmel gekommen«.

Hier, im reichen Untergrund des Kontinents, fanden die atlantischen Siedler alle geophysikalischen Elemente vor, die notwendig waren, um die Vereisung des Kontinents zu überleben, und noch mehr. Das Erdinnere war warm und üppig, und als sie tiefer vordrangen, fanden sie zu ihrem Erstaunen Wasser in reichlicher Menge: Sie stießen auf Bäche, die in Flüsse mündeten. Die Atlanter folgten ihnen und gelangten zu den Ufern eines großen Meeres, das einige sehr ungewöhnliche Lebensformen beherbergte.

Schnell lernten sie, sich an die Herausforderungen ihrer neuen Heimat anzupassen. Es gab dort unten Nahrungsquellen, Wächter der anderen Welt, Lichtträger und Aasfresser. Alle wurden für ihre Rolle im perfekten Gleichgewicht der Ökosysteme respektiert. Die Atlanter des zweiten Zyklus, die allen Lebewesen der Erde mit größtem Respekt begegneten, waren nicht-invasive Neuankömmlinge im Untergrund, und diese respektvolle Herangehensweise erleichterte es ihnen, sich dort unten zu akklimatisieren.

Nehmen wir nun einmal an, dass die atlantische Zivilisation am Ende des zweiten Zyklus technologisch hochentwickelt war. Ist es dann nicht plausibel, dass sie die Technologie so weit beherrschte, um Licht, Klimakontrolle und andere moderne Annehmlichkeiten genießen zu können, wie ihr sie seit der Jahrhundertwende entwickelt habt – also in nur hundert Jahren linearer Zeit?

Wenn wir euch erzählen, dass Generationen von Atlantern des zweiten Zyklus komplexe Energienetzwerke und eine ausgedehnte künstliche Beleuchtung (mit der sie erfolgreich reiche Nahrungsvorräte anbauten) tief im Inneren der Erde errichteten, mag das für euch unglaublich klingen … aber das sollte es nicht, denn es ist keine größere Leistung als euer eigener außergewöhnlicher technologischer Fortschritt … den ihr viel schneller bewerkstelligt habt … sehr viel schneller. Bis heute liefert dort in den Tiefen der Erde eine Form der Hydrokultur-Landwirtschaft, bei der alternative Beleuchtungstechniken zur Wachstumsstimulation eingesetzt werden, über achtzig Prozent der – vegetarischen – Nahrung für eine große unterirdisch lebende Bevölkerung.

Das Gedankenlicht-Generator-Netzwerk der letzten Generation der Atlanter im dritten Zyklus ist nur ein Beispiel für Technologien, die für unterirdische Kraftwerke genutzt werden können. Wenn eure heutigen Ingenieure mit der Aufgabe betraut würden, die tiefe, innere Welt mit Energie zu versorgen, wären sie durchaus in der Lage, weitaus anspruchsvollere Lösungen zu entwickeln als die, die sie für die unterirdischen Militärbasen (Deep Underground Military Bases) der Geheimregierung, für ihre DUMBs, entwerfen. Solche Entwürfe würden zwangsläufig in die Kategorie sogenannter »Freie-Energie-Systeme« fallen, ökologisch gesunde Energiequellen also, die das Recycling von Abfall und die Nutzung von Gaias Wind und Gaias Wasser beinhalten, um Licht und andere Energieformen zu erzeugen. Diese Methoden könnten euch jetzt bereits zur Verfügung stehen, **wenn die Machtelite die Ökologie der Erde über Profit und Gier stellen würde!**

Betrachtet doch nur einmal die letzten einhundert Jahre des Fortschritts und eure enormen technologischen Errungenschaften – solltet ihr dann nicht, statt euch gegen solche Ideen zu sträuben, lieber aufgeschlossen für diese wunderbaren und ökologischen Möglichkeiten sein?

Über diese wunderbaren Möglichkeiten möchten wir jetzt sprechen, über ein utopisches Land der Schönheit und des Lichts – eines, das in der gegenwärtigen physischen Realität der Erde bereits existiert, auch wenn sich die meisten Menschen dessen nicht bewusst sind.

In der tiefen inneren Welt Gaias gibt es eine geschäftige, blühende Zivilisation von hochentwickelten Wesen – Nachfahren der ersten atlantischen Siedler in der Unterwelt. Geschützt vor den geophysikalischen Störungen und Umwälzungen, die eure Oberflächenwelt über so viele Millionen Jahre hinweg heimgesucht haben, überlebten die Atlanter nicht nur die letzte große Eiszeit, sondern schufen im Schoß der Erdmutter eine großartige Welt … ein Land der Yin-Schwingung, das als **Agharta** bekannt ist.

Die Idee einer großen unterirdischen Zivilisation ist keine skurrile Hypothese. Die Welt von Agharta und ihr kulturelles Zentrum, Shambhala, sind buddhistischen Gelehrten und tibetischen Lamas wohlbekannt, und zahlreiche Mystiker und Visionäre haben dieses unterirdische Land vor ihrem inneren Auge »gesehen« und sind mit ihrem Astralkörper dorthin gereist.

Bestimmte Glückliche und Auserwählte unter euren spirituellen Führerinnen und Führern besuchen Agharta regelmäßig in physischer Gestalt. Sie verfügen über umfangreiches Wissen, was diese hochentwickelte Welt im Erdinneren betrifft, denn sie sind häufig in Shambhala zu Gast, wo sie von den Priestern der Weißen Bruderschaft, die dieses Reich regieren, Führung und Rat empfangen und hinauf an die Oberfläche bringen. Die Weisen vieler Epochen haben das Wissen der idyllischen, wundervollen Zivilisation, die dort unten blüht und gedeiht, weitergegeben, so dass es fester Bestandteil eures kollektiven Bewusstseins geworden ist und darauf wartet, dass ihr es anerkennt und anwendet.

Während eurer gesamten aufgezeichneten Geschichte haben verschiedene Zivilisationen mit diesen atlantischen Superwesen interagiert, denn es gibt an verschiedenen Stellen auf dem Planeten auch heute noch offene Tunnel, und immer wieder haben Agharter in entscheidenden Phasen eurer Geschichte die »Oberfläche« besucht. Ausgewählte Kulturen, unter anderem Lemurer, Tibeter, Maya, Ägypter, Kelten und Etrusker, erhielten Besuch von den spirituellen Führern der Agharter, die ihre Weisheit an die Oberfläche brachten, um den Seelen beim Übergang in die äußere Welt zu helfen und Gaias höherem Zweck zu dienen.

Bis in die Mitte eures letzten Jahrhunderts hatten die Tibeter, von denen viele reinkarnierte Seelen der Atlanter des zweiten Zyklus oder direkte Nachkommen der Atlanter des dritten Zyklus sind, offenen Kontakt, der erst endete, als der Boddhisattva, der Dalai Lama, gezwungen wurde, diese heiligen Länder für immer zu verlassen. Das tibetische Portal im spirituellen Vortex von Lhasa wurde bei seiner Abreise versiegelt und durch eines ersetzt, das von Indien aus unter dem Berg Kailash verläuft. Dieses indische Portal wird weiterhin für Reisen nach Shambhala genutzt, und zwar von spirituellen Führern der Tibeter, die dazu auserwählt wurden, als Boten zu dienen.

Auch an anderen besonderen Orten des Planeten Erde gibt es Wege in das unterirdische Reich Agharta, aber alle werden streng bewacht. Es sind Brücken zwischen den äußeren und inneren Welten, und diese Verbindung macht die bislang unbelasteten Landschaften im Erdinneren extrem anfällig für alle Formen menschlicher Umweltverschmutzung und kosmischer Strahlung.

Während die Verwüstung der oberirdischen Ökosysteme durch die Menschheit weitergeht und Gaias angeborene Schönheit zerstört wird, können wir euch sagen, dass die unterirdische Umgebung bis vor Kurzem relativ rein geblieben ist, frei von den giftigen Emissionen und toxischen Abfällen, welche die oberirdischen Ökosysteme und die Atmosphäre verseuchen.

Aber das Überleben dieser abgeschiedenen Ökosysteme ist nur möglich, weil alle Abfallprodukte sorgfältig recycelt werden und die Agharter in völligem Einklang mit den Elementen leben.

Dies wurde seit den Tagen der frühen Besiedlung der Unterwelt durch die Atlanter erfolgreich so gehandhabt. Unglücklicherweise wird infolge der aggressiven Ausbeutung unterirdischer Bodenschätze durch die Geheimregierung die perfekte Biosphäre der Inneren Erde und das harmonische Leben der Menschen von Agharta inzwischen empfindlich gestört.

Bislang haben die eindringenden Ingenieure nur die Kruste angebohrt – und sind noch weit davon entfernt, Zugang zu Agharta zu erlangen. Doch ihr Eingriff in die Skelettformationen Gaias stört auch dort das natürliche Gleichgewicht.

Müll und emotionale Toxine, erzeugt durch ihre Maschinen und ihre dunklen Absichten, säumen die Tunnel ihrer wachsenden Anlagen, der unterirdischen DUMBs. Diese fauligen Abfallprodukte dringen in die Belüftungskanäle und Gewässer ein, die in die innere Welt führen. Die weiterhin stattfindenden unterirdischen Atomwaffentests fordern ebenfalls ihren Tribut, und die dadurch entstandene radioaktive Verseuchung hat längst begonnen, jene Grenzen zu durchdringen, die einst die innere Welt schützten. Das ist nicht tragbar. Dort, wo Krankheiten einst unbekannt waren, zeigen sich bei der Bevölkerung der Inneren Erde jetzt bereits Symptome schleichender Strahlenschäden. Dieser aggressive Eingriff, die Plünderung aller natürlichen Ressourcen und die Vergiftung der Ökosysteme, zerstört die Harmonie dieser Welten – **dabei ist es das Herz, das einen Raum öffnet, ohne ihn zu verletzen; wer dagegen machtgierig ist, bringt Unheil.**

> ·:· <

»Ah!«, denkt ihr jetzt vielleicht, »… unterirdische Zivilisationen – wie um alles in der Welt kann man von uns erwarten, dass wir das als Wahrheit akzeptieren?« Wir verstehen, dass die bloße Vorstellung euch irritiert, denn es ist für Sternenkinder sehr schwierig, sich solche Welten im Inneren eines Planeten vorzustellen. Deshalb möchten wir jetzt dieses unterirdische Reich auf einfache, leicht verständliche Weise ein wenig mit euch erkunden. Dann wird euch das Ganze bestimmt plausibler erscheinen.

Von den Mikroorganismen, die seit jeher in den unterirdischen Meeren gedeihen, betreiben manche Photosynthese – sie sind kleine schwimmende Lichtspeicher, die durch die Hauptportale am Nord- und Südpol in die Unterwelt gelangen. Myriarden dieser biolumineszenten Lebewesen bringen Licht ins Erdinnere und stimulieren das Pflanzenwachstum an den Ufern und am Meeresgrund. Sie bilden die Basis der Nahrungskette, genau wie in den Ozeanen eurer eisbedeckten Regionen, wo das Sonnenlicht nicht unter die Meeresoberfläche dringen kann.

Photosynthetische, im Meer lebende Mikroorganismen sind nicht neu für euch. Sie wurden von euren Meeresbiologen schon lange beobachtet und erforscht. Die Denker des Establishments lächeln über die Idee, es könnte tief im Untergrund Leben geben. Die Möglichkeit, **dass der Urschöpfer weiß, wie er Licht in dunkle Ecken bringen kann**, kommt ihnen gar nicht in den Sinn – und das, obwohl ihr doch schließlich selbst überall Lampen installiert! Das ist nur ein Aspekt, wie das Göttliche in den unerforschten Welten, deren Existenz euch bislang gar nicht bewusst ist, Leben manifestiert.

Denkt daran, was wir euch über das unendliche elektromagnetische Spektrum gesagt haben, und daran, dass es viele andere Schwingungen der Sonnenstrahlung gibt, welche die oberen Erdschichten durchdringen und im Untergrund empfangen werden können. Erinnert euch auch daran, dass es das Licht des Urschöpfers ist, das darüber bestimmt, wo und unter welchen Bedingungen Leben entsteht – es ist nicht allein das sichtbare Licht, das den Grashalm keimen und wachsen lässt.

> ⁘ <

Trotz unserer Entschlossenheit, euch mit dem Leben bekannt zu machen, das im Inneren der Erde gedeiht, wissen wir, dass für die meisten heutigen Menschen die Überzeugung, in den »dunklen Eingeweiden« eures Planeten könne kein Leben existieren, derartig feststeht, dass ihr es ablehnt, euch überhaupt damit zu beschäftigen, weil ihr es für vollkommen unlogisch haltet. Diese erstickende Decke dogmatischen Denkens hat euer Massenbewusstsein so sehr im Griff, dass sie fast alle menschliche Neugier hinsichtlich der Möglichkeit, es könne dort unten Leben geben, auszuschalten scheint, ganz zu schweigen von der Vorstellung, dass in der Tiefe eine ganze unterirdische Zivilisation existieren könnte, die in spiritueller Hinsicht viel weiter entwickelt ist als eure.

Auch wir verehren die Sonnengottheiten, daher verstehen wir eure Verblüffung darüber, dass dort unten, weit entfernt vom Licht Ras, hoch entwickeltes Leben gedeihen soll. Da die moderne Biologie die Möglichkeiten des Lebens ohne Sonnenlicht leugnet, tut sie Gedanken an unterirdische Zivilisationen als unsinnige Jules-Verne-Geschichten ab. Dieser geradezu kategorischen Ablehnung der möglichen Existenz unterirdischer Zivilisationen stehen jedoch mehrere sehr stichhaltige Argumente entgegen.In seiner egozentrischen Auffassung darüber, was es alles über das Leben zu wissen glaubt, lässt euer sehr zur Egozentrik neigendes wissenschaftliches Establishment außer Acht, wie viel es **nicht** über biologische Vielfalt und multidimensionale Zusammenhänge weiß.

Eure Öffentlichkeit erfährt nur sehr wenig über die moderne (und die in früheren Zeiten erfolgte) Erforschung des Erdinneren, und bei dem, was veröffentlicht wird, handelt es sich häufig um gezielte Desinformation durch die Machtelite.

Sie will von ihren geheimen Aktivitäten ablenken, euch davon abhalten, Nachforschungen bezüglich ihrer gewaltigen unterirdischen DUMBs und biochemischen Labore anzustellen – und ihr sollt nichts von der Existenz Aghartas erfahren.

Man ist weitgehend blind für die verschiedenen Ebenen des technologischen Know-hows, die im gesamten Universum und in der linearen Zeit existieren, und verfügt nur über relativ primitive Lösungen für die Probleme der Beleuchtung, der Nahrungsmittelproduktion, der Abfallentsorgung und der Luftqualität in der Unterwelt.

Und man bestärkt euch in eurer Angst vor der »Dunkelheit«.

Wenn ihr eine multidimensionale Perspektive eurer Welt und eures Platzes im Universum entwickeln wollt, müsst ihr nicht nur ernsthaft über das nachdenken, was um euch herum vor sich geht, oder über das, was dort oben geschieht, bei jenen Wesen, die das weite Himmelszelt bewohnen. Ihr werdet auch in die Tiefe schauen müssen, denn die innere Welt Gaias – die weiten unterirdischen Landschaften und Ozeane – ist nicht weniger prachtvoll als die Erdoberfläche, sobald ihr euch für eure angeborenen Fähigkeiten der medialen Wahrnehmung jenseits der physischen Sinne öffnet und auf der zellulären Ebene eures Körpers der Verlust des direkten Sonnenlichts akzeptiert wird.

Ihr braucht nur den regenbogenbunten Schnabel eines Tukans oder ein Narzissenfeld zu betrachten und fühlt euch in eurer Überzeugung bestärkt, dass ihr niemals ohne die Lebendigkeit der Farben und das warme Leuchten der sonnenbeschienenen Landschaften leben könntet. Eure Welt ist durchdrungen von den hellsten Farbtönen des sichtbaren Spektrums. Sie erfüllen eure Augen mit ihrem Glanz, und das wiederum weckt in euch Emotionen. Es regt die Sinne an.

Doch wir versichern euch, dass die Wesen, die sich in der Unterwelt entwickelt haben, in keiner Weise unter dem Mangel an Sonnenlicht leiden. Vielmehr leben sie gesünder und länger ohne die schädlichen Auswirkungen der Sonnenstrahlung! Sie haben sich so entwickelt, dass sie weit weniger von den fünf Sinnen abhängig sind, denn in der Unterwelt werden viel weniger Informationen über die physischen Sinnesorgane empfangen: Augen, Ohren, Nase, Zunge und Haut. Die eigenen Wahrnehmungen und biologischen Prozesse sind von deutlich anderer Natur als bei Oberflächenbewohnern, aber das macht die unterirdische Lebenserfahrung nicht weniger bedeutsam oder sinnvoll als eure.

Wir versichern euch, dass es trotz eurer unbewussten Ablehnung einer sonnenlosen Welt Aspekte des Lebens unter der Erde gibt, die in vielerlei Hinsicht viel schöner und nährender sind als die von euch auf der Oberfläche erschaffenen.

Schaut euch um, und ihr werdet uns gewiss zustimmen, dass es bei der Heilung des Planeten Erde viel zu tun gibt. Ihr werdet Zeugen, wie die letzten unberührten Lebensräume der zerstörerischen Hand des Menschen weichen müssen.

Ihr leidet unter der Hitze und Sterilität von Zement und Stahl, wo einst grüne Auen euren Seelen wohltaten und euch von glücklichen Tagen und Gaias innerem Frieden kündeten. Sogar euer einst kristallklarer, türkisfarbener Himmel wird grau und dunstig, während die Farbe langsam aus den einst atemberaubend schönen Landschaften der Erde schwindet.

Abgelenkt von den Geschehnissen eures täglichen Lebens und den globalen Ereignissen, macht ihr euch einfach nicht die Mühe, euch allzu sehr mit der Frage zu beschäftigen, was außerhalb des Blickfeldes der Kameras geschieht. Ihr habt den Eindruck, schon so viel über euren Planeten zu wissen, schon so weit in seine entferntesten Regionen vorgedrungen zu sein, dass es scheinbar nicht mehr viel auf ihm zu entdecken gibt. Um über die Grenzen eurer üblichen Überzeugungen hinauszublicken – also das »Was wir wissen«-Syndrom des Establishments hinter euch zu lassen –, braucht es Inspiration und den leidenschaftlichen Wunsch, die wahre Funktionsweise eurer Welt zu verstehen, und vor allem die notwendige geistige Offenheit, um die Dinge zu sehen, wie sie wirklich sind … und wie sie sein können.

Dann erkennt ihr, dass der größte Teil der Menschheit sich einfach dem Dogma unterwirft, mit dem man euch manipuliert. Die Massen lassen sich vom **äußeren Anschein** ablenken. Die meisten verhalten sich passiv und reaktionär, bestrebt, möglichst nicht unangenehm aufzufallen – bis etwas den Status quo stört. Und dann versuchen sie, die momentane Störung möglichst schnell zu beseitigen, um wieder zum gewohnten Alltagsablauf zurückkehren zu können. Infolgedessen ist es für die meisten angenehmer, Gedanken an aufregendes Neuland und ungeahnte Möglichkeiten einfach auszublenden, denn so etwas könnte ungewohnte Anstrengungen erfordern und ihr Leben durcheinanderbringen.

Vergessen wir nicht, dass diese passive Haltung durch Technologien der Gedanken- und Stimmungsmanipulation verstärkt wird, der ihr schon so lange ausgesetzt seid, dass die meisten Menschen sich gar nicht erinnern können, überhaupt einmal geistige Freiheit gespürt zu haben. Solche Mechanismen sind, in unterschiedlicher Intensität, am Wirken, seit die Anunnaki zum ersten Mal ihr elektromagnetisches Gitternetz um eure Welt zogen – also seit einhunderttausend Erdenjahren.

Nur die besonders klar Fokussierten unter euch, deren Brillanz wie ein Laser die dicke Schicht der menschlichen Gleichgültigkeit durchschneidet, hatten und haben den Mut und den Durchblick, hinter das Bühnenbild zu schauen und die wahre Bedeutung des am längsten laufenden Stücks in der Geschichte des menschlichen Theaters zu hinterfragen.

Ihr, die Rebellen, habt eure Integrität bewahrt, indem ihr euch gegen die geheimen Wellen der Gedankeningenieure schütztet.

Ihr schwimmt im offenen Meer und habt keine Angst davor … zu hinterfragen … zu suchen. Wir feiern eure Kraft und euren überzeugten Einsatz.

Gegenüber den anderen bekräftigen wir, dass es eine ganze Welt – eine parallele Realität – tief unter euren Füßen gibt … und dass vieles von dem, was die spirituellen Führer, die nach Shambhala reisen, von dort unten in die äußere Welt mitbringen, höchst bedeutsam für die Zukunft der Menschheit ist.

> ⁘ <

Obwohl euer Blick auf potentielle Existenzfelder des Lebens höchst oberflächlich ist (im wahrsten Sinne des Wortes), versichern wir euch, dass im gesamten Universum viele unterirdische Zivilisationen existieren, die aus Lebensformen jeder vorstellbaren Gestalt und Form bestehen … und noch viel mehr von der »unvorstellbaren« Sorte. Auf vielen Planeten, wie zum Beispiel Nibiru, sind die Lebensbedingungen im Untergrund wesentlich angenehmer, weshalb es nur natürlich ist, dass sich dort Zivilisationen entwickelt haben, gut geschützt vor den oft rauen Bedingungen an der Planetenoberfläche.

Im Fall Nibirus fehlt dem Planeten, seit er von Sirius hinaus in den kalten galaktischen Winter, in die leere Weite zwischen den Sternensystemen, geschleudert wurde, die Lebenskraft der solaren Energie. Es ist eine in astronomischer Hinsicht ganz besondere Situation. Die innere Chemie Nibirus muss daher über Jahrtausende durch kosmische Emanationen und alternative Energievorräte aufrechterhalten werden, die das Überleben des Planeten sichern, während er zwischen den beiden Sternensystemen hin und her wandert. Auf ihrer Reise müssen die Nibirer die Ressourcen und Energievorräte nutzen, die während seines Durchfluges durch das Siriussystem und das System eurer Sonne gesammelt und gespeichert werden.

Das materielle Universum beherbergt unzählige Planeten, die für Leben an der Oberfläche ungeeignet sind, in deren Innerem es jedoch von komplexen Zivilisationen, die aus intelligentem Leben und einer großen Vielfalt biologischer Kreaturen und Formen bestehen, nur so wimmelt. Einige, wie die unterirdischen Gemeinschaften auf dem Mars und auf Nibiru, sind eine Art Umsiedlungsprojekt von Bevölkerungen, die gezwungen waren, ihre Oberflächenzivilisationen zu evakuieren und sich unter der Erde neu zu etablieren – aus Gründen, die denen nicht unähnlich sind, die ihr auf der Erde befürchtet, wie zum Beispiel verheerende Strahlung, die Zerstörung der Atmosphäre oder eine Kollision mit Meteoren oder Asteroiden.

Für die Nibirer ist ein Überleben an der Oberfläche nicht mehr möglich, wie wir bereits beschrieben haben. Übriggeblieben von ihrer Spezies ist eine im Niedergang befindliche Zivilisation in der nibirischen Unterwelt, eine Untergrundkultur von Anunnaki-Ingenieuren in den Laboren auf dem Mars und eine Anzahl von Menschenhybriden, die noch aus der Zeit stammen, als in Atlantis genetische Kreuzungen durchgeführt wurden. Jene Anunnaki-Fürsten, von denen die Geheimregierung der Erde gelenkt wird, haben sich nie vollständig in die menschliche Zivilisation integriert. Sie halten sich abseits, sind aber gut getarnt durch ihr menschlich wirkendes Äußeres und ihre an die irdischen Bedingungen angepasste Lebensweise.

Sie sind die bei Weitem kaltherzigsten Kreaturen auf eurer Welt!

Andere unterirdische Zivilisationen, wie Agharta, können durchaus als Parallelrealität mit einer Oberflächenzivilisation koexistieren, und es ist häufig (aber nicht immer) so, dass diese beiden Welten nie miteinander interagieren.

Das ist Allgemeinwissen unter den intelligenten Spezies im Universum, die miteinander kommunizieren, denn Handel und kultureller Austausch finden an unzähligen Orten überall in der Galaxis statt, im Inneren, an der Oberfläche und im Orbit unzähliger Planeten.

Ihr, die Bürgerinnen und Bürger Gaias, seid zwar derzeit »außen vor«, aber das wird sich bald ändern.

Ziemlich bald.

In eurem verständlichen Bestreben, die Unermesslichkeit von *Alles Was Ist* zu verstehen und euren Platz als menschliche Wesen im multidimensionalen Universum zu finden, solltet ihr bedenken, dass das Leben keine Grenzen kennt. Das Bewusstsein kann nicht klassifiziert werden und eine beschränkte Anzahl von Kriterien erfüllen, denn der Designer, der Urschöpfer, ist »unendlich«. Wir alle existieren in einem Kosmos, der vor dem Verlangen zu sein, zu leben, nur so strotzt. Wie der Grashalm drängt das Leben über alle Begrenzungen und Beschränkungen hinaus und greift für immer nach dem Ewigen Licht. Was also die umstrittene Frage eines Lebens unter der Erde betrifft, macht euch klar, dass wir alle in einem Universum voller Möglichkeiten leben – viel, viel mehr Möglichkeiten, als die Mächtigen euch glauben machen wollen. Tief im Herzen wisst auch ihr, dass es keine Grenzen gibt … Es gibt unfassbar viele Möglichkeiten.

Aus eurer Perspektive als Oberflächenbewohner werdet ihr schon bald erkennen, dass Leben überall im Überfluss vorhanden ist: im Osten, Süden, Westen, Norden, über, auf und innerhalb der Erde. Betet zu den sieben Richtungen, feiert die Weite und Schönheit aller Räume, die es für euch noch zu erforschen gilt, all die potenziellen Welten, die darauf warten, von euch entdeckt zu werden … und zieht zumindest die Möglichkeit in Betracht, dass der innere Körper Gaias genauso vital und lebendig ist wie das »Innere« eines jeden Menschen.

Die Suche der Menschheit nach unbekannten Ländern und Zivilisationen draußen in der Galaxis und innerhalb der Erde wird weitaus größere Schätze hervorbringen, als sie einst von den eifrigen Entdeckern mitgebracht wurden, die in den Sonnenuntergang segelten, um die Menschheit neu zu erfinden. Erinnert euch auch daran, dass noch vor wenigen Jahrhunderten die offizielle Lehrmeinung lautete, die Erde wäre eine Scheibe und man würde vom Rand der Welt in den »großen Abgrund« stürzen, wenn man es wagte, zu weit hinaus zu segeln.

Daher erkennen wir eure Schwierigkeiten an, die Existenz unterirdischer Zivilisationen zu akzeptieren und euch Leben dort in der Tiefe vorzustellen. Wir verstehen, dass es in gewisser Weise sogar schwieriger zu akzeptieren ist als die Existenz außerirdischen Lebens, denn ihr identifiziert euch sehr stark mit den Sternen.

Dort befinden sich eure genetischen Wurzeln.

Vielleicht liegt es daran, dass die Unterwelt eurem Bewusstsein so nah und doch so fern ist, aber das ändert sich gegenwärtig rasant, weil die Geheimregierung immer mehr in die Unterwelt vordringt. Die Schäden, die sie dabei anrichtet, erregen endlich eure Aufmerksamkeit, egal wie geschickt sie ihre Machenschaften zu verbergen versucht. Sie muss nur noch ein wenig tiefer graben, dann wird sie auf die Geheimnisse des Erdinneren stoßen. Es gibt dort eine Geschichte, die darauf wartet, erzählt zu werden.

Wir schlagen vor, dass ihr die unterirdischen Aktivitäten eurer Regierungen mit großem Interesse erforscht.

Unsere Hypothese bezüglich des unterirdischen Lebens zu akzeptieren, wird euch leichter fallen, wenn ihr euch gründlich mit den gut dokumentierten Beweisen für die Existenz unterirdischer Städte beschäftigt. Es genügt bereits, wenn ihr einmal eine öffentlich akzeptierte unterirdische Umgebung betretet, zum Beispiel den Untergrund von Montreal, und euch dort umschaut. Ihr werdet erstaunt sein, wie ausgezeichnet ganze Gesellschaften unter der Oberfläche funktionieren können.

Bedenkt, dass die Machtelite ihre Aktivitäten in der Unterwelt gerne vor euch verbergen möchte – genauso wie das, was sie im Weltraum tut. Doch für diejenigen von euch, die zumindest schon ein paar Nachforschungen angestellt haben, ist es längst kein Geheimnis mehr, dass in einer Reihe unterirdischer Städte zum Beispiel Geheimgesellschaften und Kontrollnetzwerke eingerichtet worden sind. Es gibt dort Trupps von Militärs, Medizinern, Laborwissenschaftlern. Es gibt Köche, Techniker und Wäschereipersonal. Die Machtelite unterhält komplette unterirdische Infrastrukturen in ihren DUMBs.

Es mag euch höchst seltsam vorkommen, dass eure Regierungen zwar kilometerlange Tunnel, Kraftwerke und Militärbasen im Untergrund bauen, sich aber immer noch weigern, zum ernsten Zustand eurer globalen Umwelt Stellung zu nehmen. Es ist, als bereiteten sie schon ihren Abschied von der Erdoberfläche vor, von euch, der breiten Masse der Menschen, verschweigen jedoch, dass es bald an der Zeit sein könnte, zu gehen.

Warum erfahrt ihr nichts über diese Aktivitäten unter der Erde? Außerdem, wem wird der Zugang zu den wachsenden unterirdischen Bauten gewährt, und was treiben die Regierungen dort?

Am bedeutsamsten ist, dass sich offenbar Geschichte wiederholt: Wieder wird eine Flucht in den Untergrund vorbereitet, während sich an der Oberfläche eine potenzielle Katastrophe anbahnt. Es ist das historische Muster nicht nur der menschlichen Spezies, sondern auch anderer bedrohter Zivilisationen in der Galaxis. Wir bitten euch, das Vordringen der Atlanter in den Untergrund als einen natürlichen und logischen Überlebensplan zu betrachten, nicht unglaubwürdiger als das Wissen, dass unter euren Metropolen zahlreiche komplexe »Forschungszentren«, Krankenhäuser, luxuriöse Eigentumswohnungen und Anlagen für die Nahrungsmittelproduktion gebaut werden. Man installiert dort alle lebenserhaltenden Systeme, die notwendig sind, um Tausende von Schlüsselfiguren der globalen Elite sicher und komfortabel unterbringen zu können – für den Fall, dass eine weitere weltweite Katastrophe – etwa die endgültige Zerstörung der Erdatmosphäre –, ein Überleben an der Oberfläche unmöglich macht. Ihr, die Oberflächenbewohner, werdet seit Jahrzehnten absichtlich darüber im Dunkeln gelassen – seit der Entfesselung der Atombombe, als dem Bau großer unterirdischer Siedlungs- und Technologieanlagen von den Regierungen oberste Priorität eingeräumt wurde.

Sobald erste Bunker und Notfallbasen eingerichtet waren, schuf man weitaus komplexere Infrastrukturen: voll funktionsfähige Städte, von denen die meisten von euch immer noch glauben, sie würden nicht existieren. Dort gehen sie ihrem Geschäft nach, die

Erde umzugestalten und zu regieren, eurer Kontrolle entzogen, während die übrige Menschheit, abgelenkt, über ihren Köpfen weiterhin vor sich hin wuselt.

Wacht auf! Die weltweite Ausbeutung der unterirdischen Ökosysteme hat die Lebensräume der Unterwelt unaufhaltsam verändert, und die bemerkenswerte Zivilisation von Agharta – viele Jahrtausende lang eine perfekt autarke Biosphäre – ist nun in ihrer Existenz bedroht! Das aggressive, zerstörerische Vordringen der von den Anunnaki gesteuerten Machtelite in die unerforschten Gebiete der Unterwelt ist ein wichtiger, höchst bedrohlicher Bestandteil der ökologischen Krise, die ihr an der Oberfläche erlebt, denn ihr wisst, dass alles miteinander verbunden ist und alle Teile das Ganze beeinflussen. Es ist für euch lebenswichtig, dass ihr die Bedeutung dieser Einmischung in die unterirdische Welt versteht, ebenso wie die HAARP-Eingriffe in der oberen Atmosphäre, denn die unterirdischen Länder sind nicht weniger »Gaia« als die Bäume und Flüsse eurer kostbaren Oberflächenlandschaften.

Wenn ihr das Schicksal der Ureinwohner – etwa der indigenen Völker Amerikas und der australischen Aborigines – betrachtet, werdet ihr verstehen, wie die Plage der modernen Zivilisationen invasiv ganze Umgebungen und Arten zerstört, die früher in ihren isolierten, unverseuchten Ökosystemen gediehen. So verhält es sich auch mit der Infiltration der Unterwelt. Während die Eindringlinge immer tiefer in diese unerforschten Gebiete vordringen und mit gewaltigen Bohrmaschinen, die sich hundert Stundenkilometer schnell fortbewegen können, und Sprengungen die natürlichen Unterweltlandschaften vernichten, wird das Leben dort ausgelöscht, verbrannt von der giftigen Invasion seiner heiligen Räume.

Übersehen wir auch nicht die Folgen der monströsen unterirdischen Experimente des geheimen Staates: genetisch veränderte Lebensformen, die an die Oberfläche entkommen sind (und die Chupacabras sind dafür nur ein Beispiel) – oder die Killerviren, die in den unterirdischen Laboren erschaffen werden. Auch das sind Realitäten eurer heutigen Zeit, so wie damals in Atlantis, als die Anunnaki gehorsame Wissenschaftler der letzten Generation in den Anwendungsmöglichkeiten der Gentechnik schulten, und die Techniker von *Hekkatl* – dem atlantischen Hauptquartier aller unterirdischen biologischen und gentechnischen Forschungen – seltsame neue Spezies schufen, um die spezifischen Bedürfnisse ihrer Meister zu befriedigen.

Vieles wurde damals zurückgelassen und nahm einen unnatürlichen Platz im Evolutionsprozess der unterirdischen Welt ein, und noch viel mehr wird jetzt erschaffen, verborgen vor den Augen derer, die zweifellos einen Weg finden würden, das alles zu beenden … wenn sie nur wüssten, welch absoluter Wahnsinn in den Kesseln der Genetiker zusammengebraut wird.

Da alles voneinander abhängt, könnt ihr erahnen, wie sich die Zerstörung der Unterwelt auf die Ökologie der Oberfläche auswirken wird. Deshalb glauben wir, dass es extrem wichtig für euch ist, zu erkennen, wie die Welt der Inneren Erde die äußere Realität verändert und wie das Ungleichgewicht, das auf dem Planeten entsteht, euer Leben beeinflusst. Wie zu keiner anderen Zeit in der menschlichen und planetaren Geschichte erfordert Gaia jetzt eure absolute Aufmerksamkeit. Sie ruft, zittert und stürmt überall – sie schreit, um gehört zu werden!

Deshalb ist es an der Zeit, dass ihr euch eurer Welt bewusst werdet, indem ihr **endlich die Augen aufmacht und seht**, was tatsächlich um euch herum geschieht. Bittet eure geistigen Führer, euch nur das zu zeigen, was eurer höheren Bestimmung dient. Dann wird euer inneres Auge Einblicke in die relevanten Aspekte erhalten, die außerhalb des normalerweise für euch sichtbaren Bereichs liegen. Das ist notwendig, wenn ihr voll bewusste multidimensionale Wesen werden wollt.

Wenn ihr euch von der blind machenden Furcht befreit, die euch dazu brachte, niemals in dunkle Räume zu schauen – eine Furcht, die euch einprogrammiert wurde –, werdet ihr viel klarer sehen. Bedenkt auch, dass ein Großteil eurer Konditionierung bezüglich dessen, was tief unter euren Füßen liegt, das Produkt religiöser Indoktrination ist, denn dort unten, so wurde behauptet, liegt angeblich die Hölle … das »Inferno« der Verdammten.

Ist es da ein Wunder, dass ihr euch die Unterwelt als dunkel und furchterregend vorstellt, bevölkert von bedrohlichen Kreaturen? Das hat man euch regelrecht ins Bewusstsein eingebrannt … eine unheimliche, feurige Hölle, ein brodelnder Kessel, in dem das Böse regiert. Doch wenn ihr solche beängstigenden Vorstellungen einmal hinter euch lasst, werdet ihr erkennen, welch große Kraft darin liegt, die vermeintliche Finsternis dem Licht eures brillanten, forschenden Verstandes auszusetzen.

Ihr werdet sehen, was nicht länger verborgen bleiben kann, denn dort unten werdet ihr das Wissen »ausgraben«, das ihr benötigt, um eure wahre Mission als Lichtarbeiter des Neuen Morgens zu erfüllen.

Wir versichern euch, dass es in den Höhlen, Grotten, unterirdischen Flüssen und Seen von Mutter Erde eine Pracht gibt, die eure kühnsten Träume übersteigt, genauso wie es dort Gefahren und polare Kräfte gibt, von denen jene dynamische, schöpferische Spannung erzeugt wird, die ihr in der Oberflächenwelt nur zu gut kennt. Diejenigen von euch, die das Land Agharta in der Meditation und mit Hilfe von Ritualen bereist haben, wissen um seine Schönheit, denn ihr habt die Pracht bestaunt und die Schwingung gespürt.

11

DIE KRÄFTE DES LICHTS

Wir haben eine klare Provokation ausgesprochen. Wir haben euch dazu aufgerufen, gegen die falschen Götter aufzustehen und gegen die Mechanismen der lieblosen Macht die Stimme zu erheben, denn ihr seid es, die den Prozess der Entwaffnung der Macht-Elite einleiten müsst, indem ihr mit dem Licht des Wissens in deren geheime Zonen hineinleuchtet. Das ist eure Aufgabe. Bringt die Geheimnisse ans Licht, damit eure Welt aufwacht. Ihr seid die, die zurückgekommen sind, um die Waage ins Gleichgewicht zu bringen.

Wir haben euch gebeten, für Gaia einzustehen, bewusst zu werden und aktiv zum Wohl eures Planeten einzugreifen. Wir haben euch zur Einheit aufgerufen, indem wir euch an eure Aufgabe und an die Macht des kollektiven Unbewussten erinnerten. Wir haben euch motiviert, indem wir auf das Oben und Unten eurer Welt hingewiesen haben, damit ihr euren Horizont über die Grenzen hinaus erweitern könnt, die von den Mächtigen für euch an der Erdoberfläche abgesteckt wurden.

Wir glauben, dass ihr zunächst die Teile des Puzzles erkennen müsst, bevor ihr verstehen könnt, wie sie alle zusammenpassen. Am effektivsten seid ihr, wenn ihr anfangs das große Bild betrachtet und es in überschaubare Teile zerlegt. Erst dann seid ihr in der Lage, alles wieder zusammenzusetzen.

Diejenigen von euch, die sich immer noch davor fürchten, die Büchse der Pandora zu öffnen, werden, wenn die Große Veränderung beginnt, ohnmächtig sein. Diese unerbittliche Angst ist es, die euch eurer Macht beraubt, nicht das Wissen, das aus dieser Schatztruhe springen wird ... hinaus aus der dunklen Enge.

Die Lichtwesen vieler Reiche weisen euch den Weg zu der von eurer Seele selbst angelegten Straße, so dass ihr niemals befürchten müsst, dass etwas euch von hinten packt und euch gegen euren Willen in die Schatten zerrt. Wenn ihr euch als bewusste Wesen weigert, euch noch länger von der geistlosen dunklen Macht für dumm verkaufen, manipulieren und beherrschen zu lassen, kann nichts die Reise eurer Seele mehr behindern. Einzig wenn ihr aus eigenem freien Willen auf die tintenschwarzen Schleier der gefährlichen Nacht zugeht, werdet ihr den Weg zurück finden – selbst wenn ihr vorübergehend einmal die Richtung aus den Augen verliert.Am Ende gibt es nur den einen Weg – **den Weg nach Hause.**

Ihr werdet dahin geführt, Geheimnisse aufzudecken, die nicht länger vor den Bürgern Gaias verborgen werden können. Gemeinsam lehnt ihr euch gegen Taten auf, die zu eurem und Gaias Schaden unternommen werden. Wir lassen euch wissen, dass ihr dabei jederzeit auf die volle Unterstützung der Lichtkräfte des Universums zählen könnt. Eure geistigen Führer weisen euch sanft den Weg, aber euer freier Wille bleibt gewahrt, denn ihr entscheidet selbst, ob ihr die Reise antretet oder ob ihr euch an eure Trägheit klammert, weil ihr Angst vor Veränderung habt.

Schwebende Engelwesen breiten schützend ihre großen »Flügel« über eurer gesamten Spezies aus – liebende Energien, die heilen und euch eure Fehler verzeihen, während sie eure Siege und eure Stärke feiern. Gaias eigene Geistführer weisen den Weg, denn kein bewusstes Wesen im Universum ist ohne die Führung höherer Wesen. Sogar eure Sonne – der Lichtträger Ra – arbeitet für euch, indem er die Vorrichtungen der Kontrolle ausschaltet und hilft, das Anunnaki-Gitter aufzulösen. Es wird so viel Licht auf der Erde und in euch verankert, dass die dunkle Seite, auch wenn es momentan anders erscheint, euch einfach nicht länger unter Kontrolle halten kann.

Die Liebe, die vom Himmel herabströmt, und die Tatsache, dass immer mehr von euch sich zusammenschließen und gemeinsam handeln, lassen die Ketten eurer Knechtschaft schmelzen und befreien euch. Große Wellen kosmischer Energie werden aus den Weiten der Galaxis zu eurem Sonnensystem gestrahlt, denn Ra ist ein leuchtender Stern und hat, genau wie Sirius, ein großartiges Licht.

Das ganze Universum summt geradezu in freudiger Erwartung eures Aufstiegs.

> ⁘ <

Vergesst jedoch nie das Licht in eurer Mitte – das Licht, das von Herz zu Herz geht und den Weg eurer Evolution erhellt. Ihr seid Funken der Schöpfung, die Brillanz von *Alles Was Ist.* Die Liebe in euch und euer Vertrauen in die Schöpfung befreien euch davon, jemals an der Sinnhaftigkeit der Existenz zu zweifeln.

Wenn ihr Angst vor den Veränderungen habt, die gerade stattfinden, wenn ihr besorgt seid über die Misere eurer Spezies und die Zukunft des Planeten, oder wenn ihr Verbitterung gegenüber denen empfindet, die euch wachrütteln wollen, damit ihr aus euren Käfigen ausbrecht, dann – glaubt uns – ist die Zeit gekommen, die unteren Schwingungszentren eures Wesens zu heilen. Während die Intensität eurer sich wandelnden solaren Familie neue Höhepunkte erreicht, müsst ihr diese blockierten Energien loslassen und die Wellen durch euch und in die Erde fließen lassen, damit eure Ängste gereinigt werden können und ihr geerdet werdet.

Es wird wichtig sein, die euer Überleben gefährdenden Probleme zu lösen und euer Bewusstsein im Herzen zu zentrieren. Wenn ihr eine Haltung der Vergebung und bedingungslosen Liebe einnehmt, versetzt euch das in die Lage, den Verursachern von Unwissenheit und Angst zu verzeihen, denn sie sind – letztlich – zu sehr im Überlebensmodus gefangen, um es besser zu wissen.

Wenn man ihre galaktischen Verhältnisse betrachtet, kann man verstehen, warum sie sich so langsam entwickeln. Gefangen im endlosen Kampf gegen die Auslöschung ihrer Spezies und ihres Planeten haben sie sich verzweifelt an ihre materielle Existenz geklammert, wohl wissend, dass sie jederzeit leicht in die Leere der Grauzone abgleiten können.

Sie glauben, sie wären zu diesem Leben gezwungen, denn eine andere Existenzweise kennen sie nicht.

Diese geistlose Sichtweise haben sie an ihre Nachkommen auf der Erde und in den inneren Welten des Mars weitergegeben – und ihnen die Urangst eingeimpft, dass es für sie nur das materielle Universum gibt und jenseits davon nichts existiert.

> ⁘ <

Diejenigen von Euch, die in der letzten Generation von Atlantis dem Licht gedient haben, sind nun zurückgekehrt, um das Gleichgewicht wiederherzustellen. Ihr habt euch während vieler Leben der dunklen Macht gestellt, in stetiger Vorbereitung auf diesen Moment. Die meisten von euch haben sich an entscheidenden Orten auf dem Planeten reinkarniert, in Schlüsselzivilisationen, in denen man die Geschichte und die Weisheit vor dem Vergessen bewahrt hat. Ihr habt auf den Hochebenen Tibets gelebt, ihr seid in den Anden gewandert, ihr reistet durch die Wüste Ägyptens, ihr befuhrt die mesopotamischen Meere. Ihr habt die Geschichte von Atlantis durch alle Zeiten und in alle Länder getragen und so das Wissen um die wahre Größe der Menschheit lebendig erhalten.

Ihr, die ihr spürt, wie der atlantische Akkord an eurem Gedächtnis zerrt, habt euch im Erdenraum wieder manifestiert, denn ihr wisst, wie ihr helfen könnt. Wir sehen, wie ihr nach Wegen sucht, die Lücken der Erinnerung auszufüllen und mit der Arbeit fortzufahren, die euch in die physische Realität zurückgerufen hat. Ihr seid bereit, euch dem Karma einer Lebenszeit zu stellt, die ihr in euren unterbewussten Bibliotheken als eine Welt katalogisiert habt, in der ihr vor dreizehntausend Erdenjahren gewandelt seid.

Wir erinnern euch daran, dass es in den höheren Dimensionen keine »Zeit« gibt. So schwierig es für euch noch sein mag, die Nicht-Zeit zu verstehen, möchten wir euch dennoch deutlich machen, dass alle »Lebenszeiten« (Inkarnationen) in Wahrheit gleichzeitig stattfinden. Das heißt, was wir bisher linear beschreiben mussten – Vergangenheit und Zukunft –, ist multidimensional gesehen alles Teil des **Jetzt**. Es ist wichtig, euch daran zu erinnern, dass wir, wenn wir zu euch von Geschichte und Zeit sprechen, dies tun, weil Nicht-Zeit für jene so schwer zu verstehen ist, die noch in der Illusion der Zeit gefangen sind, wie ihr es bis jetzt wart.

Lasst uns aus einer unserer früheren Botschaften zitieren, um den Begriff der Nicht-Zeit für euch neu zu definieren, so wie wir ihn in *Kosmos der Seele* vorgestellt haben:

> *Die Zeit, wie ihr sie innerhalb der Grenzen der dreidimensionalen Realität erlebt, ist ein völlig künstlicher Rahmen. Das heißt, eure Zeitwahrnehmung beruht auf einer linearen Struktur aus einer unklaren Vergangenheit, einer illusorischen, undefinierbaren Gegenwart und einer Zukunft, über die ihr Mutmaßungen anstellt, die euch häufig ängstlich und unsicher machen. In Wahrheit rühren die meisten eurer Schwierigkeiten von eurer falschen Vorstellung über die Zeit her, besonders jetzt, so kurz nach einer Jahrtausendwende. Versucht daher, den gegenwärtigen Moment bewusst wahrzunehmen, ihn zu leben. Allerdings sind die meisten von euch noch weit davon entfernt, wirklich zu begreifen, dass es nichts anderes als diesen gegenwärtigen Moment gibt. Das ist verständlich, denn die Erfahrung der Nicht-Zeit ist ein höherer Bereich, jenseits eurer gegenwärtigen Fähigkeiten, obwohl ihr sie in euren Traumzuständen und außerkörperlichen Reisen berührt – weil ihr in diesen veränderten Bewusstseinszuständen der Sinneswelt entkommt. Aus diesem Grund ist es für eure spirituelle Entfaltung so wichtig, dass ihr euch mit euren*

Träumen beschäftigt, meditiert und die Fähigkeit entwickelt, euch selbst in die Astralwelt zu projizieren. Dort bieten sich euch die besten Möglichkeiten, euch von euren Begrenzungen zu lösen und in der süßen Freiheit zeitloser Bewusstheit und körperloser Bewegung zu treiben.

Von den höheren Oktaven aus wird das, was ihr als Vergangenheit, Gegenwart und Zukunft wahrnehmt, als koexistent und simultan betrachtet. Das erscheint aus eurer dreidimensionalen Perspektive unverständlich, denn eure Geschichte – euer Bewusstsein als Spezies – hat sich um ein Modell der linearen Zeit herum entwickelt. Wenn ihr jedoch die Nicht-Zeit der multidimensionalen Realität erkennt (wenigstens intellektuell), könnt ihr euch von vergangenen Albträumen oder Erinnerungen an bessere Zeiten befreien, und ebenso auch von erfundenen Zukunftsszenarien wie der drohenden Apokalypse.

Indem ihr euer Lichtselbst wiederentdeckt, werdet ihr das Konzept des Seelenbewusstseins verstehen, das sich selbst in dem Körper erschafft und wiedererschafft, den ihr gerade durch vergangene und zukünftige Hypothesen bewegt – Hypothesen, die ihr als reale, furchterregende und fantastische Ereignisse wahrnehmt. Und ihr glaubt, dass diese Ereignisse euer Leben zu dem gemacht haben, was es heute ist oder was ihr »irgendwann« in jener nebulösen Zeit erleben werdet, die für euch immer irgendwie außer Reichweite zu liegen scheint. Paradoxerweise wirkt die Vergangenheit-Gegenwart-Zukunft-Illusion so glaubwürdig, so scheinbar greifbar, und deshalb ist es für euch nur schwer vorstellbar, dass Zeit in einem anderen Kontext existieren kann. Da euer Leben auf der 3D-Ebene organisiert ist, brauchtet ihr bislang die Pseudo-Struktur der linearen Zeit – denn sie hat euch als Spezies in Richtung Wandel und Veränderung gelenkt, sowohl vorwärts als auch rückwärts in eurer Projektion der Vergangenheit und eurer Erinnerung an die Zukunft. Und niemand wird euch davon überzeugen, dass Sonnenaufgänge, eine erste Tasse Kaffee am Morgen, das Büro und eure unzähligen Alltagsroutinen nur

Hirngespinste sind … und doch wagen wir zu betonen, dass es so ist. Es gibt nichts anderes als den gegenwärtigen Moment. Das ist die Realität, die Erfahrung. Momente in Momenten, die sich für immer in die Matrix des Ewigen Geistes einprägen.

Das sind die Zwänge, die unserer Kommunikation auferlegt sind, denn solange man nicht von der linearen Zeit befreit ist, ist man an sie gebunden. Das wiederum bindet uns an diese Gedankenblasen und verändert die Botschaft, als müssten wir uns beim Durchschreiten der Dimensionen zwangsläufig selbst widersprechen, um die Essenz der Erfahrung in Begriffen zu vermitteln, die für euch einen Sinn ergeben.

Wir sagen euch, dass alle Erfahrungen simultan sind und dass es in multidimensionaler Hinsicht überhaupt keine vergangenen oder zukünftigen Leben gibt. Alle Aspekte des individuellen Bewusstseins sind lediglich Funken der Großen Flamme – der Einheit oder Seelenessenz des Alls.

Der Funke leuchtet in jeder Zelle eures Wesens. Er ist eure Essenz – eure Göttlichkeit.

> ⁘ <

Deshalb bitten wir euch auf einer Ebene, die ihr erst noch begreifen müsst, in Betracht zu ziehen, dass ihr, wenn ihr einst in Atlantis inkarniert wart, auch jetzt immer noch dort existiert und dass eure gegenwärtige Welt damals auf dem Bildschirm der Nicht-Zeit ebenfalls existierte, dort, wo alle Erfahrung Eins ist.

Wir laden euch ein, darüber nachzudenken, dass Atlantis gegenwärtig als eine Parallelrealität existiert, die euch so nahe ist, dass ihr mit unglaublicher Leichtigkeit in dieses Reich hinein- und wieder herausschlüpfen könnt, obwohl ihr weiterhin nicht realisiert, dass ihr tatsächlich dorthin »reisen« könnt.

Sehr bald, wenn sich für euch der Schleier der dreidimensionalen Begrenzung lüftet, werdet ihr verstehen. Ihr werdet euch selbst als die alten Atlanter erkennen, und ihr werdet erkennen, dass ihr auf vielen Ebenen daran arbeitet, die konfliktreichen Energien eurer Realität aufzulösen – des »Damals« in Atlantis und der »Zukunft«, die vor euch liegt. Diejenigen von euch, die einst für das Licht von Atlantis arbeiteten, haben große Mühe darauf verwendet, den Weg für das Entstehen neuer Zivilisationen zu bereiten. Dafür habt ihr eine beträchtliche Arbeit geleistet, denn ihr habt das Licht in der physischen Realität verankert und gleichzeitig Bewusstseinsverbindungen zu anderen Dimensionen geknüpft. Die Hüter der Kristalle (des dritten Zyklus) speicherten die Erinnerung im Bewusstsein des Mineralreichs. Sie vergruben die Codes in der Kristallmatrix und wussten, dass ihr zu den Höhlen zurückkehren würdet, um die dort hinterlegte Weisheit zurückzuholen.

Ihr wisst das. Ihr wisst sehr genau, wenn ihr bei eurer Arbeit mit den Kristallwesen auf das alte Wissen zugreift, denn viele von euch waren tatsächlich diejenigen, die es damals in den Kristallen speicherten!

Während des Reinkarnationsprozesses tretet ihr zu vorherbestimmten Zeitpunkten der menschlichen Evolution in die physische Realität ein. Sie lassen sich aus einer multidimensionalen Perspektive am besten als »vorgewählte Punkte im Raum-Zeit-Kontinuum« definieren. Ihr verlasst die materielle Realität ständig, obwohl ihr euch dessen selten bewusst seid.

In jedem Moment eurer Wach- oder Schlaferfahrung könnt ihr in parallele Welten schlüpfen, in denen ihr ebenfalls existiert und mit denen ihr in Resonanz steht – je nachdem, welche Erfahrung eure Seele gerade benötigt.

Oft bewegt ihr euch kurzzeitig aus eurer gegenwärtigen Realität heraus, um euch Informationen zu beschaffen oder um bestimmte damit verbundene Emotionen zu erleben. Ein anderes Mal tragt ihr zu den wahrscheinlichen Realitäten bei, die sich ständig verschieben, und seid am Geschehen in diesen anderen Dimensionen vollständig beteiligt. In diesen »Momenten« oder »Räumen« erschafft ihr eine Form des Austauschs oder der Verbindung zwischen eurer 3D- und der jeweiligen anderen Dimension, und ebenso können auch Besucher aus alternativen Realitäten in eurem Raum auftauchen und mit euch in Resonanz gehen.

Diejenigen von euch, die gelernt haben, tiefe meditative Zustände zu erreichen oder sich bewusst in den Astralraum hinein zu projizieren, sind sich dieses Prozesses viel stärker bewusst. Sie sind in der Lage, sich selbst in einen »Raum« hinein zu wünschen und dort eine vorher gewählte und festgelegte Angelegenheit zu erledigen oder bestimmte Erfahrungen zu machen. Sie sind mit der Fähigkeit begabt, aus den höheren Dimensionen Wissen und Hilfe zu euch zu bringen und ihre Absichten in der physischen Realität zu manifestieren. Das ist charakteristisch für Zeitreisende wie Akkaeneset, dessen extradimensionale Erfahrung ihm das nötige Verständnis verschaffte, um diese Reiche bei vollem Bewusstsein aufsuchen zu können, während er gleichzeitig seine körperliche Präsenz in 3D aufrechterhielt. Leider schien er allzu oft von den unteren Astralebenen aus zu arbeiten, indem er sich dem Schatten öffnete und ihm in eurer Welt eine Form gab.

Im Tod oder, besser gesagt, bei der Weiterreise aus einem physischen Leben, seid ihr euch der Projektion eurer Seele – der Multidimensionalität des Bewusstseins – vollkommen bewusst. Dann versteht ihr endlich, dass Resonanz der Schlüssel zu eurer Existenz ist, denn ihr werdet von jenen Erfahrungsbereichen angezogen, die synchron mit eurem Wesen schwingen. Dadurch wird euch klar, wie überaus erstaunlich und zugleich absolut einfach es ist, dass das bloße Aussenden eines Gedankens eine ganze Welt erschaffen kann, und doch ist es so. Während die Seele durch das kosmische Meer schwimmt, lässt sie sich vom Rhythmus bestimmter Wellen tragen und reitet auf ihnen an ferne Ufer – durch die Zeit und durch den Raum.

Das, meine Lieben, definiert, wer ihr seid, woher ihr »kommt« und wohin ihr »geht«.

Jetzt, wo ihr euch auf eine völlig neue Erfahrung (jenseits des physischen Bereichs) zubewegt, braucht ihr euch nicht mehr an die

Beschränkungen der dreidimensionalen Welt zu binden, die ihr als Erdenwesen kennengelernt haben.

Das wusstet ihr damals und wisst es noch immer.

So schließt sich der Kreis.

Während sich die Sonne, die Erde und die Planeten eures Sonnensystems auf die großartige Erfahrung ihres Aufstiegs vorbereiten, senden galaktische Wesen aus vielen Welten – aus dem Universum der Materie und jenseits davon – Liebe in euer Reich. Diejenigen, die mit der Erde in Resonanz sind, arbeiten mit Klängen und Schwingungen, um euch zu helfen, die Energien zu zentrieren. Der Beitrag der Galaktischen Föderation besteht darin sicherzustellen, dass der freie Willen und die universellen Gesetze der Nichteinmischung gewahrt bleiben. Andere, wie die plejadischen Lichtboten, öffnen die multidimensionalen Portale, um euch bei eurem Übergang zu helfen. Lichtarbeiter aus Welten, die ihr euch noch gar nicht vorstellen könnt, überfluten das Kosmische Lichtgewebe eures Sonnensystems mit der Brillanz unzähliger liebevoller Wesen aus dem gesamten Universum.

Wir, die Sprecher des Hohen Rates vom Sirius, verbinden uns mit euch und übermitteln diese Lehren an jene, die bereit sind, sie zu hören. Damit wollen wir euch helfen, euch zu erinnern und aus dem kollektiven Brunnen eures Ahnengedächtnisses zu schöpfen. Dort könnt ihr das Wissen von Atlantis abrufen … die ultimative Geschichte der menschlichen Existenz.

Hört bitte den Ruf und geht die ersten Schritte.

Befreit euren Geist von den Vorurteilen, hinter denen ihr euch verschanzt, als könnten solche starren Konzepte euch vor Gefahren schützen. Beschäftigt euch mit den Erfahrungen und Idealen anderer, besonders derjenigen Menschen, die dem Dogma trotzen. Hört ihnen zu. Dabei werdet ihr oft auf Unsinn stoßen, doch manchmal auf große Weisheit. Das Herz filtert das alles und lässt die Wahrheit erklingen.

Seid mutig. Erinnert euch daran, dass »es nichts zu fürchten gibt außer der Furcht selbst«, und vertraut darauf, dass ihr es euch erlauben könnt, die Geschichte der dunklen Krieger zu hören und zu erfahren, wie sie euch eure Macht nehmen. Durchschaut die Methoden, mit denen die Geheimregierung eure Souveränität einschränkt und Gehorsam erzwingt. Ihr könnt hinschauen, ohne Angst die Namen der Anunnaki aussprechen und ihre Taten öffentlich benennen. Und ihr könnt Alternativen vorschlagen, ohne von euren Gemeinschaften ausgegrenzt zu werden.

Habt keine Angst, aus der Herde auszuscheren und mutig neue Wege zu finden, denn so werden Führungskräfte geboren. Es ist euer Recht, das Dogma infrage zu stellen und neue Lösungen für die Probleme eurer Gesellschaft zu finden. Indem ihr in jedem Bereich eures Lebens nach der Wahrheit sucht, handelt ihr im vollen Licht des Wissens und dient als Mitglied der Weißen Bruderschaft dem Wohle aller.

Verzweifelt also nicht.

Das Pendel schwingt wieder, und euer Stern ist die treibende Kraft – Ra bringt euch alle zum Leuchten.

> ⁘ <

Ihr Lieben, wir wissen etwas über euch, das eine unbestreitbare Tatsache ist: Ihr seid in eure gegenwärtige 3D-Realität gekommen, um als Katalysatoren des Wandels zu dienen. Ihr werdet helfen, Zorn und Aufruhr zu besänftigen und die inneren Heiligtümer und die Oberflächenländer Gaias zurück in die Harmonie zu führen …

Kinder von Atlantis,
ihr seid zurückgekehrt,
um die Welt zu befreien.

NACHWORT DER SIRIANER

Ihr lichtvollen Wegbereiter der Neuen Zeit!

Wir leugnen nicht, dass eure Welt in einem ernsten Zustand ist und dass es trotz eurer Hoffnungen auf einen positiven Ausgang oft so aussieht, als würde die dunkle Seite auch diesmal gewinnen, wie in Atlantis … Aber wir sehen Licht, dort auf dem Planeten Erde. Ihr selbst erzeugt dieses Licht!

Während große Wellen der Liebe das Gitternetz der Anunnaki durchdringen und zerstören, durchfließt eure Brillanz das große geistige Netzwerk – das Kosmische Lichtgewebe. Immer mehr von euch erwachen jetzt, und dieser Prozess beschleunigt sich, während sich die Zeit für euch umzuformen beginnt. Ihr stimmt euch auf die himmlische Sinfonie ein, in der alle Lichtwesen des Universums im Chor feierlich Ras Lied erklingen lassen.

Nicht länger wird der Trommelschlag der dunklen Machthaber den Rhythmus der Evolution der Erde bestimmen.

In Zeiten der Katastrophen und Krisen leuchtet sie hell auf – die triumphierende Kraft des menschlichen Geistes. Wenn ihr dem Ruf der Leidenden folgt, durchströmt euch die reine Liebe des Geistes und bringt, hell wie Blitze, Licht in die dunklen Wolken des menschlichen Aufruhrs. Indem ihr euch über eure persönlichen

Sorgen erhebt, erkennt ihr, dass es eure Brüder und Schwestern sind, die unter den Trümmern begraben werden und in den Fluten ertrinken. Ihr eilt einander zu Hilfe, umarmt die Schwachen und Verwundeten und feiert gemeinsam das Eine Herz: die sich manifestierende Seele der Menschheit.

Genau eine solche Zeit bricht gerade auf der Erde an, denn trotz eurer wachsenden Angst und Verzweiflung über die Katastrophen, die sich um euch herum ereignen, bewegt euch das Wissen, dass ihr immer noch in der Lage seid, das Wohl anderer über eure unmittelbaren Interessen zu stellen und Mitgefühl zu empfinden. Eure Schutzmäntel sind schwer und ermüdend geworden, und so habt ihr begonnen, euch auf das Wesentliche zu beschränken und neu zu entdecken, wie großartig es ist, einfach nur **Mensch zu sein**.

Vereint arbeitet ihr für die Mutter, sucht Lösungen für den Planeten Erde, denn auch Gaia scheint im Sturm der menschlichen Emotionen zu ertrinken. Paradoxerweise dienen große Katastrophen immer auch dem höchsten Wohl, selbst wenn das angesichts des Leidens derer, die im Sog der Zerstörung gefangen sind, unbedeutend erscheinen mag.

Wir glauben, dass ihr, die Lichtarbeiter dieses Zeitalters, in der Lage seid, die tiefen Wunden zu heilen, die Gaia zugefügt wurden. Wir sind überzeugt von eurer Fähigkeit, die Intensität eures Wandlungsprozesses zu verändern und den Planeten unversehrt in die nächste Dimension zu bringen.

Wir glauben an euch, Kinder von Atlantis.

Wir glauben an euch.

> ⁘ <

Es liegen neue Herausforderungen und einige schwierige Zeiten vor euch, das leugnen wir nicht. Ihr seid aufgerufen, euch über eure Angst zu erheben und anderen den Weg zu weisen, denn dies ist die neue Morgendämmerung der gesamten solaren Familie –

Ras Geburt –, und ihr werdet bald Wunderbares erfahren, das eure kühnsten Träume übertrifft. Ihr könnt euch dafür entscheiden, große Härten und enorme Verluste auf euch zu nehmen, oder ihr könnt wählen, **in keiner Weise unter den kommenden Veränderungen zu leiden**. Diese Entscheidung könnt nur ihr selbst treffen. Wenn ihr erkennt, dass es nichts zu fürchten gibt – nicht einmal den Tod, eure glorreiche Verwandlung –, dann könnt ihr ins Zentrum reisen, um inmitten des tobenden Meeres das sichere Atoll zu finden.

Wenn genug von euch diesen Ort finden, wird Gaia euer Vertrauen und eure Furchtlosigkeit widerspiegeln und den Aufstieg ohne Leiden und Aufruhr bewältigen.

Sicher können sich einige von euch noch an die Ereignisse jenes Silvesterabends vor über zwanzig Jahren erinnern, als so viele angsterfüllt das »Ende der Welt« erwarteten, während rund um den Globus die Menschheit den stolzen Moment feierte, als das neue Jahrtausend eingeläutet wurde. Genügend von euch glaubten damals an das Fest, an die friedliche Konvergenz des Alls, und ihr erwartetet voller Freude das Wunder dessen, was jetzt vor euch liegt. Lange hat es gedauert. Ihr habt eine positive globale Erfahrung beabsichtigt, und so kommt es jetzt auch. Ihr habt diesen friedlichen Übergang selbst erschaffen!

Dazu seid ihr an jedem Tag eures Lebens in der Lage.

Wir beobachten, wie ihr euch Herausforderungen erschafft und dann dadurch, dass ihr Lösungen für diese Herausforderungen findet, eurer Existenz eine Bedeutung gebt. Ihr findet selbst euren Lebenssinn. Denkt an eure vielen Erfahrungen, wie es ist, Widrigkeiten zu überwinden und anschließend mutig im Licht eurer Entschlüsse voranzuschreiten. Dann werdet ihr erkennen, dass solche Erfahrungen zu den schönsten Momenten eures Lebens gehören. Es ist, als bräuchtet ihr die Krise, auch wenn ihr das vielleicht nicht zugeben wollt, denn es ist nicht leicht, im Schmerz Schönheit zu erkennen … vor allem, da ihr darauf trainiert und programmiert wurdet, solche Erlebnisse zu fürchten.

In guten Zeiten, wenn in eurer unmittelbaren Welt alles ruhig und harmonisch verläuft, verwandelt sich eure Selbstzufriedenheit leicht in Langeweile, und dann erschafft ihr euch schon bald eine Krise – manchmal klein, manchmal unüberwindlich scheinend –, aus der ihr unweigerlich als Sieger hervorgeht. Die Göttlichkeit in euch ist es, die euch vorwärts treibt, immer dem Licht entgegen, und das, ihr Lieben, ist der Grund aller Existenz.

Es ist die Rückkehr zu *Alles Was Ist*, die unendliche Reise eines Funkens des göttlichen Bewusstseins, der, nachdem er in den Schatten herumgelungert und in der Sonne getanzt hat, schließlich seinen Weg nach Hause findet.

Die Straße ist so lang, wie ihr unendlich seid.

Ihr könnt unterwegs durch so viele dunkle Ecken und gefährliche Gegenden müssen, wie ihr für euch selbst erschaffen wollt. Aber genauso könnt ihr euch eine Straße des Lichts erschaffen, auf der euch leuchtende Engel begegnen. Die von euch selbst erzeugten Phantome werden euch niemals Schaden zufügen, wenn ihr euch daran erinnert, dass ihr euch auf diese lange und wundersame Reise begeben habt, um Selbstbestimmung und Willensfreiheit kennenzulernen und diese Erfahrungen bei eurer Rückkehr zur Quelle mitzubringen.

Wir haben euch mit dem Dilemma konfrontiert, und nun rufen wir euch zu dessen Lösung auf: Lehnt euch gegen die scheinbar Mächtigen auf und holt euch eure Macht zurück. Befreit euch aus der Umklammerung, um zu euch selbst zurückzufinden: als die freien, selbstbestimmt funkelnden Sterne des Planeten Erde. Gaia erwartet eure Revolution – den Umsturz aller falschen Meister –, damit sie in die vierte Dimension reisen kann und die Wunden und Dissonanzen geheilt werden, die sie während ihrer letzten Stunden im Universum der Materie ertragen muss.

Wir rufen euch zur Einheit auf und erinnern euch daran, dass ihr souveräne Wesen seid, jedes mit seiner eigenen Zeit und seinem eigenen Rhythmus – jedes mit einem Lied, einer Botschaft und einem Lebenssinn.

Schaut euch um. Überall blüht die Blume, der Vogel singt noch, das Leben treibt immer wieder aus und beginnt von Neuem.

Ihr seid Blumen … Ihr seid Lied und Zauber.

Stets bei euch in Licht & Liebe!

Der Hohe Rat vom Sirius

KLEINES GLOSSAR

Akasha-Chronik: Ätherisches Gedächtnis aller Zeiten, Orte und Bewusstseinszustände des Universums, das in der DNA aller bewussten Wesen existiert.

Alchemie: Die Verfeinerung der Materie und Transmutation physikalischer »Gesetze«.

Anunnaki: Die Elite des Planeten Nibiru, eines in der dritten Dimension existierenden Planeten, der in einem 3.600 Jahre dauernden Orbit das Sirius-System und unser Sonnensystem umkreist.

Astralreisen: Die Trennung des Astralkörpers vom physischen Körper, um andere Dimensionen, Bewusstseinszustände und Realitäten erleben zu können.

Atlán: Hauptstadt von Atlantis – kulturelles, wissenschaftliches und spirituelles Zentrum der atlantischen Zivilisation, vor allem während des dritten Zyklus.

Aufstieg: Die Reise der Seele von der Dunkelheit zum Licht.

Chakren: Die Hauptenergiewirbel des Körpers; in ihnen kreuzen sich die Energiebahnen Ida und Pingala.

Chupacabra: Ein Tier »anders als alles, was auf der Erde bekannt ist«, das Menschen in Schrecken versetzt und Haustiere und Vieh in Puerto Rico und Chile attackiert; die Chupacabras sind durch Genxperimente in unterirdischen Laboren entstanden.

Energiepunkte: Gaias Energiewirbel, ähnlich den Chakren.

Erdveränderungen: Die mentale, emotionale und physische Reaktion der Erde auf globale und universelle Ereignisse.

Gaia: Erde, das bewusste Wesen, eine multidimensionale Gottheit.

Geheimregierung: Dreidimensionale Individuen mit Anunnaki-Abstammung, die die Erde verwalten und regieren.

Geistlicht-Generatoren: Ein Netzwerk von Kristallgeneratoren, die in der letzten Generation von Atlantis durch die kollektive Gedankenkraft der Bürgerschaft aktiviert wurden.

Gitternetz: Das elektromagnetische Kraftfeld, das bei der Aussaat des *Homo sapiens* um die Erde gelegt wurde, um die von der Familie des Lichts zur Erde übermittelten Frequenzen zu verzerren und die Menschheit in Knechtschaft zu halten.

Globale Krise (»Desert Days«): Die Zeit unmittelbar vor dem Aufstieg des Planeten, in der es zu weltweiten Naturkatastrophen und Unruhen kommt.

Goldener Schnitt: Pythagoras' Maß der Heiligen Geometrie, das sich in den biologischen Formen der Erde manifestiert.

Großes Experiment: Die Ausbringung genetischen Materials außerirdischer Spezies auf dem Planeten Erde, um die Super-Spezies *Homo sapiens* zu erschaffen.

HAARP: High Frequency Active Auroral Research Program – ein geheimes militärisches Forschungsprojekt, das darauf ausgelegt ist, zwei Milliarden Watt und mehr in die Ionosphäre zu strahlen. – Empfohlene Lektüre: Jeane Manning und Nick Begich. *Löcher im Himmel.* Michaels Verlag, Peiting 2004.

Hyperdimensionale Spirale: Die Julia-Set-Kornkreiskonfiguration, die im Juli 1996 gegenüber von Stonehenge erschien.

Jod: Die heilige Grundform des hebräischen Alphabets, von der angenommen wird, dass sie den Schlüssel zum Verständnis der Kaballa enthält.

Karma: Ursache und Wirkung; die Erschaffung und die Resultate von Handlungen und Gedanken, die weitergetragen werden, während die Seele auf der Spirale reist.

Kornkreise: Geometrische Konfigurationen, die auf mysteriöse Weise an zahlreichen Orten weltweit in Getreidefeldern erscheinen – Verbindungspunkte für außerirdische Intelligenzen und Erdenergien.

Licht: Wissen und Liebe.

Multidimensional: Es gibt viele Dimensionen, von den dichten bis zu den sehr hellen und verfeinerten. Sie existieren als Schwingungsfrequenzen.

Neteru: Ägyptisches Wort für »Götter«; dem Hohen Rat zufolge ist es von »Nibiru« abgeleitet.

Oreichalkos: Ein hochleitfähiges Metallerz, das in Atlantis reichlich vorhanden war und zur Energiespeicherung, Heilung und zum Bauen genutzt wurde.

Poseidon Chromodom: Der große Heilungstempel in Atlán. Zu den wichtigsten Kuren gehörten Farbbäder, Kristall-Energieausgleich und Schwimmen mit den Delfinwesen.

Resonanz: Sie entsteht, wenn unterschiedliche Schwingungsfrequenzen eine gemeinsame Wellenlänge erreichen.

Rückläufigkeit (Retrogradation): Der Anschein, rückwärts zu gehen oder sich zurückzuentwickeln, während man sich tatsächlich vorwärts bewegt; die Rückkehr in die physische Realität aus höheren Bewusstseinszuständen, das Kristallisieren in die Materie.

Selenit-Stimmgabeln: Kristalline Stimmgabeln, die von den atlantischen Priesterinnen verwendet wurden, um die musikalischen Muster des Körpers zu stimmen, ähnlich wie man ein Klavier mit einer Stimmgabel stimmt.

Sternensaat: Lebensformen auf einem Planeten, die nicht ursprünglich dort heimisch sind, sondern aus dem Weltall stammen.

Tempel der Nephthys: Der Amethyst-Tempel der Yzhnüni. Hier wurde der Tempel der Schädel gefunden, die dreizehn Kristallschädel von Atlantis.

Wam: Der ursprüngliche Akkord; die Musik der Seele.

Yzhnüni: Die ersten sirianischen Lichtwesen, die sich in Atlantis materiell kristallisierten (verkörperten).

DANKSAGUNG

Tiefe Dankbarkeit empfinde ich gegenüber Raffaele Napoli von der Mark It Group für seine Computerkünste und seinen Wunsch, bei der Geburt von *Atlantis steigt auf* zu helfen, und Emiliano Antonucci für das Geschenk des amerikanischen Buchcovers, an das ich noch immer voller Rührung zurückdenke. Gemeinsam haben sie das imaginiert und manifestiert, was mein geistiges Auge schon so lange als Erinnerung festhielt.

Für die Erlaubnis zum Nachdruck der Artikel im Anhang danke ich Robin McKie und *The Guardian* für »Die Antwort der NASA auf die globale Erwärmung: Die Erde verschieben«, Dr. Virgilio Sánchez-Ocejo vom Miami UFO Center für seinen Bericht über die Chupacabras und der Presseagentur Reuters/Washington für »Wissenschaftler erschaffen gentechnisch modifizierte Algen, die ohne Sonnenlicht wachsen«.

Vor allem aber danke ich den Sprechern des Hohen Rates. Sie haben den Lauf meines Schicksals auf so viele wunderbare Weisen verändert. Möge ihre Weisheit, Liebe und Hingabe uns, die wir uns gerade alle auf unsere größte Reise begeben, immer weiter aufwärts führen – furchtlos und entschlossen!

ANHANG

DIE ANTWORT DER NASA AUF DIE GLOBALE ERWÄRMUNG: DIE ERDE VERSCHIEBEN

Robin McKie – Wissenschaftsredakteur
The Guardian vom 10. Juni 2001

Wissenschaftler haben einen ungewöhnlichen Weg gefunden, die Überhitzung unseres Planeten zu verhindern: Sie verschieben ihn an einen kühleren Ort. Alles, was man tun muss, ist, der Erde ein paar Kometen entgegenzuschleudern, um dadurch ihre Umlaufbahn zu verändern. Unsere Welt wird so in einen sichereren, kälteren Teil des Sonnensystems geschoben. Diese verblüffende Idee, unsere interplanetare Wohnlage zu optimieren, hat sich eine Gruppe von NASA-Ingenieuren und amerikanischen Astronomen ausgedacht. Sie sagen, dass ihr Plan die Bewohnbarkeit unseres Planeten um weitere sechs Milliarden Jahre verlängern könnte – seine Lebensdauer würde also verdoppelt.

»Die Technologie ist überhaupt nicht weit hergeholt«, sagte Dr. Greg Laughlin vom NASA Ames Research Center in Kalifornien. »Es handelt sich um die gleichen Methoden, die man jetzt vorschlägt, um gefährliche Asteroiden oder Kometen von ihrem Kurs Richtung Erde abzulenken. Wir brauchen keine rohe Kraft, um die Erde zu bewegen, sondern nur eine sorgfältige Planung und behutsame Steuerimpulse.«

Der Plan von Dr. Laughlin und seinen Kollegen Don Korycansky und Fred Adams sieht vor, einen Kometen oder Asteroiden so umzulenken, dass er dicht an unserem Planeten vorbeifliegt und einen Teil seiner Gravitationsenergie auf die Erde überträgt.

»Die Orbitalgeschwindigkeit der Erde würde sich dadurch erhöhen, und wir würden auf eine höhere, weiter von der Sonne entfernte Umlaufbahn gelangen«, sagte Laughlin. Die Ingenieure würden ihren Kometen dann so steuern, dass er nahe an Jupiter oder Saturn vorbeifliegt, wo dann der umgekehrte Prozess stattfinden soll. Er würde Energie von einem dieser Riesenplaneten aufnehmen. Danach soll er auf seiner Umlaufbahn zur Erde zurückkehren, und der Prozess würde sich wiederholen.

Kurzfristig bietet der Plan eine ideale Lösung für die globale Erwärmung, doch eigentlich ging es dem Forscherteam um eine drastischere Gefahr. Die Sonne wird sich in etwa einer Milliarde Jahren aufheizen und damit unsere Biosphäre »ernsthaft gefährden« – indem sie uns grillt. Daher beschloss das Team, die Erde zu retten.

»Alles, was man tun muss, ist, eine chemische Rakete an einen Asteroiden oder Kometen zu schnallen und sie genau zum richtigen Zeitpunkt abzufeuern«, fügt Laughlin hinzu. »Das ist grundlegende Raketenwissenschaft.«

Der Plan hat jedoch ein oder zwei beunruhigende Aspekte. Zunächst einmal müssten die Raumfahrtingenieure bei der Kursänderung ihres Asteroiden oder Kometen extrem vorsichtig sein. Die kleinste Fehlkalkulation könnte bewirken, dass sie ihn direkt auf die Erde schießen – mit verheerenden Folgen. Die Forscher sind sich des Risikos bewusst.

»Die Kollision eines Objekts von 100 Kilometern Durchmesser mit der Erde bei kosmischer Geschwindigkeit würde die Biosphäre höchst effektiv sterilisieren, bis hinunter auf die Ebene der Bakterien«, schreiben sie in einem Aufsatz in *Astrophysics and Space Science.* »Diese Gefahr kann man gar nicht hoch genug einschätzen.«

Dann ist da noch das komplexe Problem mit dem Mond. In der aktuellen Ausgabe des *Scientific American* wird darauf hingewiesen, dass eine Verschiebung der Erde aus ihrer jetzigen Position höchstwahrscheinlich zur Folge hätte, dass »sich der Mond von der Erde entfernt«. Das würde das Klima unseres Planeten radikal durcheinander bringen.

Diese Kritikpunkte werden von den Wissenschaftlern akzeptiert. »Unsere Untersuchung hat gezeigt, wie empfindlich die Erde innerhalb des Sonnensystems positioniert ist«, räumte Laughlin ein. »Dennoch hat unsere Arbeit praktische Auswirkungen. Unsere Berechnungen zeigen, dass die Erde, um auf eine sicherere, weiter entfernte Umlaufbahn zu gelangen, instabile Zonen durchqueren müsste und sehr behutsame und umsichtige Positionsänderungen benötigen würde. Jeder außerirdische Astronom, der unser Sonnensystem beobachtet, würde sehen, dass dort etwas Merkwürdiges geschehen ist, und erkennen, dass eine intelligente Lebensform dafür verantwortlich sein muss.«

Und das gilt auch für uns.

»Wenn wir uns andere Sonnensysteme anschauen und, was ja immer häufiger geschieht, Planeten entdecken, die diese Sterne umkreisen, werden wir vielleicht Verschiebungen dieser Planeten beobachten, die eindeutig auf intelligente steuernde Eingriffe zurückzuführen sind. Das wäre für uns der erste Beweis, dass dort außerirdische Wesen am Werk sein müssen.«

HINWEIS AUF WANDERNDE OBJEKTE VERWIRRT HUBBLE-WISSENSCHAFTLER

Eingestellt am 28. Juni 2001 auf
http://oposite.stsci.edu/pubinfo/PR/2001/20/pr.html
Verbreitet durch NASA und ESA auf
http://www.nasa.gov und http://www.esa.it

Das Hubble-Weltraumteleskop der NASA hat mit seinem scharfen Blick das Herz eines Kugelsternhaufens durchbohrt und dabei faszinierende Hinweise auf eine seltsame und bisher unbekannte

Kategorie wandernder, planetengroßer Objekte entdeckt. In einem in dieser Woche im internationalen Wissenschaftsmagazin *Nature* veröffentlichten Artikel berichten Kailash Sahu (Space Telescope Science Institute, Baltimore, USA) und Kollegen über sechs ungewöhnliche Mikrolinsen-Ereignisse innerhalb des Kugelsternhaufens M22. Mikrolinseneffekte treten auf, wenn ein Hintergrundstern kurzzeitig heller wird, während im Vordergrund ein Objekt vorbeizieht. Die ungewöhnlichen Objekte, von denen angenommen wird, dass sie diese Ereignisse verursachen, sind selbst viel zu lichtschwach und daher nicht direkt sichtbar. Stattdessen wurden sie durch die Art und Weise entdeckt, wie ihr Gravitationsfeld das Licht eines weit entfernten Hintergrundsterns in der riesigen zentralen Ausbuchtung unserer Galaxis verstärkt. Der Mikrolinseneffekt wurde schon früher für die Suche nach massearmen Objekten in der Scheibe und im Halo unserer Galaxis eingesetzt, aber Hubbles große Sehschärfe ist unerlässlich, um das Innere von Kugelsternhaufen zu untersuchen.

Vom 22. Februar bis zum 15. Juni 1999 überwachten Sahu und Kollegen 83.000 Sterne und entdeckten ein eindeutiges Mikrolinsen-Ereignis, das von einem normalen Zwergstern (etwa ein Zehntel der Masse unserer Sonne) in diesem Sternhaufen verursacht wurde. Als Folge der Gravitationslinse schien der Hintergrundstern zehnmal heller zu werden und kehrte dann im Zeitraum von achtzehn Tagen zu seiner normalen Helligkeit zurück.

Zusätzlich zu dem durch den Zwergstern verursachten Mikrolinseneffekt registrierten Sahu und sein Team sechs sogar noch interessantere, unerwartet kurze Ereignisse, bei denen ein Hintergrundstern für weniger als zwanzig Stunden einen Helligkeitssprung um den Faktor zwei machte, bevor seine Helligkeit wieder zum normalen Wert zurückkehrte.

Demnach muss das den Mikrolinseneffekt verursachende Objekt sehr viel kleiner als ein normaler Stern gewesen sein.

Diese Mikrolinsen-Ereignisse waren ungewöhnlich kurz, was darauf hindeutet, dass die Masse des intervenierenden Objekts nur etwa das Achtzigfache der Erdmasse aufwies. Objekte von so geringer Größe wurden nie zuvor durch Mikrolinsen-Beobachtungen entdeckt. Wenn diese Ergebnisse durch nachfolgende Hubble-Beobachtungen bestätigt werden, wären diese Körper die kleinsten jemals beobachteten Himmelsobjekte, die keinen Stern umkreisen.

Um was also handelt es sich?

Theoretisch könnten es Planeten sein, die durch Schwerkrafteinflüsse von den Elternsternen in dem Sternhaufen weggerissen wurden. Man schätzt jedoch, dass sie bis zu zehn Prozent der Masse des Haufens ausmachen. Es sind also zu viele, um wandernde, »verwaiste« Planeten sein zu können.

Völlig überrascht von dieser Entdeckung weisen die Astronomen darauf hin, dass diese vorläufigen Ergebnisse erst noch durch weitere Hubble-Beobachtungen bestätigt werden müssen. Wenn sie bestätigt werden, könnten diese dunklen Himmelsobjekte neue Erkenntnisse darüber liefern, wie sich Sterne und Planeten im frühen Universum gebildet haben. »Die hervorragende Schärfe von Hubble ermöglichte uns diese bemerkenswerte neue Art von Beobachtung, die unsere Fähigkeit, sehr kleine Objekte zu sehen, erfolgreich unter Beweis stellt«, sagt Sahu. »Dies birgt ein enormes Potenzial für die weitere Suche nach dunklen, massearmen Objekten.«

»Da wir wissen, dass Kugelsternhaufen wie M22 sehr alt sind, eröffnet dieses Ergebnis neue und aufregende Möglichkeiten für die Entdeckung und Untersuchung von planetenähnlichen Objekten, die sich in der Frühzeit des Universums gebildet haben«, fügt Nino Panagia (European Space Agency und Space Telescope Science Institute) hinzu. »Diese erste Beobachtung zeigt, dass unsere Mikrolinsen-Methode hervorragend funktioniert«, sagt der ebenfalls beteiligte Forscher Mario Livio vom Space Telescope Science Institute.

Da Mikrolinsen-Ereignisse kurz, unvorhersehbar und selten sind, erhöhen die Astronomen ihre Chancen, eines davon zu beobachten, indem sie viele Sterne auf einmal betrachten – ähnlich wie jemand, der mehrere Lotterielose auf einmal kauft. Die meisten Mikrolinsen-Durchmusterungen zielen auf die zentrale Ausbuchtung unserer Galaxis oder in Richtung der Magellanschen Wolken, denn das sind die dichtesten beobachtbaren Sternregionen. Im Allgemeinen decken diese Durchmusterungen Himmelsbereiche ab, die größer als der Vollmond sind, und suchen nach Vordergrundobjekten, die irgendwo zwischen uns und der Hintergrundpopulation von Sternen liegen.

Sahu und sein Team nutzten die hervorragende Auflösung und das enge Sichtfeld des Hubble-Teleskops, um das Teleskop direkt auf das Zentrum eines Kugelsternhaufens zu richten, der sich zwischen der Erde und der galaktischen Ausbuchtung befindet. Es handelt sich also um eine sehr dichte Sternenregion, die das Team nach wandernden, massearmen Vordergrundobjekten absuchen konnte, vor einem ein sehr reichhaltigen Hintergrundfeld von Sternen, bei denen Mikrolinseneffekte möglich waren. Nur Hubbles Auflösung ist scharf genug, um durch das dichte Zentrum des Sternhaufens zu blicken und die weit entfernten Sterne in der galaktischen Ausbuchtung zu sehen. Da die den Linseneffekt verursachenden Objekte Teil des Haufens waren, kannten die Astronomen auch die genaue Entfernung (8.500 Lichtjahre) und Geschwindigkeit dieser Objekte.

Bei einem normalen Linsenereignis hellt sich ein Hintergrundstern auf und dimmt sich für eine Zeitspanne ab, die von der Masse des linsenden Körpers abhängt. Die »Störereignisse«, die das Team beobachtete, waren kürzer als das Intervall zwischen den Hubble-Beobachtungen, weshalb geschätzt wird, dass die Masse der Objekte maximal ein Viertel der Jupitermasse beträgt.

Um diese außergewöhnlichen, aber vorläufigen Ergebnisse zu bestätigen, planen Sahu und Kollegen als nächstes, das Zentrum des Kugelsternhaufens kontinuierlich über einen Zeitraum von sieben Tagen zu beobachten. Sie erwarten, dass sie zehn bis fünfundzwanzig kurzzeitige Mikrolinsenereignisse entdecken werden, die gut genug abgetastet werden können, um direkte Messungen der tatsächlichen Masse dieser kleinen Himmelskörper zu ermöglichen.

BERICHT VON DR. VIRGILIO SÁNCHEZ-OCEJO, MIAMI UFO CENTER

Eingestellt am 15. Juni 2001 auf http://www.geocities.com/ufomiami.geo/index.html

Nach Berichten, die Marcial Campos Maza, ein Reporter des chilenischen Nachrichtendienstes EFE, erhalten hat, fingen chilenische Soldaten in der Wüste drei Kreaturen (Chupacabras), und zwar in der Nähe des Bergwerks Radomiro Tomic nördlich von Calama, Chile. Während der Verfolgung kam es zu einem Feuergefecht, bei dem Berichten zufolge ein chilenischer Soldat getötet wurde. Die drei Geschöpfe – eines männlich, eines weiblich sowie ein Baby – wurden mehrere Stunden lang in der Kaserne des Regiments festgehalten. Dann soll ein NASA-Team per Hubschrauber gekommen sein, um sie in Gewahrsam zu nehmen.

Einige Bewohner von Calama behaupteten jedoch, dass die Chupacabras »Schöpfungen« der NASA seien. »Den Gringos sind mindestens drei ihrer genetischen Versuchsexemplare entkommen, und sie waren nur in der Lage, zwei von ihnen einzufangen«, sagte Dagoberto Corante, ein chilenischer Architekt. Die Bewohner von Calama und den umliegenden Gemeinden machen weiterhin die US-Raumfahrtbehörde NASA für die Erscheinungen und Angriffe der mysteriösen Chupacabras verantwortlich, die in der Region und in anderen Teilen Chiles Nutztiere getötet haben. Laut Dagoberto Corante wurde eine solche Kreatur von Soldaten eines lokalen Armeestützpunkts gefangen. Bei diesem Einsatz wurde ein Soldat tödlich verletzt, aber das (chilenische) Militär weigert sich angeblich, über die Angelegenheit zu sprechen. »Es hieß, das gefangene Tier sei den ganzen Tag in der Kaserne festgehalten worden, bis NASA-Experten ankamen, um es wegzubringen«, sagte

Corante, eine bekannte und angesehene Persönlichkeit in dieser Gegend, wo die Chupacabras ihr blutiges Unwesen treiben und die Bevölkerung in Angst versetzen. »Am Tag des Ereignisses schloss das Militär sogar den Flughafen von Calama für mehrere Stunden, angeblich um die Landung eines Hubschraubers zu ermöglichen, der amerikanische Wissenschaftler an Bord hatte«, fügte er hinzu, »und die Leute fragen sich zurecht, warum sie einen ganzen Flughafen geschlossen haben, nur wegen eines Hubschraubers – obwohl ein Hubschrauber doch eigentlich überall landen kann. Das gab Anlass zu vielen Spekulationen.«

Als wir im Juli letzten Jahres Calama besuchten, befragten wir Augenzeugen über die Anwesenheit von amerikanischem Personal in der Gegend. Einer von ihnen, ein Beamter der chilenischen Armee, wird Ende dieses Jahres in den Ruhestand gehen, und wir hoffen, dass er dann offen über seine Erfahrungen sprechen wird.

Wie Herr Vega mir berichtete, erfuhr er, als er mit seinem Cousin, der am Flughafen von Calama arbeitet, über diesen Vorfall sprach, dass seit über einem Monat ein Flugzeug der NASA auf dem Flughafen steht und sein Cousin geholfen hatte, aus diesem Jet Käfige und anspruchsvolle Ausrüstung auszuladen. Auch half er, die Maschine mit einer Plane abzudecken.

Am folgenden Sonntag gingen die beiden zum Flughafen und Herr Vega sah unter der Plane das NASA-Logo auf den Flügeln und dem Heck eines kleinen Geschäftsreisejets. Dies sind nur einige der Augenzeugenberichte, die wir in Calama erhalten haben und über die in der Presse nicht berichtet wurde. Herr Juan Vega ist der Schuldirektor des Colegio Ecologico Montessori. Er hat einen Masterabschluss in Biologie und Chemie.

Es findet eine Vertuschung von Seiten der Behörden statt, bis heute, und Senator Carlos Cantero fragt: »Warum?« Wir hoffen, dass die Aktivitäten der NASA in dieser Region ans Licht kommen.

Gerücht: Am Dienstag, den 1. August 2000, erschien in der Lokalzeitung *La Estrella del Loa* ein Artikel, in dem es heißt, dass die NASA die Atacama-Wüste als Testgelände für ein Fahrzeug ihres

Marsprojekts nutzte. Es wird vermutet, dass sie auch drei genetische Experimente (Chupacabras) in der Gegend zurückgelassen haben, die Teil dieses Projekts waren.

WISSENSCHAFTLER ERSCHAFFEN GENTECHNISCH MODIFIZIERTE ALGEN, DIE OHNE SONNENLICHT WACHSEN

Pressemeldung von Reuters am 15. Juni 2001

WASHINGTON (Reuters) – Wissenschaftler sagten am Donnerstag, sie hätten eine Algenart gentechnisch so verändert, dass sie ohne Sonnenlicht wächst – ein Durchbruch, der die Kosten für den Anbau der einzelligen Pflanze, die in Nahrungsergänzungsmitteln verwendet wird, senken könnte. Das Hinzufügen eines einzigen Gens führte dazu, dass die Alge das Sonnenlicht als primäre Energiequelle aufgab – ein Prozess, der als Photosynthese bekannt ist – und stattdessen Glukose, einen Zucker, verwendet, so die Forscher in einer in der Zeitschrift *Science* erschienenen Studie. Die kommerzielle Züchtung von Algen erfolgt in der Regel in großen Teichen im Freien, wo Verunreinigungen durch Mikroben und Schwankungen des Sonnenlichts und der Temperatur die Qualität und Quantität der Ernte verringern können, so die Wissenschaftler. »Die Eliminierung von Verunreinigungen bedeutet, dass die Algen mit einer hohen Reinheit für pharmazeutische Anwendungen oder Nahrungsergänzungsmittel produziert werden können«, sagte Studien-Coautor Kirk Apt vom Unternehmen Martek Biosciences.

Zusätzlich zu Nahrungsergänzungsmitteln wie Beta-Carotin und der Fettsäure DHA werden Algen in fluoreszierenden Pigmenten für wissenschaftliche Beschriftungen und in Futter für kommerzielle Fischfarmen verwendet.

Wie die Wissenschaftler sagten, fanden sie außerdem heraus, dass die genveränderten Algen im Vergleich zu im Sonnenlicht gewachsenen Algen die fünfzehnfache Dichte entwickeln, zum Teil weil sich die Algen in Freilandteichen gegenseitig beschatten, was die verfügbare Lichtmenge einschränkt.

Um die Alge namens *Phaeodactylum tricornutum* dazu zu bringen, sich von Glukose oder einer anderen Kohlenstoffverbindung anstelle von Sonnenlicht zu ernähren, wurde ein einzelnes Gen entweder aus menschlichen roten Blutkörperchen oder einer anderen Algenart eingefügt, sagten sie. Diese sogenannten Glukose-Transportergene veränderten den Stoffwechsel der Algen und machten sie zu Glukosefressern, so dass sie in der Dunkelheit wachsen können.

Die Wissenschaftler sagten, dass zukünftige Versuche, den Stoffwechsel von Pflanzen durch Gentechnik zu verändern, wahrscheinlich komplizierter sein würden als nur das Hinzufügen eines einzelnen Gens. *P. tricornutum* war, laut den Forschern, für die Veränderung prädestiniert, weil bei ihm der komplette zelluläre Weg für den Abbau von Glukose »vorinstalliert« ist und das zusätzliche Gen es der Pflanze einfach nur ermöglicht, die Vorteile ihrer eigenen Biologie zu nutzen.

Patricia Cori

Die weltbekannte Autorin, Rednerin und Aktivistin für Menschen- und Tierrechte, eine Kämpferin für den Planeten Erde, stammt aus der Nähe von San Francisco. Sie ist hoch medial und bewandert in Philosophie, alten Kulturen, metaphysischen Heilkünsten, Spiritualität und geheimem Wissen. Über all diese Themen hält sie regelmäßig Vorträge auf der ganzen Welt. Sie gilt als Kapazität auf ihren Fachgebieten, und ihre Arbeit wird nicht zuletzt deshalb so geschätzt, weil sie den Status quo infrage stellt und dem menschlichen Gewahrsein neue Perspektiven eröffnet.

Sie ist ein prominentes Mitglied der spirituellen Gemeinschaft und in internationalen Vortragskreisen bekannt dafür, dass sie regelmäßig Kurse, Seminare und Workshops zu einer großen Bandbreite an Themen anbietet, die ihr weitgefächertes Wissen über alternative Heilmethoden reflektieren. Sie verfügt über die außergewöhnliche Gabe, anderen zu helfen und in uns allen die Flamme der Kraft zu entzünden.

Von indigenen spirituellen Lehrern der tibetischen, peruanischen und der Maya-Tradition wurde sie als Schamanin anerkannt und von den Schamanen von Palenque als einer der vier spirituellen Wächter dieser heiligen Stätte identifiziert. 1996 gründete sie den LightWorks-Reiseclub SoulQuest™ Journeys und führte noch im selben Jahr eine Gruppe von spirituellen Reisenden nach Nepal und Tibet. Seitdem begleitete sie Reisegruppen zu heiligen Stätten in

Asien, Mexiko, Ägypten, Europa und Peru, zu den Kornkreisen in England und zum Delfinschwimmen auf die Azoren, um das Potenzial der Interaktion zwischen den Arten zu erkunden und unsere Empfänglichkeit für die Welt, die uns umgibt, zu erhöhen. Stets konnte sie dabei Portale öffnen und den Menschen helfen, einen Blick hinter den Vorhang zu werfen.

Im deutschen Sprachraum gelten zwei Bücher aus ihrer ersten Sirius-Trilogie, »*Kosmos der Seele*« und »*Keine Lügen, keine Geheimnisse mehr*«, als Weckrufe für das sich erweiternde Bewusstsein der Menschheit. Später wurden ihre Beiträge in den AMRA-Sammelbänden »*Die Große Veränderung*«, »*Das Bewusstsein der Neuen Zeit*« und »*Neue Zeit*« zu kraftspendenden Wegweisern für die Lichtarbeit. Sie veröffentlichte darin Seite an Seite mit Lee Carroll und Tom Kenyon, herausragenden Medien von Kryon und den Hathoren, neue Botschaften des Hohen Rates vom Sirius. Danach channelte sie Botschaften der Wale und Delfine, die unter dem Titel »*Bevor wir euch verlassen*« vorliegen, gefolgt von drei Bänden mit »*Lichtbotschaften vom Sirius*«, einer exklusiv zusammengestellten Buchtrilogie, die es in dieser Form nur auf Deutsch gibt, und dem wundervollen Werk »*Atlantis steigt auf*«, ursprünglich der mittlere Band der ersten Sirius-Trilogie, der für die vorliegende deutsche Erstausgabe sorgfältig aktualisiert wurde. Ihr autobiografischer Reinkarnationsbericht »*Wo die Pharaonen wohnen*« ist bei AMRA in Vorbereitung.

Für die Erwachenden überall auf der Erde gelten ihre Durchsagen aus der Geistigen Welt als unerlässliche Lektüre. Erfahren Sie mehr über ihre Kurse, Workshops und Vorträge in englischer Sprache auf www.PatriciaCori.com.

LOB FÜR DIE CHANNELINGS

»Patricia Cori hat einen außergewöhnlichen Text für die Menschheit und ihr spirituelles Erwachen gechannelt. Ihre Botschaften der Sirianer sind wahrhaft erhellend und stehen an der Schwelle zu Gaias Goldenem Zeitalter. Auch durch die Kultur der Hopi-Indianer wurde kosmisches Wissen weitergegeben, in Form der Hopi-Friedensprophezeiung hat es die Jahrhunderte überdauert. Durch Pat wird dieses Wissen für unser spirituelles Erwachen in der gerade angebrochenen Zeit wiederbelebt.«

Ove Svidén,
Präsident der World Peace Foundation

»Patricia Cori hat schon eine ganze Anzahl von Büchern mit höherdimensionalen Lehren gechannelt, die von den Sprechern des Hohen Rates vom Sirius durchgegeben wurden. Sie stellen unsere vorherrschende Weltsicht in Frage, enthüllen unsere wahren Ursprünge und befähigen uns, in unserer sich ständig entwickelnden und oft verwirrenden Welt bewusste Entscheidungen zu treffen. Die Botschaften im vorliegenden Buch sind durchweg sehr detailliert, werfen ein neues Licht auf unsere Zeitlinie und bieten konkrete Anleitungen für das Erwachen der Sternensaat. Auch *Atlantis steigt auf* ist wieder ein ausgezeichnetes, gut geschriebenes Meisterwerk und sehr zu empfehlen.«

Kathy Doore, Autorin von
Markawasi, Perus unerklärlicher Steinwald

»Die Botschaften der Sirianer liefern uns eine tiefgreifende Erklärung für die Bewusstseinsveränderung, die sich in unserer Welt so dramatisch vollzieht.«

Nexus Magazine, italienische Ausgabe

»*Atlantis steigt auf* bietet Perspektiven für die Evolution der Erde und dafür, wie jeder von uns eine entscheidende Rolle dabei spielen kann – und es fordert uns auf, unsere Macht als Wächter von Gaia zurückzuverlangen und wieder souveräne Wesen der größeren galaktischen Familie zu werden.«

Magazin *Starseed Shaman*

»*Atlantis steigt auf* ist definitiv ein Leitfaden für diese verwirrenden Zeiten der Historie unserer Evolution und der bewussten Realität. Es bietet einen Einblick in das Warum und Weshalb der aktuellen Ereignisse und ist ein ausgezeichnetes Buch, um unsere Perspektive neu zu strukturieren und den Weg in eine Zukunft der Hoffnung und heiligen Erfüllung zu finden.«

Maria Yracébûrû, Quero Apache diiyin,
Autorin von *Legenden und Prophezeiungen der Quero-Apachen*

»Dieses Material ist außergewöhnlich. Es ist klar, dass der Hohe Rat vom Sirius durch seinen Kanal, Patricia Cori, vollkommen auf unsere irdischen Erfahrungen abgestimmt ist.«

Marcia McMahon Mastroddi,
Peaceful Planet Radio

»Ich gehe völlig in Resonanz mit den Informationen, die Sie in Ihrem Buch *Atlantis steigt auf* über die Schädel von Atlantis weitergegeben haben.«

Jaap van Etten, Autor von
Kristallschädel, Austausch mit einem Phänomen

»Patricia Cori ist ein enormes Geschenk an uns alle. Sie ist dem Ruf ihrer Seele gefolgt und wandelt als Beispiel für eine Person, die sich dem Dienst am erwachenden menschlichen Geist verschrieben hat. Ihre multidimensionale Gewandtheit in der Konversation, die in ihrer reichen persönlichen Lebenserfahrung begründet ist, bot eine so süße Musik für den Tanz, den wir mit allen Zuhörern teilten, und es werden noch mehr kommen, die das Archiv genießen werden. Vielen Dank an dich, Patricia, für deinen Mut und dafür, dass du dich entschieden hast, in dieser Zeit mit uns allen zusammen zu sein.«

DJamil Graham,
Alchemy of Light Broadcast, BBSRadio.com

»Patricia Cori ist eine der faszinierendsten, charismatischsten, wortgewandtesten, sachkundigsten und faszinierendsten Gäste, die ich je in der *Paranormal Show* hatte. Sie hat mich so sehr in ihren Bann gezogen, dass das einstündige Interview wie ein Lichtblitz vorüber ging. Als die Leute im Regieraum des Senders mir die Anweisung ins Ohr gaben, das Gespräch zu beenden, da wir uns dem Ende näherten, musste ich auf meine Uhr schauen, um mich zu vergewissern, dass ich mich nicht verhört hatte. Sie ist eine Klasse für sich, sowohl innerlich als auch äußerlich. Natürlich wird Pat stets ein gern gesehener Gast in meiner Sendung sein, wann immer sie in Kanada unterwegs ist.«

Stan Mallow,
Moderator von *The Paranormal Show*

Pavlina Klemm

HEILSYMBOLE & ZAHLENREIHEN

Arbeitsbuch der Plejadenheilung

AMRA Verlag, ISBN 978-95447-448-6
Hardcover, Glanzeinband, Leseband, 192 Seiten
22 € [D] / 22,70 € [A]; auch als eBook erhältlich!

Immer wieder haben Teilnehmer aus den Workshops, aber auch Leserinnen und Leser der Plejadenbücher danach gefragt. Jetzt dürfen wir sie euch in einem eigens dafür entstandenen Band, dem Arbeitsbuch, endlich vorstellen – die gesammelten Übungen!

Vom Aufbau des lichtvolles Schutzes bis zum Segen für dich selbst und andere, vom Vergebungsritual über die Heilsymbole und Zahlenreihen bis zur Durchlichtung der Chakren, der Kontaktaufnahme mit deiner Familie im Licht und der energetischen Unterstützung des Herzorgans … Das Buch enthält das gesamte Arbeitsmaterial aus den ersten sechs Plejadenbüchern und den Workshops.

Aus dem Vorwort der Plejader …
»Der Geist des Menschen bindet sich an die Synapsen des kosmischen kollektiven Bewusstseins an und erhöht dadurch sein Bewusstsein und sein Wissen. Die kosmischen Lichtimpulse können den menschlichen Geist jetzt endlich heilen und regenerieren.«

Pavlina Klemm über dieses Buch …
»Es ist egal, in welchen Inkarnationen ihr euch früher befandet. Es ist egal, wie viele Gedanken euch in eure Vergangenheit zurückwerfen. Jeder hat die Möglichkeit, seine Realität zum Positiven zu verändern. Wie die Plejader uns mitteilen – Schritt für Schritt.«

Sofort erhältlich auf www.AmraVerlag.de.
Deutschland & Österreich ab 18 € versandkostenfrei!